高等院校早期教育（0—3岁）专业系列教材

中国学前教育研究会教师发展专业委员会组织编写

婴幼儿行为观察与分析

主编 韩映虹

上海科技教育出版社

图书在版编目(CIP)数据

婴幼儿行为观察与分析/韩映虹主编．—上海：上海科技教育出版社，2017.9（2022.3重印）
高等院校早期教育（0—3岁）专业系列教材
ISBN 978-7-5428-6570-0

Ⅰ.①婴… Ⅱ.①韩… Ⅲ.①婴幼儿—行为分析—高等学校—教材 Ⅳ.① B844.11

中国版本图书馆 CIP 数据核字（2017）第 156632 号

责任编辑　师宇楠　钱　吉
装帧设计　符　劼

婴幼儿行为观察与分析
韩映虹　主编

出版发行	上海科技教育出版社有限公司
	（上海市闵行区号景路159弄A座8楼　邮政编码 201101）
网　　址	www.sste.com　www.ewen.co
经　　销	各地新华书店
印　　刷	常熟华顺印刷有限公司
开　　本	787×1092　1/16
印　　张	13.25
版　　次	2017年9月第1版
印　　次	2022年3月第7次印刷
书　　号	ISBN 978-7-5428-6570-0/G·3429
定　　价	42.00元

高等院校早期教育（0-3岁）专业系列教材编委会名单

主　任　张明红　郑健成

委　员　（以姓氏拼音为序）

贺永琴　康松玲　凌　玲

刘　馨　马　梅　皮军功

钱　文　师宇楠　孙　杰

王　婷　叶平枝

总 序

0—3岁是人生的开端,是个体发展的起点,是教育启蒙和最基础的阶段。心理学、脑科学等研究表明,0—3岁是大脑、语言、精细动作等发育最快、可塑性最强的关键期,遵循0—3岁婴幼儿身心发展的特点与规律,为婴幼儿提供适宜的发展与教育条件,才能起到事半功倍的效果。重视0—3岁儿童的早期发展与教育已逐渐成为全世界学前教育发展的重要趋势。21世纪初,我国政府开始加大对早期教育的关注程度和投入力度。《中国儿童发展纲要(2001—2010年)》对2001—2010年0—3岁婴幼儿的教育发展提出了目标和策略措施。2003年,教育部等部委颁布的《关于幼儿教育改革与发展的指导意见》明确提出,要"全面提高0—6岁儿童家长及看护人员的科学育儿能力"。《国家中长期教育改革和发展规划纲要(2010—2020年)》在学前教育发展任务中也强调要"重视0—3岁婴幼儿教育"。

我国第六次人口普查数据显示,0—3岁婴幼儿约7000万。同时,国家生育政策的调整和实施势必带来未来几年新生人口的增长,也必然会对社会、经济和教育等各个层面产生影响;人们对0—3岁婴幼儿早期教育的重视程度越来越高,无疑也给0—3岁婴幼儿早期教育的发展提出了新的要求。科学、健康的早期教育需要高素质、专业的早教教师队伍。截至2017年,教育部已批准54所高专、高职院校开办早期教育专业。如何加快推进0—3岁早期教育专业建设,规范0—3岁早期教育专业课程与教材建设,尽快培养和培训一批专业化程度较高的0—3岁早教教师队伍,从而引领科学和高质量的婴幼儿早期教育,是一个亟待研究解决的现实问题。

针对这一现实需求,中国学前教育研究会教师发展专业委员会组建了早教教师委员会,于2015年、2016年分别召开了早期教育专业建设研讨会、早期教育课程与教材建设工作推进会,积极组织全国有关领域的专家学者及已经开设和准备开设早期教育专业的高专、高职院校相关负责人,深入研究制订早期教育专业人才培养方案,并组织华东师范大学、北京师范大学、广州大学、天津师范大学、哈尔滨幼儿师范高等专科学校、福建幼儿师范高等专科学校、贵阳幼儿师范高等专科学校、国家卫健委(原国家卫计委)等有关院校和政府部门的专业人员组成了早期教育专业课程与教材建设专家委员会,组建了由部分幼高专、卫生、保健等专业人员组成的早期教育专业课程建设与教材编写委员会领导小组,围绕0—3岁早期教育专业的核心课程建设,精心组织研究编写了这套0—3岁早教系列教材,由上海科技教育出版社出版。相信这套教材的编写与出版,不仅可以为已经开设、准备开设和拟加强早期教育专业建设的有关培养院校与机构提供0—3岁早期教育专业课程建设的试用、使用和实验参考，也能成为在幼儿园、早教机构、社区早教基地等相关机构从事早期教育、早期保育护理工作、早期家庭教育指导、早教管理与科研的教育者和工作者的参考用书。同时，也期望使用本教材的院校、培养培训单位和教育工作者能够根据实践，不断予以补充、修改和完善，共同推进0—3岁早期教育专业的课程与教材建设。

中国学前教育研究会教师发展专业委员会

洪秀敏

2017年7月于北京师范大学

前　言

从呱呱坠地开始，每个婴幼儿就作为一个独立的个体开始成长，他们会发展出属于自己独特的行为模式，他们任何的细微进步和变化，都会让父母与亲朋好友欣喜不已。因此，通过对婴幼儿日常行为的观察与记录，可以获得许多宝贵的信息。

本书比较全面地探讨了对婴幼儿进行行为观察的基本理论与实践案例，全面具体地介绍了观察婴幼儿行为的知识以及记录方法，并提供实践的案例引导学习者结合现状思考和分析问题，培养学习者的观察记录以及分析解释的能力，并根据婴幼儿的发展水平提出适宜的指导方法。

但是由于0—3岁婴幼儿早期发展观察记录的资料相对缺乏，而我国对0—3岁婴幼儿早期发展的关注也不过是近十年才开始的，相关实证研究较少。而国外大都以婴儿（0—1岁）、学步儿（1—2岁）和幼儿（2岁以上）划分，也鲜见现成的0—3岁婴幼儿观察与记录的资料。因此本书在主编及编写者多年研究的基础上，吸收了当前国内外0—3岁婴幼儿发展的最新理论和研究成果，也收集了大量的家庭、幼儿园、早教中心的实例，具有较强的理论性、实践性和应用性。

本书有以下几方面的特点：

1. 比较全面地介绍了对婴幼儿进行行为观察与记录的理论知识与实际操作方法

本书从婴幼儿行为观察与记录的体系出发，分别介绍了婴幼儿与婴幼儿行为、婴幼儿行为观察概述、婴幼儿行为观察与记录的方法、婴幼儿行为观察记录的分析方法等内容。学习者可以通过学习，全面了解对婴幼儿进行行为观察与记录的理论与方法。

2. 密切联系婴幼儿行为的实际情况

本书收集了大量的婴幼儿行为观察与记录的实际案例，在本书的理论部分中都附有观察实例，以帮助学习者学习。另外教学者也可以借助这些实例来说明重要的理论问题，帮助学习者加深理解。

3. 行文生动活泼，图文并茂，通俗易懂

本书在编写过程中，为了方便学习者学习，尽量将理论性较强的知识点变得通俗易懂，并配以图表、照片等具体形象的材料，帮助学习者理解。

4. 设计思路新颖，结构完整

每章分别由学习目标、本章小结和延伸学习等部分组成，其中"延伸学习"中又包括拓展阅读、学习活动和复习与思考三部分内容，使学习者在学习之前先了解每一章节的主要内容，然后在学习中有练习和实践的机会，在课后进行复习与思考，最后还可以借助相关资源进行深入的拓展学习。

本书由天津师范大学教育科学学院韩映虹教授主编和统稿，天津师范大学津沽学院的张玉老师、王静老师，天津青年职业学院的刘晨老师和天津城市职业学院的王晓晴老师参与编写。其中张玉老师负责第一章、第四章、第五章第一节和第八章第一节内容的编写；王静老师负责第三章、第五章第一、三节和第七章内容的编写；刘晨老师负责第二章第一节与第二节、第五章第五节、第六章和第八章第三节内容的编写；王晓晴老师负责第二章第三节、第五章第二节与第四节以及第八章第二节内容的编写。

本书在酝酿和编写过程中，得到许多幼教界同行的关心和鼓励，并且积极地为本书提供案例和图片资料，在此一并表示感谢！书中如有不妥之处，敬请广大同行和读者批评指正。

韩映虹
2017 年 5 月于天津师范大学

目 录

1　第一章　婴幼儿与婴幼儿行为概述
1　　第一节　婴幼儿的概念界定
2　　第二节　婴幼儿行为的意义
4　　第三节　婴幼儿生理与心理发展特点

11　第二章　婴幼儿行为观察概述
11　　第一节　婴幼儿行为观察的意义及分类
18　　第二节　婴幼儿行为观察过程
21　　第三节　婴幼儿行为观察具体方法

33　第三章　婴幼儿行为观察记录
33　　第一节　记录的功能与种类
43　　第二节　婴幼儿行为的记录内容
55　　第三节　现代观察记录手段的运用

59　第四章　婴幼儿行为观察分析与解释
59　　第一节　婴幼儿质性观察资料的分析与解释
70　　第二节　婴幼儿量化观察资料的分析与解释
75　　第三节　多媒体材料分析方法
78　　第四节　婴幼儿行为解释的相关理论

87　第五章　婴幼儿能力发展观察案例
87　　第一节　婴幼儿认知发展观察案例
98　　第二节　婴幼儿语言发展观察案例

I

| 106 | 第三节　婴幼儿动作发展观察案例 |
| 112 | 第四节　婴幼儿情绪发展观察案例 |

119	**第六章　婴幼儿日常生活观察案例**
119	第一节　婴幼儿的进餐行为观察案例
124	第二节　婴幼儿如厕行为观察案例
127	第三节　婴幼儿穿脱衣物行为观察案例
129	第四节　婴幼儿睡眠行为观察案例

142	**第七章　婴幼儿游戏活动观察案例**
142	第一节　婴幼儿感觉运动游戏观察案例
153	第二节　婴幼儿象征性游戏观察案例
161	第三节　婴幼儿建构游戏观察案例

168	**第八章　婴幼儿社会性发展观察案例**
168	第一节　婴幼儿亲子互动行为观察案例
174	第二节　师幼互动行为观察案例
180	第三节　婴幼儿同伴交往观察案例

| 187 | **参考文献** |

188	**附录**
188	0—3岁婴幼儿发展常模列表
191	0—3岁婴幼儿发育标志与保教目标

| 202 | **后记** |

第一章 婴幼儿与婴幼儿行为概述

学习目标

> 婴幼儿期是个体一生发展的基础,也是个体终生成长的关键期;在各式各样的蜕变中,每位婴幼儿都在具有个别差异的前提下,以不同的速度日渐长大。
>
> 由于婴幼儿表达能力是慢慢累积成熟的,因此,在成长过程中,父母、照顾者以及早期教育的教师都必须经由婴幼儿的各项外在行为表现来了解他们。观察与记录则是协助了解婴幼儿行为的方法。
>
> 本章主要围绕婴幼儿的概念界定与发展特征展开,旨在明确婴幼儿的阶段划分,了解婴幼儿在每个阶段的发展特点,并在此基础上试图了解婴幼儿行为背后隐含的心理意义,为观察与分析婴幼儿行为的实践提供理论依据。通过本章节的学习,你将:
>
> 1. 了解婴幼儿的概念界定。
> 2. 掌握不同阶段婴幼儿行为的特点。
> 3. 了解婴幼儿行为的心理意义。

第一节 婴幼儿的概念界定

婴幼儿阶段是生命的初始阶段,丰富的生命力中蕴含无限的发展可能。婴幼儿刚出生时像一张纯洁的白纸,在成长过程中,受原生家庭与生长环境的深刻影响,逐渐形成自己独特的个性和性格。对婴幼儿行为进行科学的观察与记录,能辅助我们更好地把握婴幼儿成长规律,实施高质量的保育教育活动,促进婴幼儿身心的健康发展。在对婴幼儿进行观察与记录前,为了厘清婴幼儿的发展阶段,促进对婴幼儿行为的了解,要先对婴幼儿的概念进行界定。

英语中婴儿的一词来源于拉丁文"infant",含义是"无声的",因此,有人认为婴儿就是指 1 岁前不会说话的儿童,而只要 1 岁后会说话了就不再是婴儿。后来随着对婴儿心理认知规律的揭示与研究内容的扩大,婴儿心理研究者开始突破"0—1 岁"的界限,认为婴儿是指出生到 3 岁的儿童。

医学上通常称出生至4周内为新生儿期，2周岁内为乳儿期，包括：2—6个月的乳儿前期、7—24个月的乳儿后期；满2岁后到6岁入小学以前为幼儿期，包括：2—3岁的幼儿前期、3—5岁的幼儿中期，以及5—6岁的幼儿后期。

在发展心理学领域，国外有些学者认为0—1岁为婴儿期，1—2岁为学步儿期，2—3岁为幼儿期来划分。国内学者根据婴幼儿的发展特点认为婴幼儿一般指0—3岁，0—1岁为婴儿期，1—3岁为幼儿期（表1-1）。此观点即为本书对婴幼儿划分的依据。

表1-1 婴幼儿的发展特质

年龄	发展阶段	特质		
		认知发展	人格发展	社会发展
0—1岁	婴儿期	感知运动期：透过视、听、触等感觉与手的动作接收外界刺激，并作出反应。	口腔期：靠吸吮、咀嚼吞咽等口腔活动获得满足。	信任、不信任：满足依附性、具有安全感。
1—3岁	幼儿期	前运算期：不合逻辑的运算方式，集中于单一面向、缺乏守恒概念；无法反向思考、不可逆性；自我中心。	肛门期：排泄的快感经验，适度的自制与生活习惯培养。	自主行动、羞怯怀疑：自信负责、自动进取、退缩内疚；好奇负责、缺乏自信。

本书以0—3岁婴幼儿为对象，作为行为观察与记录的讨论样本。依据婴幼儿成长发展的特点及社会现实需求，0—3岁婴幼儿不仅会接受家庭的照料，也会在婴幼儿早教中心、托儿所等机构接受照顾或教育，在幼儿园中未满3周岁的幼儿也会被安置在托班。因0—3岁婴幼儿的身心发展水平与学前教育机构中3—6岁的儿童有较大的差异。幼儿教师在对该年龄段的婴幼儿进行教育指导时，无论对其专业理论，还是教育教学实践都提出了新的要求与规范。

第二节 婴幼儿行为的意义

多数研究者将行为定义为一个人的一言一行、一举一动，可被观察、描述、记录的外在表现。而外部行为只能代表被观察者的一小部分，其他不能由观察者直接接收到的是被观察者的情绪、思考、意愿、意志力、个性等，必须经由行为事实的资料来猜想、假设、评估或推测。

婴幼儿行为意指婴幼儿所表现的一切活动。婴幼儿的行为主要基于遗传上"事先设定"的模式，出生后在家庭环境中的人、事、物的不断"刺激"下，表现出了各种行为。婴幼儿的行为可以在不同的发展阶段被不断地重组与塑造，在遗传和环境潜移默化地交互作用下，婴幼儿的行为具有其个体特有的内在含义。从心理学的观点探讨婴幼儿行为，由于各学派持有不同观点而产生各种论点，对于婴幼儿行为的意义，分别叙述如下。

一、外显的行为意义

行为主义学派如华生、斯金纳等人认为：行为是可以观察、可以测量的外显反应或活动，如婴幼儿的表情、精细动作等（图1-1），因此可以透过刺激与联结的方式有计划地培养婴幼儿行为。

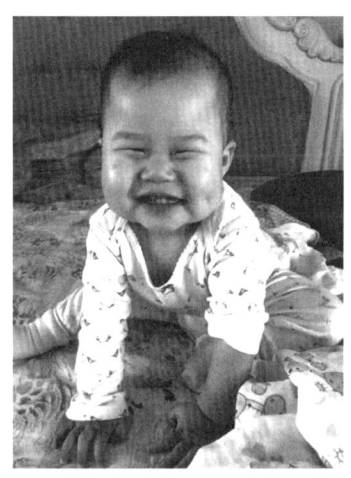

图1-1　外显行为的表现

行为观察的最主要目的在于了解被观察者的内在意识，进而解释被观察者的思想或个性等，观察者只有在行为现场收集婴幼儿的客观、具体的外部表现，才能从行为表现到内在意识去推测分析婴幼儿行为的意义和真正的需求。如图1-2所示，行为表现及内在意识之间的界限就像海平面，其上表示可以被知觉到，其下表示不易被知觉到，海平面之上的行为表现可以被知觉觉察，而海平面之下的内在意识则不易被知觉觉察。

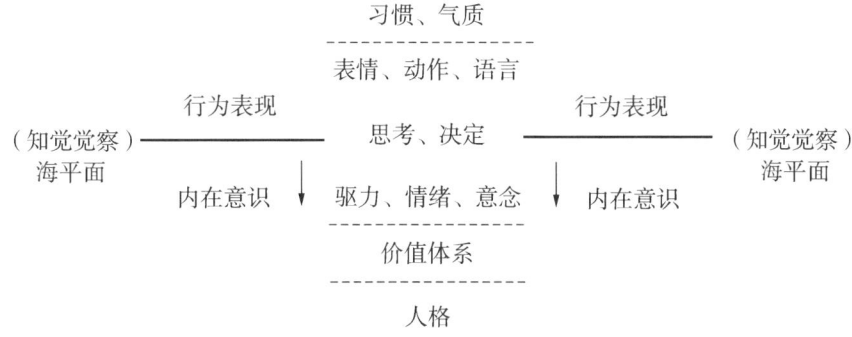

图1-2　行为表现及内在意识层面剖析

由于人类行为非常复杂，同一种行为表现可能就有不同的解释，不同的人解释的角度也不同。因此，在观察记录好婴幼儿的外显行为后，如何进行分析解释以获得婴幼儿行为的真实意义至关重要。

二、内隐的行为意义

新行为主义学派霍尔、托尔曼等人认为刺激与反应之间包含着许多复杂的心理历程，内隐性的心理结构、意识作用、记忆等中间历程，均应属于行为意义的考虑范围之内。

实验室里，小白鼠把原先在迷宫里左跑右跑、随机探索、碰触后得到食物的经验联结成为方位概念，在脑中形成认知地图，于是获得对于迷宫的整体认识，学到走出迷宫的方法。这与幼儿想要吃点心时，知道要踮起脚尖，才能够到桌子上的点心的行为是相似的。

三、心理表征的行为意义

认知主义者如皮亚杰、布鲁纳等人认为，行为是经由知觉、学习、记忆、思考、推理、判断等心理活动与表征的历程，具有注意、概念与信息处理等意义。如在婴幼儿拼排或搭建积木时，脑海中所具有的建构概念，就是婴幼儿通过直觉思维去理解、发现进而产生有创意的表现。

此外，在婴幼儿日常行为表现中，还有可能出现规则与不规则行为的现象。规则行为是指例行性、经常性出现的个体活动，如饥饿、口渴、疲倦、睡眠等，具有共同性、集体性与常态化行为的倾向；不规则行为是指非例行性、并非经常性出现的个体活动，如惊吓、恐惧、哈哈大笑或急躁不安等。婴幼儿的行为随着生理与心理年龄的增加渐进成熟，婴幼儿的关键行为也随之由单纯变复杂，并具有更多元的意义。成长中婴幼儿的行为表现虽然依循年龄发展特点的规律产生规则行为，但同时也存在很多凸显个别差异的不规则行为。

第三节 婴幼儿生理与心理发展特点

从各项发展进程观察婴幼儿行为，可以发现婴幼儿在不同生长阶段具有许多共同的生理与心理现象。依照年龄阶段，主要具有下列发展特点：

一、0—1岁婴儿的生理与心理发展特点

（一）生理发展特点：动作特点

从第一声啼哭响起，婴幼儿开始自主呼吸，他们的手脚无目的地挥动，最大的特质是

吃和睡，并且已经具备觅食、吮吸、吞咽等生理反射。2—3个月的婴儿仰卧时头已经可随着看到的物品或听到的声音转动，两手能在胸前相互接触和抓握，逐渐学会从仰卧位变为侧卧位，且俯卧时能将头抬高至45°，并尝试伸手触摸眼前的东西。4—6个月的婴儿俯卧时能用两只小手支撑独坐片刻，手部动作也逐渐增加，如撕纸、扒脚、拿起眼前的玩具时会将其放入口中等。7—9个月的婴儿能很稳地独

图 1-3　形状积木游戏中的手眼协调

坐，且坐卧自如，能依靠成人扶握他双臂的力量将腰、髋、膝关节伸直站立，并开始学会爬行；手部动作越来越灵巧，会用拇指、食指配合取物，能换手接物，能双手拿两物对敲。10—12个月的婴儿可以手膝爬行，能自己扶栏杆站立、坐下及蹲下取物，扶物会走，有的婴儿已经能独立走几步，可将物体从大罐子中取出、放入，喜欢扔东西，感受用自己的手控制物体的感觉。

（二）婴儿心理发展特点

1. 语言特点

刚出生的婴儿除了哭声，还能发出细小的喉音，喜欢听母亲的说话声。2—3个月的婴儿听觉开始变得敏锐，他开始能辨别不同人说话声音的语调；开始会用不同的哭声表达自己的需求；会注意成人的逗引，并用微笑、"咕咕声"等来回应。婴儿在4—6个月时开始咿呀学语，发辅音"d、n、m、b"，喜欢和成人进行相互模仿的发音游戏，并会理解熟悉的语言信号。7—9个月的婴儿逐渐能听懂自己的名字，通过重复发出某些元音和辅音，试着模仿成人声音，开始学会用自己的语音、语调来表达不同的情绪。婴儿在10—12个月时，语言理解能力、表达能力均逐渐增强，开始听懂一些与自己有关的日常生活指令，除了会用肢体语言表达想法，还能说出几个有意义的词，如"爸爸""妈妈"或自创一些词语来指代事物。

2. 认知特点

婴儿出生时就具备灵敏的听觉，他对熟悉或特殊的声响有反应，能将头转向声源处。2—3个月的婴儿能感知色彩，喜欢注视自己的手，眼睛能追视玩具或人的移动轨迹，会试图找出声音的来源。4—6个月的婴儿能注视距离眼前约75厘米远的物体，会用较长的时间来审视物体和图形，喜欢颜色鲜艳的玩具或图卡，听到自己的名字会转头看。7—9个月的婴儿喜欢关注有吸引力的物体，并会反复观察其特点和变化，喜欢熟悉的环境，开始有客体永久性。10—12个月的婴儿开始会用语言、手势或表情表示，能指认耳朵、眼睛、鼻子等身体部位和熟悉的物品；这时期的婴儿喜欢看图画，会注意到比较细小的物品，喜欢

摆弄、观察玩具及实物。

3. 情感与社会性特点

初生的婴儿喜欢被爱抚、拥抱；会注意到近距离人的面部表情，喜欢看人脸，尤其是母亲的笑脸；听到人的声音有反应，母亲的声音对哭闹的婴儿有安抚作用。2—3个月的婴儿对成人的逗引会用动嘴巴、伸舌头、微笑或摆动身体等表示情绪反应；见到母亲会微笑、发声或挥手蹬脚，表现出快乐的神情。4—6个月的婴儿开始会用哭声、面部表情和姿势与人沟通；此时的婴儿开始怕羞、认生，对陌生人会出现注视、躲避等反应，对熟人反应愉悦；会辨别语调；对熟悉的人或物有观察意识；开始有明显的依恋。7—9个月的婴儿会对主要看护人表现出依恋和喜爱，对陌生人会有害怕、拒绝等情绪反应；知道成人表示肯定或否定的面部表情；喜欢躲猫猫、拍手一类的交往游戏，喜欢镜子中自己的映像。有的婴儿在这个阶段学会了用挥手表示再见、拍手表示欢迎；听到表扬会高兴地重复刚才的动作。10—12个月的婴儿喜爱家庭成员和熟悉的人，对陌生人表现出忧虑、退缩、拒绝等情绪反应；当言行得到认可时会高兴地重复表现；初步具有保护自己物品的意识。这个阶段婴儿爱尝试，喜欢重复玩交往游戏。

二、1—2岁的幼儿的生理与心理发展特点

（一）生理发展特点：动作特点

1—1.5岁的幼儿开始独立行走，这一阶段的幼儿很快学会控制身体重心，不用扶物体就能独自蹲下、站起，逐渐学会跑但跑得不太稳。1.5—2岁之间的幼儿，能蹲着玩、弯腰捡玩具、踢大球、将五六块积木叠搭起来，许多幼儿还有较强的节奏感和音乐感知能力，能够根据音乐的节奏做动作；在成人的指导下，幼儿可以穿串珠和自己用汤匙吃东西或用笔画圈。

（二）心理发展特点

1. 语言特点

从1岁起，幼儿进入了正式学习语言的阶段，基本规律是先听懂、后会说。1—1.5岁是单词句阶段，意义不明确，语音不清晰，词性也不明确，往往与动作紧密结合；1.5—2岁幼儿的语言形成属于电报句阶段，语句简略，结构不完整。

图1-4 自主游戏中小肌肉的发展

（1）单词句阶段（1—1.5岁）

1—1.5岁幼儿的语言发展主要反映在言语理解方面，喜欢说重叠的字音和用象声词代表物体的名称，说出的词往往代表多种意义，故称为"多义词"。例如，幼儿说"拿"这个词时，有时代表他要拿奶瓶，有时代表他要拿玩具。这一阶段的幼儿能听懂别人说的简单指令，并开始知道书的概念，喜欢模仿翻书；学会说自己的名字、熟悉的人名或物品名称，并且会应用简单的动词。

（2）电报句阶段（1.5—2岁）

1.5岁以后幼儿主要表现在开始说由双词组合在一起的句子，如"娃娃乖乖"等，其句子结构不完整，好像成人的电报式文件，故也称为"电报句"或"电报式语音"，词汇量增加很快，能用3—5字的简单短句表达需要；婴儿在这一阶段喜欢跟着大人学说话、念儿歌，喜欢看图书，指认、说出图片中熟悉的事物，并且爱重复结尾的句子。

2. 认知特点

1—1.5岁时幼儿会长时间地观察自己感兴趣的事物，能用手势表示不同的反应，会指认某些身体部位，并喜欢用嘴、手试探各种东西，开始理解简单的因果关系，可根据大小、颜色对熟悉的物品进行简单的分类，还会模仿一些简单的动作或声音。

1.5—2岁的幼儿会认识颜色、区分简单的形状，能记住一些简单的事和熟悉的生活内容，喜欢探索周围世界，并开始理解事件发生的先后顺序，会注意与自己生活经验不同的事物，喜欢提问，让成人不断地复述他熟悉的故事情节。

3. 情感与社会性特点

1—1.5岁的幼儿自我意识开始萌芽，能理解并遵从成人简单的行为准则和规范，可在安全、依恋的环境中和小朋友共同游戏，幼儿情绪变化丰富而迅速。

图1-5 自主阅读中认知的发展

1.5—2岁的幼儿对主要抚养者表现出较强的依恋，当与主要抚养者分离时会感到沮丧，并会较长地延续这种情绪状态；自我意识逐步增强，开始表现出独立行为倾向，喜欢自己独立完成某一动作，开始意识到自己的性别角色；喜欢与其他幼儿共同参与游戏活动；模仿性强，喜欢模仿成人动作，如学着收拾玩具，喜欢帮忙做事。

三、2—3岁幼儿的生理与心理发展特点

（一）生理发展特点：动作特点

2—2.5岁的幼儿掌握了更多的动作技能，能双脚交替走楼梯，能后退、侧着走和奔跑，能轻松地立定蹲下，能双脚离地跳，会骑儿童自行车，会举起手臂有方向地投掷，能用积木搭桥、火车等简单的物体，会用手指一页一页地翻书本。

2.5—3岁的幼儿能双脚离地地连续跳跃2—3次，能走直线，单脚能站立5—10秒，会用积木（积塑）搭（或插）成较形象的物体，会穿鞋袜和简单的外衣外裤。

（二）心理发展特点

1. 语言特点

2岁以后幼儿进入口语完整句阶段。2—3岁是幼儿口语发展的关键时期，是言语发展最迅速的时期。2—2.5岁的幼儿开始能清晰表达想法，会用日常生活中的一些常用形容词，会说完整的短句和简单的复合句，能区分书中的图画和文字，会主动自主阅读，爱看情节简单的图画书。

2.5—3岁的幼儿能回答简单的问题，喜欢问"这（那）是什么"等问句，词汇量增多，能说出物体及其图片的名称，理解简单故事的主要情节，能说出有5个字以上的复杂句子，知道一些礼貌用语。

2. 认知特点

2—2.5岁的幼儿喜欢对周围事物或现象提出问题，能感知物体形状、材质，可根据大小、颜色等分类，知道量的多少，游戏时能发挥自己的想象力，如用手边的玩具代替想象的物体或人物。

2.5—3岁的幼儿能够区别红、黄、蓝、绿等常见的颜色，开始做些有一定意思的涂鸦，能记忆和唱简单的歌，能口数1—10，会区分大小、多少、长短、上下、里外，能将物体归类，知道数字的大小与数量的关系，知道家里主要成员的简单情况。

3. 情感与社会性特点

2—2.5岁的幼儿开始会自主表达自己的情感、意识到他人的情感，产生简单的是非观念，喜欢参与同伴的活动。例如，一起玩简单的角色游戏，会相互模仿，但是他们的角色扮演意识模糊，还不能很好地控制自己的情绪。

2.5—3岁的幼儿开始能较好地调节自己的情绪，发脾气的时间减少，会用"快乐""生气"等词来表达自己和他人的情感，有时也会隐瞒自己的情感；能和同龄小朋友分享玩具，有一定的规则意识。这一阶段的幼儿开始知道自己的性别及性别的差异，喜欢玩与自己性别相符的玩具。

本章小结

本章主要介绍了婴幼儿的概念界定，对婴幼儿婴儿期、幼儿期的特点进行了介绍，分析了婴幼儿外显行为、内隐行为和心理表征的行为的意义，并从动作、认知、语言及情感与社会性四个方面介绍了婴幼儿的生理与心理发展特点。

延伸学习

 拓展阅读

儿童的生态观

儿童生态观由尤里·布朗芬布伦纳（Urie Bronfenbrener）提出，其观点是我们每一个人都生活在社会的大背景中，不同的多层次环境关系使人们成为独一无二的个体。我们可以用此理论观点来审视儿童行为发展的一些方面。例如，当教师观察某个儿童的一个行为片段——手持剪刀进行剪切活动时，发现儿童的表现与他了解的儿童小肌肉发展的相关知识矛盾。教师意识到影响该儿童发展的因素有遗传和多层次环境两个方面。那么该儿童其他部位的小肌肉技能发展如何呢？大肌肉呢？家人允许他使用剪刀吗？这个家庭在社区中的状况以及政治和经济的影响如何？这个家庭是否珍视过孩子的独立性，或是否因温饱问题压力过大而不能优先给孩子提供写和画的机会？这个家庭是否经过数月的流浪后才移居到现在的国家？或者，是否国家和经济的大环境影响了这个家庭的生活，并最终影响了孩子的发展？也许，很久之前的事情也能给孩子现在及将来的发展带来一定的影响。

儿童发展的生态观没有将注意力完全局限于儿童的剪切技能，而是向大家展示一个更宽广的视野，给观察者提供了更多元化的视角。

研究者不能只考虑微观系统的影响就草率判断。同样，对儿童的行为和技能的观察也不能只停留在特定的某一天。各个发展领域的观察评价和观察内容应置于儿童的整个发展背景中。例如，研究上述轶事中的儿童时，要参阅有关儿童本人、家庭及周围社会的大量资料。

学习活动

1. 感官练习：我们可以通过视觉信息的收集，根据儿童的外表特征（如个头、发型、肤色、身材、面部表情等）、协调能力、行为、在房间中所处的位置、对活动的选择等，对儿童作出推断。请在表1-2中填写通过视觉、听觉、触觉和嗅觉等感官对某个儿童观察到的内容。

表1-2 婴幼儿观察的感官练习

视觉	听觉	触觉	嗅觉

2. 认真观察一名婴幼儿,根据婴幼儿生理与心理发展特点分析这名婴幼儿的发展水平。

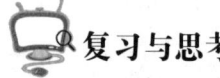

复习与思考

1. 婴幼儿年龄发展有何特点?
2. 作为一名早教教师,如何了解婴幼儿行为的意义?

第二章　婴幼儿行为观察概述

学习目标

　　本章主要围绕一个关键概念"行为观察"来展开，旨在让教师进一步了解观察的意义，了解观察的类型以及观察的注意事项。在此基础上，熟悉观察的准备、实施及评价过程，选择恰当的观察方法。最后，以案例分析的形式展现了基于观察的婴幼儿行为指导的工作流程，为今后的实践打下基础。通过本章节的学习，你将：

1. 了解婴幼儿行为观察的意义及分类。
2. 了解观察时应该遵循的原则。
3. 了解观察的实施过程。
4. 了解观察方法的优缺点及选择。

第一节　婴幼儿行为观察的意义及分类

　　婴幼儿的行为反映了其身心发展水平，所以了解婴幼儿的发展就要从其行为入手。由于婴幼儿的年龄特征，观察是对婴幼儿行为了解的最常见方法，婴幼儿行为的观察结果能够真实反映婴幼儿的发展水平。通过对婴幼儿的行为进行观察，不仅可以了解婴幼儿的发展水平，还可以为广大早期教育工作者及婴幼儿家长提供教育指导策略，促进婴幼儿早期教育发展。

一、婴幼儿行为观察的意义与作用

　　在教学和研究中，教师和研究者通常使用正式和非正式的观察法来对婴幼儿行为进行观察，这种观察是有目的的观察。成人对婴幼儿行为进行观察，并记录婴幼儿发生的行为和事件，通过收集多方面的客观资料，分析了解婴幼儿心理特征及发展水平，从而选择适合婴幼儿的活动，提高婴幼儿的能力，帮助婴幼儿良好地发展。婴幼儿行为观察的意义可以从婴幼儿教师、家长以及幼儿园三个方面来分析。

（一）对于婴幼儿教师的意义与作用

观察是婴幼儿教师了解婴幼儿最常用的方法之一。通过婴幼儿教师的观察可以有效评价婴幼儿学习和发展的情况，婴幼儿教师观察的对象就是婴幼儿的行为。

1. 了解婴幼儿的学习与发展状况

早期，婴幼儿的各项能力都处于飞快的发展状态，尤其是从出生到6个月时。但一般来说，语言、思维等能力与成年人相差很远，大多数情况下，婴幼儿无法通过语言完整表达自己的个性、需要、兴趣等。唯一能够了解婴幼儿的方式就是通过观察他们的外显行为并对其进行分析，从而了解婴幼儿。随着婴幼儿语言能力的发展，教师还可以深入婴幼儿的生活，通过与婴幼儿的交谈，深入了解婴幼儿的表现。

> 今天的早餐是佳佳（2岁9个月）最喜欢的肉包，她想用勺子吃，但是一直没有成功，于是她用自己的小手拿包子吃，虽然还是颤颤巍巍，但是比用勺子好多了。她一边吃，一边开心地跟旁边的小朋友说："我喜欢肉包。"吃水果的时候，佳佳对小米说："给你一个果子。"她的小碗里有3颗小西红柿，比小米多一颗。
>
> **分析：** 从上述例子中可以发现佳佳的一些发展状况，比如语言表达能力、运用小肌肉的能力以及同伴交往能力等。除此之外，教师还可以选择其他观察方法，例如，新入职教师可以运用行为检核法了解婴幼儿的状况。

2. 发现婴幼儿之间的个体差异

由于家庭生活背景不同，生理、心理基础不同，所以婴幼儿之间存在着很大差异。这种差异不但会影响婴幼儿的学习方式，同时也会影响教师开展不同的活动。若要了解婴幼儿的特点及差异，就要通过认真仔细地观察，从婴幼儿与周围环境的互动中分析其学习特点及个性，从而发展适宜性教育。

> 涵涵（4岁3个月）一直是外公外婆接送看管。有一天，班里来了一位新的绘画老师，老师教小朋友们画人像，并且让小朋友们画自己的爸爸。结果涵涵一直都不动笔，老师跟他说话他也不出声，一副不开心的样子。后来通过与带班老师聊天，才知道原来是涵涵的爸爸妈妈离婚了，涵涵跟妈妈还有外公外婆一起生活。

3. 成为活动设计的依据

婴幼儿教师通过对婴幼儿的行为观察，能够发现婴幼儿行为背后的原因，了解婴幼儿行为发展水平。依据婴幼儿的行为发展水平，设计出提高婴幼儿能力和兴趣的活动，从而帮助婴幼儿提升自己各方面的能力。

（二）对于家长的意义和作用

1. 了解婴幼儿行为背后的原因

由于婴幼儿的语言发展需要经历一段时间，所以家长最初的教育方式就是根据对婴幼儿行为的观察来进行的。例如，刚出生时，婴幼儿的哭泣可以让家长了解到其需要喂食或者排泄等需要。这些信号的含义是家长通过一段时间的观察而了解的。

当婴幼儿成长至3岁以后，其行为就变得更为复杂，更加社会化。家长对婴幼儿的行为也应该保持一定的敏感性，因为这个时期的婴幼儿行为可塑性非常强，通过模仿或者学习，就能够习得新的行为。家长通过观察，可以全面了解婴幼儿的行为发展，针对婴幼儿的消极或偏差行为，思索行为背后的原因，采取针对性的教育策略，促进婴幼儿的健康发展。

2. 更有利于与教师的沟通

婴幼儿在进入保育和教育机构后，又多了一个重要他人，就是教师。家长和教师之间的沟通对帮助婴幼儿的学习和发展非常重要。教师将自己观察到的资料提供给家长参考，同时家长也将自己在家庭中观察得到的资料提供给教师。双方对幼儿在家和在园的情况有了全面而透彻的了解，对幼儿的行为进行客观公正的分析，为教育教学策略的实施提供依据。

（三）对于幼儿园的意义和作用

1. 提高园内教师专业水平

日常生活中的观察不需要事先预设的期望，也不需要标准的框架，教师只需根据自己的观察分析婴幼儿的水平能力，从而更好地了解婴幼儿，同时也能在观察过程中锻炼自己敏锐的观察力，进而提升自己的专业水平。

对于婴幼儿行为的观察，教师不仅作为观察的角色存在，有时也会成为被观察的一员。所以在观察过程中，应注意吸取别人的观察经验，与他人积极交流，从而提升自己的专业素养，改进自己的教学能力。刚进入幼儿园的教师对婴幼儿的认识还停留在书本，实践经验相当缺乏，观察正好为她们提供了一个将理论与实践相结合的有效途径。

2. 提升幼儿园教学质量

通过观察，教师能够了解婴幼儿的兴趣需求和关注点，能够发现婴幼儿的个体差异，并根据不同差异，设计相应的活动，从而满足婴幼儿的不同发展需要，提高教学质量。

二、观察法的分类

观察方法有很多，对于不同的行为以及不同的情境，应该选择不同的观察方法。依据观察的开放程度，观察者的参与程度，观察时间的长短以及观察记录的方式等，可以将观察分为开放式观察和封闭式观察，参与观察和非参与观察，长期观察、短期观察和定期观察，描述观察、取样观察和评定观察，专业观察和日常观察等。

(一)开放式观察和封闭式观察

根据观察过程的结构性质与控制程度,可以将婴幼儿观察方法分为开放式观察和封闭式观察两类。

开放式观察,也被称作为非正式观察。这种观察方法没有固定的结构,也没有周密的观察计划以及过程,是开放的、弹性的观察。开放式观察需要在观察之前列出一个观察提纲,然后在观察过程中,根据具体实施逐渐修改提纲。观察者在观察的过程中灵活记录,记录内容不用非常详细,但是必须对观察资料进行理性分析,在分析的过程中,如果不能得到支持,就会被修正观察过程。这种观察方式更大程度上取决于观察者自身的感性经验,观察过程较为简单,记录方法主要有日记法、轶事记录法等。

> 观察对象:君君(男)
>
> 观察日期:2010年6月25日
>
> 班级:中二班
>
> 观察者:丽丽老师
>
> 观察地点:教室
>
> 观察内容:
>
> 做科学活动时,君君很专心地听讲,老师问问题的时候,君君能够礼貌地举手,等待老师叫他回答。在玩抢答游戏时,君君的反应能力比其他小朋友好,有时会跟两旁的小朋友讨论问题。
>
> 分析:上述案例是一个典型的开放式观察记录,教师在记录时没有严格的结构,只是将看到的外显行为记录下来,然后根据记录理性分析婴幼儿行为产生的原因。

封闭式观察是一种有控制的、具有严密结构的观察方法。这种方法通常运用于科学研究,主要目的是能够取得量化的数据,从而进行科学的分析。封闭式观察比较严谨,在观察前需要对观察的过程进行计划,明确观察行为并且对观察行为进行操作性定义。除此之外,观察者还要事先确定好观察的场景、内容以及记录方法,并对观察表格进行详细的制订,确定好记录的符号。在实际观察中,取样法以及等级评定法通常为封闭式观察法。

开放式观察和封闭式观察最大的区别在于结构严密程度以及是否具有较高控制。显而易见,封闭式观察比开放式观察具有更加严密的结构以及更高的控制,但是这两种类型的观察均有其优点和不足。封闭式观察的优点是结构严密,具有较高的信效度,时间短,效率高,能够收集大量的能够量化的统计数据;缺点是由于其严密的结构和计划,会导致观察过程缺乏灵活性,资料的收集不够全面等。开放式观察的优点是没有固定的结构,具有一定的灵活性,能够发挥出观察者个人敏感的观察能力;缺点是不能得到科学量化的统计数据,容易在观察中偏离目标等。

（二）参与观察和非参与观察

根据观察者与被观察者的互动关系，可以将婴幼儿行为观察分为参与观察和非参与观察两类。

所谓参与观察，是观察者参与被观察者活动过程中进行的观察。在这种情况下，观察者与婴幼儿之间有较多的互动，并且通过密切的接触来观察婴幼儿的言行，从而进行记录。参与观察的观察情景比较自然，是观察婴幼儿在日常活动中的自然表现。在这种情况下，观察者能够控制整体观察过程，能够根据研究目标调整自己的观察进度和观察内容，这也是参与观察的优点之一。参与观察中的观察者一般具有双重身份，即婴幼儿熟悉的人和研究者。所以参与观察的另一个优点是婴幼儿熟悉观察者，不会对观察者感到陌生，能够表现出真实的行为。参与观察的缺点主要是观察者对婴幼儿非常熟悉，所以在观察中容易产生主观臆断，而且参与观察比较费时费力。

所谓非参与观察，是以旁观者的身份进行观察，可能是另一名不参与观察的教师或者是一名外来的研究者。为了确保观察的客观性及真实性，最好进行隐蔽观察，即在被观察者不知晓的情况下进行。在条件允许的情况下，观察者可以使用摄像机对现场进行录像，也可以运用单向玻璃进行观察。目前一些幼儿园在活动室或其他幼儿活动场所安装了摄像装置，也可以用来进行非参与观察。一般来说，绝大多数的科学研究是采用非参与观察进行的。

非参与观察与参与观察相比，更容易集中注意力，专心观察，所以省时省力，并且观察的结果比较客观。但是，由于条件所限，也会出现观察看不清的情况。高德就曾经将参与观察这个概念中的"参与"和"观察"两个概念暂时分开，然后在不同的参与程度和观察角色上将他们进行各种不同的两两结合，将参与观察分成四种类型：完全的观察者、作为参与者的观察者、作为观察者的参与者和完全的参与者。但是，在现实情况下，完全不参与的调查基本上是不存在的。只有成为婴幼儿活动中的参与者，才能真正了解婴幼儿行为背后的原因，得到真实客观的结论。

（三）长期观察、短期观察和定期观察

长期观察、短期观察和定期观察是根据观察的时间长短来分类的。

长期观察是指在较长的连续时间内对婴幼儿的行为进行观察。我国著名教育家陈鹤琴曾采用日记描述法对他的第一个孩子从出生之日起连续跟踪 808 天，详细记录下幼儿身心发展变化以及各种刺激的反应情况，并且拍了几百张照片。这就是一个典型的长期观察案例。长期观察能够全面、细致地观察婴幼儿的行为，更加真实、准确地记录婴幼儿的行为并进行分析，但是在观察中比较费时、费力，容易坚持不下来，而且长期的观察也很容易被观察者排斥。

大多数的观察案例都属于短期观察，也就是在比较短的时间内对婴幼儿的行为进行观察。这种观察省时、省力，非常方便，而且能够在短时间内收集资料并进行分析，但是短期观察只能以短时间看到的行为进行分析，难以获得全面、深入的了解，可能会误解婴幼儿行为背后的原因。

定期观察即定时观察，是指在某个固定的时间段对婴幼儿进行观察，这种观察一般是针对同一种观察行为而言的。定期观察不止观察一次，所以观察结果能够进行验证，具有较高的信度，但是不容易看到婴幼儿行为发展的连续性。

（四）描述观察、取样观察和评定观察

描述观察是指观察者详细描述婴幼儿连续、完整的行为表现的方法。这种方法通过大段的文字，对行为的发生进行详细的记录，既可以是针对一段时间行为的发展变化记录，也可以是对某件事情的过程的详细记录。常见的描述观察法有日记描述法、轶事记录法、实况详录法等。这种描述记录非常考验观察者的观察能力和记录能力，需要快速的反应和记录。由于描述观察需要详尽的记录，所以具有费时、费力的缺点。

取样观察是指依据一定的标准选取婴幼儿的某些心理活动和行为表现，对其进行观察记录，或者选择在特定时间内对某种行为进行观察记录的一种方法。取样观察既可以针对一段时间的行为进行取样，也可以针对一段事件进行取样。

取样观察对观察者具有很高的要求。当观察者运用取样观察法时，首先要有明确的观察目标并且对目标行为进行科学的操作性定义，然后在一段时间或者一段事件内，记录行为发生的频率或者程度等。这种观察方法前期准备工作比较复杂，但是观察过程却非常简单，能够在短时间内收集大量信息。常见的取样观察包括时间取样观察和事件取样观察两种。

评定观察是对婴幼儿的行为作出判断的一种方法，用以评定婴幼儿的行为中是否有这样的行为或者判断婴幼儿的行为处于什么等级等，也就是行为检核法和等级评定法。这种评定方法一般在新教师了解新班级的整体婴幼儿情况时使用，或者家长想要了解自己的孩子是否发展正常（表2-1）等情况时运用。

表2-1　幼儿行为检核表

孩子的姓名：　　　　　年龄：　　　　　观察者：　　　　　观察日期：

孩子是否能够……	是	否
独立行走。		
弯腰捡起玩具不摔倒。		
在安全座椅上就座。		
会在大人帮助下上、下楼梯。		
把几个圈环套在一根木棍上。		
在软木板上放5个木钉。		
一次翻2页或3页。		
涂鸦。		
按涉及熟悉物品的一个步骤指令行动，如："给我……""给我看……""拿一个……"。		
配对熟悉的物品。		
使用汤匙，但有时会泼洒出来。		
用一只手举起茶杯喝水，无须帮助。		

(续表)

孩子是否能够……	是	否
咀嚼食物。		
脱衣服、鞋、袜子。		
拉上、拉开大的拉链。		
在镜中或画中认出自己。		
在游戏中模仿成人的行为,如:喂"宝宝"。		
帮忙收拾东西。		
对个别词语有反应,也知道它代表哪些事物,如玩具、宠物、家庭成员。		
说出想要的物品名称。		
当问到"那是什么?"时,能说出物品名称。		
说出两个词语的句子,如:爸爸、再见。		

(五)日常观察与专业观察

日常观察是指人们在日常学习生活中,经常会由于好奇或者感兴趣而对一个事物进行观察,但是这种观察非常随意,没有目标也很难得出科学客观的结论。

日常观察没有目的,只是在看到婴幼儿发出行为时,进行主观判断和解释,至于所收集的信息是否真实,能否作为重要事实,观察者很少会考虑这些问题。家长对于婴幼儿的日常观察就是典型的日常观察。幼儿教师许多时候观察幼儿时并没有观察记录、没有计划,只是根据经验进行判断,这也属于日常观察。

专业观察是为科学研究或者职业研究进行的,必须有明确的目的,在对所收集的信息进行专业判断后,得出专业结论。正确的专业观察是专业人员达到专业水平必备的能力。教师有目的的观察或者研究者的观察基本上都属于专业观察。

总之,日常观察随意、简单、方便、灵活、开放,但是容易出现主观臆断;专业观察严谨、专业,但是缺乏灵活性和开放性。

三、观察时应该注意的原则

观察婴幼儿行为的目的是促进婴幼儿发展,但是不恰当的观察做法在一定程度上却会阻碍婴幼儿身心发展。所以,观察时必须注意以下一些原则。

(一)注意避免引起婴幼儿的注意

对婴幼儿行为的观察应该在自然状态下进行。所谓的自然状态,是指对所观察的现象或行为,不加任何人为的控制,使它们以本来的面目客观地呈现出来。在对婴幼儿行为的观察中,由于大多数观察者为婴幼儿熟悉的教师,所以观察环境相对宽松和自然。若由陌生人担任观察者,婴幼儿则难免产生紧张情绪,进而引发异于平常的反应。此时,观察者可以采取一些措施以避免这种情况出现。例如,观察者可坐在一个隐蔽的位置,或是采用单向玻璃对婴幼儿行为进行观察,还可以利用录像机等设备对婴幼儿的行为进行记录。与此同时，观察者应尽量避免让婴幼儿知道他们正在被观察和记录，避免让他们了解观察的真实意图，从而获得真实可靠的观察材料。例如，观察婴幼儿的进食情况，应选择婴幼儿在其熟悉的环境中进餐、吃点心等过程中进行。

（二）谨守专业道德

专业道德与保密意识是所有观察活动中不可忽视的原则，主要包括以下几点：

1. 得到许可

每次观察时都必须得到婴幼儿父母的同意，观察者在使用任何观察资料前都应该得到主管人员的许可，如园长、保教主任等。除此之外，所有的被观察者都有要求观察者停止观察其行为的权利。

2. 保护婴幼儿的身心健康

观察一定要符合教育性原则，无论进行何种观察，都必须关注婴幼儿的感受，不可以对婴幼儿造成任何身心伤害。

3. 保护隐私

家长，作为孩子的监护人，有决定其孩子是否被观察的权利。观察者只有得到家长的同意，方可进行观察。观察者在观察过程中，可能会发现婴幼儿发展的不足，但是无论何时，一定要避免将婴幼儿进行比较。观察记录不能放在公开的地方，一定要注意保密。观察时不记录婴幼儿的真实姓名。向婴幼儿父母说明观察结果时，应根据专业知识作明确说明，须严守各专业角色间的分界，避免越界扮演诊断者或专业治疗者的角色。

第二节　婴幼儿行为观察过程

进行一次婴幼儿行为观察需要经历一个比较久的过程，这个过程包括前期的准备，中期的观察以及后期的资料分析。

一、前期准备

（一）认知准备（心理准备）

对于观察者来说，观察前的认知准备是非常重要的。首先，是对观察价值的认知。观察者必须明确观察并不是为了简单地完成任务，或是一次对婴幼儿的简单鉴定，而是为了促进婴幼儿身心的健康发展。其次，是对婴幼儿的看法。婴幼儿虽然年龄很小，但是观察者必须尊重婴幼儿的各项权利，尊重他们的隐私，必须在得到家长的同意后才能进行观察。最后，是对观察过程的认知。观察者一定要清楚地认识到观察过程是一个隐私、保密的过程，所以一定要认真对待，保证不公开观察记录、客观记录婴幼儿的行为。

（二）制订观察计划

1. 明确观察目的

制订观察计划时，首先应该明确观察目的。因为观察目的决定了观察、记录的类型和方法，以及行为观察的时间和背景。

观察目的是指将要观察什么和完成什么，是观察的全部意图。由于行为是复杂多面的，不能一次观察全部，所以观察者只能将某些事件或者行为作为观察目标进行深入了解。明确观察目的，可以避免遗漏重要观察内容，过多记录无关现象。在选择观察目标时，既可以针对不同对象进行同一个目标的观察，也可以针对不同目标进行多个观察对象的观察。

2. 确定观察对象

观察目的决定观察对象。观察对象可以针对团体，也可以针对个人，但是在一次观察过程中，观察对象一定是固定的，不能随意更改。如果想要了解团体的发展水平，或者了解一个集体中婴幼儿的整体行为表现，就应该选择团体作为观察对象；如果只是想要了解特定幼儿的行为，那么观察对象就变成了个人。例如，对于家长来说，观察对象通常都是自己的孩子，也就是针对个人。

3. 设定观察情境

观察情境是自然情境还是人为情境需要事先规划，否则会造成观察者无法获取有效资料，徒劳无功。例如，观察者想要观察婴幼儿的社会互动，通常会选择自然情境进行观察。

值得说明的是，观察情境包括场所和情境。场所是指观察者的观察空间、物质资源，比如：家长对婴幼儿观察的主要场所是在家中，包括卧室或者客厅等；教师对婴幼儿观察的最主要场所是幼儿园，包括活动室、室外场地（游戏场）、走道、餐厅、卧室，甚至于厕所等。情境是指观察对象正在进行的活动，比如午睡、午餐、活动等。

4. 选择取样方法

取样方法是指观察时如何搜集资料。观察者不可能记录所有事实资料，为使所搜集的资料具有代表性，必须事先确定取样方法。例如：观察特定的某些行为，适合以"事件"作为取样的方法。取样方法的选择取决于观察目标的制订。

5. 界定观察者角色

观察者与被观察者间应该采用什么样的互动关系，就是观察者的角色界定。除了前文所述的高德分类以外，最常被区分的角色就是参与观察和非参与观察。教师在多数情况下无法将自己的角色从观察情境中完全分离，因此多数为参与观察者角色。

6. 选择观察记录方法

在进行观察前，采用何种观察记录方法也是制订计划的重点内容。如果采用质性的记录方法，就需要思考如何用文字进行记录；如果采用量化的记录方法，就需要提前设计好表格，以利于资料的搜集整理。

7. 安排观察时间

教师的工作比较琐碎，因此进行每一次观察前，都应提早计划安排好时间。如：观察一次需要多长时间？每两次观察时间间隔多久？完成整个观察过程需要多长时间？除此之外，每个观察对象分配到的被观察时间，也会影响观察结果。

8. 合理运用分析记录方法

分析记录方法是进行观察记录的一个重要环节，也是一份观察计划中最重要的部分。分析记录方法主要分为两类，即质性分析和量化分析。如果收集到的资料是采用文字记录的方式，则应当运用质性分析方法进行分析；如果收集到的资料是采用图表的形式呈现的，则应当采用量化分析方法进行统计分析。

二、实施阶段（中期观察）

在做好充分准备后，即可进入正式的观察实施阶段。观察的过程可分为以下几个阶段：

（一）注意

观察的过程往往起于对某一个人、事、物的注意，这人、事或物是对观察者感官的刺激，观察者的关注焦点集中在某一件事物或者某一个人身上，透过视觉、听觉、嗅觉等方式搜集信息，注意事物或者人物的许多细节。

（二）背景

事物的发生都有其背景，即使是动、植物的变化都有其影响的背景因素，例如：花开的时节往往受到气温高低的影响。人的行为绝大多数也都是受其所在生活环境的影响。

（三）判断

观察者在接收感官信息的时候，信息会进入他的价值观里，观察者对所看所听到的事物会产生感受，也可能对收到的信息加以推理、分析和归纳，进而产生对人、事、物的判断。例如：成人觉得婴幼儿的行为是值得称赞的，可能会提供奖励措施；而如果成人觉得婴幼儿的行为是该禁止的，可能会加以提醒以防止类似行为再次发生。

在实施观察的过程中，应当注意：

1. 按照观察计划执行。观察计划反映了观察的目标、内容、情境等，所以在观察过程中一定要严格执行事先制订好的观察计划。若在观察过程中，发现观察计划有缺陷，或是观察对象出现变更，尤其是在观察过程中发现一些重要的、值得注意的事件时，应及时修订原计划，以使观察过程更加符合研究目的，取得最佳效果。

2. 客观记录观察过程。在观察的过程中，一定要尽可能地将被观察者的行为及其有关的事物准确、完整地记录下来。观察大多数都是以教师作为观察者，并处于自然情境下，由于教师和婴幼儿的互动经历，因此教师在观察中容易带入控制偏差，掺杂自己的主观偏见。为了增强观察的客观性，可以利用仪器设备进行观察记录。如果没有仪器设备，也应尽可能由两个或两个以上的观察者同时进行观察记录，并对结果进行分析、计算观察的信度，以保证观察的客观有效。

三、后期分析

分析是观察过程的最后一个阶段，也是得到观察结果的一个阶段，这个阶段非常重要。在这个阶段，要把在整个观察过程中收集到的资料进行分类整理和统计分析。整理资料时一定要注意及时性，每次观察完要及时整理，尽可能地保证资料的完整性。对于资料的分析，主要有两种方式，分别是质性分析和量化分析。

（一）质性分析

质性分析是对观察记录中的文字部分进行分析。质性分析可以分析婴幼儿的行为习惯及特质，再运用一些理论来对婴幼儿的行为进行解释并分析其背后的原因。

质性分析的优点是能够分析婴幼儿独特、复杂的行为，并且开放式地了解婴幼儿行为发生的背景、过程和结果。缺点在于其使用上的限制。例如，质性分析适合观察对象为个体或者小组的观察，观察、分析、解释及结果运用最好由同一位观察者进行，而且一定要排除主观想法或者看法。

（二）量化分析

量化分析是利用事先编码的表格等记录数据而进行的分析。量化分析一般会有统计数据来支持，利用数据来说明婴幼儿的行为特征以及婴幼儿行为背后的原因。

量化分析的优点在于能够同时记录多个样本，所以量化分析可以针对团体进行观察分析，但是量化分析的限制在于必须取得足够数量的观察资料，才能具有有效性。

根据观察记录资料的不同，以及统计和分析方式的不同，量化分析一般可以利用曲线图、直方图、饼图、流程图等进行呈现。具体的记录方式将在后面章节重点讲解。

第三节　婴幼儿行为观察具体方法

一、描述的方法

（一）日记描述法

日记描述法在很久以前就得到了广泛的应用。1774年，著名的瑞士教育家裴斯泰洛齐首次使用日记描述法撰写了《一个父亲的日记》，他在书中详细记录了孩子的成长情况。达尔文也曾使用日记描述法记录下了儿子行为发展的改变和细节，出版了《一个婴儿的传略》一书。

日记描述法，即针对某一个婴幼儿进行长期的跟踪观察，以日记的形式记录下所观察到的情景，是一种最原始的研究婴幼儿行为的观察方法，也是教师和家长最容易掌握的方法之一。根据日记描述的内容，可分为综合性日记和主题日记两种。综合性日记是综合记录婴幼儿各方面的发展情况和表现，主题日记往往是对被观察婴幼儿某一方面的表现进行跟踪记录。需要注意的是，在使用日记描述法时，观察者最好提前规划观察时间和观察的主要内容，以便有选择性地进行记录。

进行现场记录时，观察者要尽可能避免引起婴幼儿的注意。在观察过程中，观察者要注意保持适当的观察距离，在保证看清婴幼儿细微行为、能够聆听他们发出的声音的前提下，不干涉他们的游戏、分散他们的注意力，尽量减少与婴幼儿的互动，从而使观察记录的内容更客观、更具科学性。记录时，观察者可以不同时间段的婴幼儿行为为线索，如每天早上睡醒后的行为、每日早餐后的行为；也可用婴幼儿能力的发展作为导向，如动作的发展、语言能力的发展。

在记录日记的时间选择上，可以每天进行记录或者隔天进行记录，通过这种长期连续的记录，观察者可获得婴幼儿在真实生活情境中的第一手资料，有利于全方位了解婴幼儿的持续发展和变化。

日记描述法的缺点是在其应用过程中，记录内容往往容易受到记录者主观偏见的影响，在记录中加入自己的观点和看法，可能因此很难对观察结果进行理性的研究和分析。除此以外，该方法操作起来较为耗时耗力，需要观察者有足够的耐心和时间，但也正基于此，记录内容中往往包含了大量婴幼儿在成长中发展变化的细节，为了解和研究婴幼儿行为的复杂程度提供了参考依据。

> 4月30日清晨，17周的笑笑躺在有玩具悬挂的婴儿床里，忽然开始哭闹起来。奶奶见状把他抱了起来，并询问："笑笑是不是又饿了？"奶奶一只手拿起奶瓶给笑笑看，笑笑在奶奶怀中不停地张开和握紧小拳头，双腿也开始用力，哭声有所减弱，情绪显得比较激动。奶奶将奶瓶递给笑笑，笑笑立刻张开嘴用力吸吮奶嘴。他一只手轻轻搭在了奶瓶上，另外一只手紧紧地握着，同时享受般地闭上了眼睛。奶奶在笑笑喝奶的同时，轻轻抚摸着他的小腿。
>
> **分析：** 这一篇记录虽然不长且仅仅是一个片段，却已包含了丰富的内容：**孩子的年龄：** 17周；**记录的时间：** 清晨；**地点：** 家中的婴儿床；**事件：** 笑笑因为饥饿而哭闹；**参与者：** 笑笑奶奶；参与者的行为和婴幼儿产生的反应等等。

目前，在教育机构和保育院中，日记描述法多用于一些特殊婴幼儿的个案研究；在大多数情况下，这种方法会被一些细心并且掌握一些专业知识的家长应用在自己孩子的身上。虽然现阶段日记描述法已经较少使用，但它仍然是用于记录和研究婴幼儿行为发展的重要方法之一。

（二）轶事描述法

所谓"轶事"，就是指在日常生活中发生的一些特殊或典型的事件。轶事描述法是以叙述性的描述方式对在特定环境和情形中的婴幼儿行为进行记录，许多观察者也会以这种方式记录他们感兴趣或认为有价值的事件。相比较于日记描述法，轶事描述法将记录的重点从对婴幼儿连续行为的观察转移到一个引起观察者特殊注意的行为上来，在观察全局的过程中，一些特殊的婴幼儿行为将会得到更多关注。甚至在一天之中，观察者可对全体婴幼儿的行为、一组婴幼儿的行为、个别婴幼儿的行为分别进行观察和记录。

使用轶事描述法进行的记录是以一个事件主题为线索，所记录的内容也应符合这一主题。记录内容要简明扼要，主要涉及事件发生的时间、场景以及婴幼儿的行为及其影响。为了不错过每一个有趣的细节，可在口袋中和教室的一些角落准备记录卡片或迷你笔记本随时进行记录。在记录过程中，使用一些缩略语可以有效提高记录效率，记录的重点应包括观察的主体（who）、事件发生的时间（when）、事件发生的地点（where）、幼儿产生的行为（what）。观察结束后，应尽早将简略记录的草稿补充完整，以免遗忘重点内容，影响记录的客观性。在记录时间不充足的情况下，教师和家长可先将最重要的内容记录下来。如下面一段记录："5个月大的小雨看到妈妈抱邻居阿姨的宝宝，立刻开始蹬腿，发出哼哼的声音，情绪非常不稳定。"事后，应尽快根据记忆将记录内容补充完整，在记录中加入整个事件的细节描述和对事件的分析与解释，以帮助其他观察者更好地了解婴幼儿的成长情况。

同日记描述法相比，轶事描述法更加方便灵活，因此也更加常用。观察者可以有针对性地在特定情境下对婴幼儿行为的变化进行记录，并根据记录内容提出疑问和假设，从而更有针对性地对幼儿的成长与发展进行干预。但是，轶事描述法在应用上的缺点也显而易见，它需要观察者拥有敏锐的观察力和耐心，同时付出较多的时间和精力。同时，由于观察者的个体差异，不同观察者关注的重点有所不同，对"轶事"的评判标准往往也存在较大差距，因此所记录的内容可能带有个人情感，缺乏客观性。

（三）实况详录法

实况详录法是指观察者在某一特定的时间或地点，尽可能连续、详细地将观察对象在情境之内的表现完整地记录下来，并对所观察到的内容进行分类整合与分析的方法。与日记描述法和轶事描述法相比较，实况详录法在内容上更为详细和充实，记录过程更加完整。此种方法不仅可以对单个婴幼儿的行为进行观察记录，也可以以一群婴幼儿作为观察对象进行分析。在实施过程中，被观察婴幼儿的每一个行为细节都应被记录下来，包括婴幼儿及与他互动的人所说的每一句话、所做的每一件事，以及事件发生的整体环境和背景。

> 心怡独自一人躺在爸爸妈妈的床上，一会儿向左翻身趴在床上，一会儿又朝反方向滚动，把翻身的动作反反复复做了很多遍。她伸出手抓住床上的一个玩具熊，翻身至俯卧位，把玩具熊的鼻子放进嘴巴里尝了一口，随后拿出来又盯着玩具熊看了几秒钟，又把玩具熊的整个鼻子放到嘴里，然后将玩具熊扔到了一边。看到妈妈走进卧室，冲着妈妈微笑。妈妈顺手拿起刚刚被她扔到一边的玩具熊递给她，她顺势从妈妈手中接过，并继续咬住小熊的鼻子。

随着科技的进步，数码影音工具也被逐步运用到教学观察中。与笔录相比，使用录音笔、摄像机等设备收集被观察者的资料或许是更加明智的选择。文字记录往往受到记录人书写速度和注意力分散等方面的限制，很可能遗漏事件中重要的细节，记录的内容也往往掺杂了观察者的主观情绪。使用数码影音工具可以弥补文字记录的不足，克服观察者遗忘和注意力分散的限制，而且影像和录音资料相对于文字记录也更加具体生动，便于日后反复观看和进一步研究分析。

实况详录法由于记录内容详细、背景信息全面，有利于研究者进一步了解所观察到的幼儿行为产生的原因以及该行为的发展趋势和对婴幼儿未来成长的影响。别人在观看使用实况详录法所收集到的资料时，头脑中会出现完整的画面，婴幼儿每一个行为的细节都会历历在目。在使用实况详录法进行观察记录时，往往也不需要观察者提前制订观察计划、制作表格等，随时随地都可以进行，但由于该方法要求记录大量的细节，即使使用数码影音工具减少了收集信息的工作量，在后期资料的整理和信息提取上，研究者仍要耗费大量精力去筛选有用信息，对研究者的耐心和文字转述的能力都是很大的考验。使用实况详录法面临的另一个挑战是对所收集到的资料进行分析，由于实况详录法在记录时不具有选择性，因此面对大量的信息，分析者往往需要耗费大量精力去提取有效信息。

（四）样本描述法

所谓样本描述法就是将所观察到的婴幼儿行为按照时间顺序进行详尽地记录，它是机动性最强、开放性最高的一种描述方法，无须借助表格或其他工具就可以进行，和上述几种观察记录法一样，都是使用记叙的方式对婴幼儿的行为进行描述。相较于实况详录将婴幼儿的行为全面无选择性地记录而言，样本描述法是有选择的记录，需要观察者在进行观察记录前预设好观察目标，如果婴幼儿的行为和预设的观察目标没有关系，就不需要将其记录下来。

> 果果的妈妈早上送果果来到保育院，果果看到老师便从妈妈的怀里冲出来抱住老师，妈妈冲果果说："乖乖听张老师的话。"说完便转身离开了。果果盯着妈妈离开的背影一言不发，转身坐到了小椅子上，吸吮着安抚奶嘴。
>
> **分析：** 在这个使用样本描述法的案例中，观察者观察的主题是婴幼儿与家长分离的表现，因此任何与该主题无关的行为都没有被记录下来。值得注意的是，如果观察者的目的不是观察婴幼儿与观察者互动的情况，就不要过多地吸引婴幼儿的注意力，从而使观察到的结果更具有说服力。

样本描述法所使用的范围非常宽泛，可随时随地进行，随着时间的推移，使用样本描述法获得的记录将随着婴幼儿的发展不断积累，将前后的资料进行比对可得到婴幼儿行为改变的进展和成长的记录。样本描述法的缺点在于其往往会大量消耗观察者的时间和精力，无法快速获取观察信息。由于观察者注意力分散或是受到书写速度的影响，所观察到的内容可能并不能一一记录，从而导致重要细节的疏漏。

二、取样的方法

（一）时间取样法

时间取样法是指以事先设定好的时间间隔为取样标准，以此来统计预设的行为是否出现以及出现的频率的一种观察方法。一般情况下，时间取样适合用于观察发生频率较高的婴幼儿行为，如观察婴幼儿的生活习惯、情绪变化、互动行为等。在制订使用时间取样的观察计划时需要注意以下几个问题：

1. 明确观察目标

在实施观察研究之前，观察者往往会对婴幼儿的行为产生疑问，制订观察目标即是将观察的焦点锁定在特定且经常发生的行为上，如：观察婴幼儿的饮食状况、午睡情况等。在确定目标行为时注意行为出现的频率如何，有时不确定时必须先深入实际，进行前期的观察，来确定行为发生频率，及影响行为的个人和环境因素，以此来确定目标行为。

2. 预设观察时间

观察时间包括观察频率、时间间隔和观察时长。针对不同的观察目标，观察者在制订时间间隔及观察频率上也会有所不同。如：记录婴幼儿在听绘本故事时的注意力是否集中，可将时间间隔预设为30秒，并记录婴幼儿的行为（表2-2）。

表2-2 婴幼儿听绘本故事注意力观察表

时间（秒）	行为
30	眼神集中在讲故事者的嘴巴上。
60	眼神跟着讲故事者的手指，看绘本上的图片。
90	东张西望。
120	用手拽自己的衣服。
150	在听到自己的名字时作出回应。

如要观察婴幼儿的情绪变化，可能需要观察一整天，那么预设的时间间隔可以是一个小时（表2-3）。

表2-3 婴幼儿情绪变化观测表

时间	行为
上午8:00	在妈妈离开后开始不讲话，不和其他小朋友接触。
上午9:00	看到来访的陌生人会主动打招呼。
上午10:00	在看到绘本中的恐龙时表现出恐惧。
上午11:00	不愿意让他人喂饭，希望自主进食。
中午12:00	和周围伙伴进行交流，表情兴奋，不愿意睡午觉。

3. 制作观察量表

观察量表这种记录方式可使时间取样的结果更加明确，操作起来更加便捷。设计观察量表时，需根据实际操作的需求进行不同的设计，以便收集到具有信度和效度的量化资料。针对 0—3 岁的婴幼儿，在观察中会较多使用检核和计数两种类型的观察量表。检核量表为在该时间段内记录婴幼儿是否产生某种行为，而计数量表则为特定时间段内产生目标行为的次数统计。

表 2-4　10—12 个月婴儿大肢体动作发展观察表

婴幼儿大肢体动作	时　间			
	9:00—10:00	10:00—11:00	11:00—12:00	12:00—13:00
独自站立 5 秒以上	√	√		
抓住大人的手行走			√	
扶物蹲下		√		
自己变换体位			√	√

4. 做好观察记录，整理、提取和分析资料

采用时间取样的方法，观察者使用事先设计好的观察量表进行观察记录，便于快速客观地统计目标行为发生的频率，从而节省资料搜集的时间。采用时间取样进行观察记录时，可以选择结构化的观察法，采用两种方式进行记录，检核或计数。检核表示所观察的特定行为是否出现，只要出现，标记"√"，如表 2-4 所示。计数是指记录特定行为出现的次数，传统上，我们可以在表格中采用画"正"字的方式来进行计数。对资料的整理就是让表格更加简洁明了，提取其中的数据并且进行分析。对资料进行分析的过程其实就是对数据的统计过程，我们可以进行描述统计或者比较检验等方法来得出相应的结论。具体方法详见第四章。

5. 时间取样法的优缺点及注意事项

此种观察方法属于结构化的观察法，搜集到的资料具有较好的信度和效度，既可以在短时间内对多名幼儿的行为进行观察，又可以对个别幼儿的特殊行为出现的次数进行统计。因为时间取样法大大缩减了记录时所需要的时间，观察者可以有充足的时间用其他的方法来丰富记录的内容，使搜集到的信息更加全面。

然而需要注意的是，运用时间取样的观察方法必须经过多次的观察才可以得出可信的结论，不能就一次的观察内容而对婴幼儿的行为加以定论，避免观察到的是婴幼儿的特殊行为而不是常态行为，建议观察者选取有代表性的时间进行观察，根据观察时长来预设观察时距，以便获取有代表性的婴幼儿行为观察样本。另外，时间取样的方法仅适用于观察和记录婴幼儿发生频率高的行为，仅凭婴幼儿外在表现出的行为，而忽略行为之间的联系，不能了解行为发生的整个过程。除此之外，在观察记录之前需要观察者耗费较多精力进行提前的设计，以确保观察资料的科学性，一定程度上消耗了观察者的较多精力，会导致观察过程缺乏机动性和灵活性。

对注意力易分散幼儿的个案观察

吴老师是保育院的一名教师,她准备对一位注意力容易分散的幼儿小俊进行观察记录。吴老师采用时间取样的方法,观察总时长为一整天,时间间隔为每隔一小时观察一次,每次观察5分钟。她选择在每小时的第15—20分钟的固定时间进行观察,但是根据小俊从事活动的不同以及小俊情绪和精神状态的不同,所得的结论也不尽相同,大大影响了观察结果的科学性。为提高观察结果的科学性,吴老师还选择在小俊每次开始投入到活动中去的前5—10分钟进行观察,对比小俊的专注时间,从而进行分析。

(二)事件取样法

事件取样的方法主要用于观察婴幼儿特定的某种行为,记录事件发生的详细过程以及前因后果。记录的内容具有较强的连续性,包括从事件开始直至结束的所有相关信息。可选择用符号代码的方式进行简略记录,也可以使用描述性语言记录。事件取样针对性较强,焦点往往集中在所观察行为事件的本身,观察者可从记录中了解婴幼儿某种行为发生的原因及后果、事件的严重程度,以及事件发生的频率和持续的时间。采用事件取样法进行观察的过程如下:

1. 明确所研究的行为事件

进行事件取样时,观察者往往选择一些出现频率较高的行为进行记录,以一个或几个事件为研究主体。在进行观察之前,观察者须明确所选行为的操作性定义,以便增强观察结论的科学性,如婴幼儿对成人的依赖行为、婴幼儿社交行为、婴幼儿的冲突行为等。

2. 选择观察对象和记录方式

进行正式观察之前,观察者可进行一段时间的预观察,从而了解这一行为出现的普遍情况,而后根据需要,选择合适的婴幼儿进行观察。根据研究目的的不同,可选取不同的记录方式,如描述性记录法、编码记录表和观察量表等。

3. 进行观察记录,分析观察结果

事件取样既可以采用与时间取样相同的行为分类记录方法(表2-5),也可以使用描述性的语言与实况详录相结合的方法(表2-6)。

表2-5 婴幼儿自理行为观察记录表

姓名\自理行为	独立上厕所	独立洗手	独立刷牙	独立进餐	独立穿衣
萱萱		2016.2.8	2016.3.2		
明明	2016.3.1				
楚楚				2016.4.5	

在这个案例中，观察者记录下婴幼儿初次出现这些行为的时间，并针对不同的婴幼儿生活自理能力进行分析。如若需对一名婴幼儿的特定情绪行为进行记录，则可以采用以下形式的表格进行叙述记录。

表 2-6　婴幼儿情绪化事件观察记录表

时间	情绪反应	之前发生的事件	参与者	之后发生的事件	评价

时间取样获得的是定量资料，事件取样得到的资料则以定性资料为主。相对于时间取样，事件取样的使用更为灵活，所研究的行为一旦出现即可进行记录，不受规定时间的限制。事件取样不但可以用来了解事件发生的频率，还可以使观察者更清晰地看到事件发展的脉络，有利于对特定行为进行深入研究分析。由于事件取样对观察的完整性要求较高，因此不适用于观察周期较长的事件。

婴幼儿消极行为的观察

张老师是宝宝班的一名教师，她对班内的 15 名婴幼儿（8 名女宝宝，7 名男宝宝）利用事件取样的观察方法进行为期一个月的观察记录。根据婴幼儿消极行为的特点将观察重点主要锁定在反抗、争抢、竞争、哭闹、嫉妒等行为的观察上，观察时间为从早上八点直到晚上四点半。

表 2-7　婴幼儿消极行为观察表

姓名	年龄	性别	行为类型	发生背景	发生时间	结果	处理办法及影响

三、评定的方法

评定的方法大致分为三种：次数统计法、检核表法及评定量表法。在选择评定方法时，观察者需要根据不同的观察目的和具体的观察事件进行选择。

（一）次数统计法

次数统计法是为了了解婴幼儿某种行为发生的频率和程度，对事件发生的次数进行统计的一种评定方法。在使用次数统计的评定方法时，可以选择多种图表形式，如：时间抽样的观察量表、频率图表等。在进行次数统计时，观察者也可利用图表的形式将所搜集到的观察记录展示出来，从而使统计到的信息更加直观地展现出来。例如使用直方图统计婴儿在一天之中尝试翻身的次数（图 2-1）。

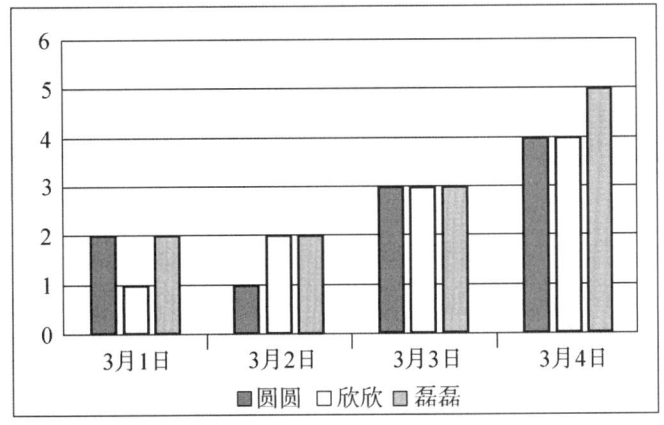

图 2-1 婴儿一天之内尝试翻身次数统计图

使用次数统计法需要遵循的步骤如下：

1. 明确所要统计次数的行为。
2. 根据需要定制记录图表。
3. 确定观察次数和时间。
4. 进行观察并记录。
5. 绘制图表并进行分析。

使用次数统计法得到的资料不掺杂观察者的主观意见，准确度和科学性较高，结论也比较直观，有利于进行量化的分析，但是次数统计法所得信息仅限于事件发生的频率和次数，无法从中获取其他信息，因此次数统计法往往会和其他方法一起使用。

（二）检核表法

检核表法是在婴幼儿行为观察中使用最为广泛的一种评定方法。检核表法是观察者将要观察的行为以表格的形式列出，通过观察检验该行为是否出现的一种方法。使用这种方法时，需要观察者在进行观察记录前根据不同的观察目的对所使用的检核表进行设计，并根据自己的经验列出可能会出现的行为清单。检核表的类型有很多，其中最常用的一种是在一定时间内确定婴幼儿的某种行为活动是否出现的检核表（表2-8）。

表 2-8　4—6个月婴儿认识发展检核表

	观察内容	是	否
注意力	较为集中注意人发出的声音。		
	能注视色彩鲜艳的东西。		
	较多注视细小、复杂的物体。		
记忆力	不愿与陌生人接触。		
	对妈妈的开心和不开心的情绪作出不同反应。		
思维力	区分不同性别。		
	当东西被遮挡时将注意力转向别处。		

检核表法具体操作步骤如下：

1. 列出预设行为。

2. 将主要项目具体化。

3. 将所列出的具体项目按顺序排序制成检核表。

4. 确定观察时间后进行观察填表，并对结果进行分析。

检核表操作较为便利，能大大提升观察者在观察过程中的工作效率，并且具有诊断和测量的功能。与此同时，检核表可与多种研究方法相结合，多元运用程度高，多采用封闭式问答，便于分析，但是由于统计时多采用勾画式记录，检核表无法将事件的过程完整呈现，而且检核表的内容通常提前制订，因此无法将预设之外的突发事件囊括其中。

（三）评定量表法

评定量表法是用于观察和记录婴幼儿某种行为发生的频率或某种能力发展程度的一种评估方法。它的适用范围非常广泛，可以应用到婴幼儿发展的各个方面，如语言发展、健康状况、认知水平、思维发展等。评定量表法往往与时间抽样法一同使用，既可大量节省记录时间，搜集的资料也便于分析和整合。评定量表法在使用方法上也有多种形式，既可以先对婴幼儿进行观察，再将观察内容进行等级评定并记录；也可以使用评定量表先对婴幼儿的发展状况进行评估，再通过实际观察进行检核；还可以将其用于同龄婴幼儿能力发展状况的对比，从而根据婴幼儿发展的个体差异进行有针对性的教学方法和教学侧重点的调整。

虽然评定量表法在使用范围上非常广泛，并且操作过程简单，但在科学性上受观察者的主观影响较大。由于不同观察者对不同评定标准的理解不同，所以评价结果也不尽相同，再加之观察者对婴幼儿进行等级评定时往往受自己主观臆断和前期经验的影响，并不能客观地对每一个婴幼儿作出评价。因此，在使用评定量表法时，容易出现集中现象，即所评定的等级多集中在中间选项或过于极端集中在两头的现象。由此可见，评定量表法的客观性易受多重因素的影响。

评定量表往往由观察者根据事件发生的频率制订出相应的几个对应的等级，例如：无、极少、偶尔、经常、频繁；完全不符合、有点不符合、一般、有点符合、完全符合。

表2-9　婴儿与母亲的互动记录表

观察目标：婴儿与母亲的互动表现　　　　　　观察对象：雯雯（5个月）

婴儿行为	从不	偶尔	经常
婴儿对母亲发出声音			√
婴儿用目光追踪母亲			√
婴儿对母亲的呼唤作出回应		√	

在使用评定量表法进行等级评定的过程中，观察者也可使用阿拉伯数字表示程度，使不同等级的区分更加细化，但需注意的是要在表头或表尾注明不同数字所代表的不同含义（表2-10）。

表 2-10　2—3 岁幼儿精细动作发展评定量表

幼儿姓名：　　　　性别：　　　　记录日期：　　　　　　观察者：

精细动作	评定等级
叠高积木	1　2　3　4　5
使用筷子	1　2　3　4　5
用笔画出平行线	1　2　3　4　5
玩倾倒游戏	1　2　3　4　5
自己翻书	1　2　3　4　5
粘贴游戏	1　2　3　4　5

注：1——从未进行尝试；2——进行尝试从未获得成功；3——进行尝试偶尔获得成功；4——进行尝试多次获得成功；5——熟练掌握。

在使用评定量表法时需注意以下几个问题：

1. 使用评定量表应以多次观察为基础。接触时间越长、对观察对象了解越多，评定才会更加准确，才能排除片面性和偶然性。

2. 评定标准尽可能具体细化。在使用数字和字母表示等级时，应附上每个标准的详细说明。

3. 避免出现趋中评价。最好采用偶数的等级来进行评定量表的设计，如四等分制、六等分制。

本 章 小 结

在本章中，主要介绍了婴幼儿行为观察的价值、观察的类型、观察时的注意事项、观察的过程以及观察的方法。

婴幼儿行为观察对于婴幼儿教师、家长以及幼儿园来说都具有较高的价值。通过观察，教师能够了解婴幼儿行为背后的原因，分析其发展水平，进而加强与家长之间的交流沟通，同时有利于自身的专业发展。观察的类型也由于其开放性、选择性以及推断性而具有不同的分类标准，分为不同的类别，比如：可以将观察方法分为开放式观察和封闭式观察，参与观察和非参与观察，长期观察、短期观察和定期观察，描述观察、取样观察和评定观察，专业观察和日常观察等。观察时要注意保护婴幼儿的隐私、尊重婴幼儿等。观察的过程包括注意、背景、判断，并且观察的分析包括质性分析和量化分析。观察的方法可以分为，描述的方法、取样的方法以及评定的方法。描述的方法分为日记描述法、轶事描述法、实况详录法和样本描述法。取样的方法分为时间取样和事件取样两种方法，两者的区别显而易见，分别是以时间和事件本身作为线索。采用取样法的观察者获取的往往是量化的信息，虽然事先要花较多的时间进行准备，但在观察过程中简单易操作。评定的方法分为次数统计法、检核表法和评定量表法三种。这三种方法开放性低、选择性高，无法得知行为发生的具体细节、呈现事件完整的过程。观察者需根据观察目标提前制订观察方案，根据不同的需要选择适合的方法。

延伸学习

 拓展阅读

家园合作的几点建议

有的家长喜欢参与自己孩子成长的每一个细节，而有的家长并不愿意过多参加教师组织的活动，只有在孩子的行为出现异常时才会给予更多的关注。

教师和家长应该共同营造教育孩子的良好氛围，以确保孩子健康快乐成长。因此，教师和家长应该建立密切的联系，每日分享孩子的相关信息。例如：教师应采取多种方式与家长积极地交流沟通。如接送幼儿时交流幼儿生活情况；为幼儿建立档案册，记录成长与改变；在教室中布置一个家庭展示区，张贴每个孩子和家人的照片；给家长布置家庭小作业；制作一份与家长交流的联系手册，清楚地了解和哪些幼儿的父母交流较多，哪些需要加强联系。

教师进行加强和家长联系的活动策划时应该尽可能地了解家长的真正需求，并考虑清楚是否需要所有家长参与。与家长建立良好伙伴关系的建议如下：

1. 设置家庭交流室，建议家长在此交流分享彼此的育儿经验。教师也可以参与进来，进行非正式的交流。

2. 通过录像和照片，让家长了解孩子的情况。

3. 定期让家长来园参观孩子的日常活动。

4. 主动邀请家长为孩子们的活动出主意。

5. 鼓励家长借阅绘本进行亲子阅读。

学习活动

1. 制订一个婴幼儿认知发展的检核表，并进行观察和分析。

2. 选择一种描述的方法对婴幼儿进行观察记录，并和自己的同伴分享，体会不同描述方法之间的区别。

复习与思考

1. 婴幼儿行为观察具有什么意义？

2. 观察的类型有哪些？分别以什么标准来划分？

3. 简述婴幼儿行为观察过程。

4. 试分析质性分析和量化分析的不同点。

5. 选出两种婴幼儿行为观察和记录方法，说明它们的优缺点和使用的条件。

6. 对于教师而言，选择观察方法时需要考虑哪些因素？请说明理由。

第三章　婴幼儿行为观察记录

学习目标

> 本章旨在让教师进一步了解记录的功能、种类以及注意事项。在此基础上，熟悉不同记录方法的实施步骤，以便根据具体的研究内容选择恰当的记录方法。通过本章节的学习，你将：
> 1. 了解不同记录方法的种类。
> 2. 理解不同记录方法的特点及含义。
> 3. 掌握不同类型记录的具体方法。
> 4. 掌握婴幼儿的行为记录内容。

第一节　记录的功能与种类

记录有着很重要的功能。首先，人的记忆是有限的，通过观察将所有看到和听到的事全部记住是不可能的，且观察者也无法对观察到的现象立刻进行分析并得出结论，这就需要将观察到的现象及时记录下来，以便后期的整理、分析和归纳，帮助观察者得出结论。其次，记录实际就是将现象变成文字或者符号的编码过程，有利于将信息进行归类和储存，在此观察记录的过程中，可以使观察者对自己所观察到的现象加深印象。再次，记录其实就是一个组织思路的过程，可以帮助观察者认真地思考，从而能够使观察到的现象得到很好的诠释。

婴幼儿行为观察中的记录十分重要，它贯穿于正式观察的全过程。只有通过客观的观察记录，才能将观察到的行为保留下来，从而进行整理分析，以获得正确结论。因此，记录应该尽可能具体、详尽、真实，能准确反映行为事实。

一、文字记录法

文字记录法是指观察者用文字对被观察者进行现场详录，但因为观察对象的行为出现只是一个瞬间,所以需要观察者一边观察一边用速记的方法把握主要的信息,然后查漏补缺,或者用录音、录像等设备将观察情况摄录下来,再转记到记录纸上。记录时,要注意尽可能做到客观地描述事实,避免主观记录。文字记录法主要运用于质的研究中,在记录时需要注意记录的格式、方法、语言等问题。

（一）文字记录法的记录要求

1. 记录的格式

在开始记录之前,要做好记录的准备,如纸、笔等记录工具。另外可以将记录纸的页面纵向分成两大部分,从中间垂直分开,左边是事实的记录,右边是记录者的主观判断。

记录的格式往往会根据观察的对象、目的进行调整,但要注意清楚、有条理,便于之后的整理。因此,记录之前要在记录纸上留出足够的空间,以随时进行信息的补充。

（1）编号

记录首先要将观察记录进行编号,以加深观察者对观察对象的了解,进而方便观察者对收集的数据进行整理分析。同时,通过编号,也可以使观察者不断总结观察经验,从而提升自己的观察记录能力。

（2）观察对象的基本情况

观察记录需要对观察对象的基本情况进行记录,比如姓名、性别、出生年月等信息,这些信息是之后对信息进行整理分析的重要资料。其中姓名可以使用真实姓名,也可以使用编号或者代号代替。

（3）观察日期

观察记录需要写明观察日期,这样做有助于观察者对婴幼儿的前后表现做比较,还可以使观察者准确计算被观察者的确切年龄,将观察结果与发展阶段的特点做比照。如记录被观察者的出生时间为 2016 年 4 月 8 日,被观察的日期为 2016 年 11 月 10 日,因此被观察时的年龄应为 7 个月。通过对幼儿不同日期的观察记录,可以很清楚他的发展情况,从而进行比较。

（4）观察时间

写明具体的观察时间,即什么时候开始观察,什么时候结束观察。如观察时间为上午 10:10—10:35,由此可以清楚地知道观察的持续时间为 25 分钟,这样就能很容易地看出婴儿活动的时间长度。

（5）观察环境

被观察者在不同的环境下表现也不一样,因此需要记录被观察者活动的环境。记录观察环境时要注意对环境做进一步描述,包括环境的背景以及在场和婴幼儿进行互动的人,因为这些人的行为会影响观察对象的行为。

（6）观察目的

观察目的决定观察的内容、方式方法,以及观察的时间、地点等要素,同时也决定观察者的观察重点。如观察目的是了解被观察者在亲子游戏时的表现。

（7）观察目标

观察目标是具体观察的细节。比如观察目标是想观察婴儿在做亲子游戏时，是否能够与成人互动，以及互动的能力。

（8）观察者

观察记录中还要写明观察者的姓名。

（9）观察记录内容

在记录观察内容时要注意，每个事件不需要记录太长，当出现一个新的行为，或者一个新的人，又或者一个新的主题时，都应该重起一个段落，不要将全部行为事件都记录在同一段落内，否则内容会不清晰，增加后期整理分析的难度。此外还要注意用引号标出被观察者说的话，以区别于观察者的语言描述，要尽量记录被观察者说的原话。

2. 记录的方法

在运用文字记录的过程中，需要注意以下几个问题：

（1）快速进行记录

被观察者的行为从出现到消失是很快的，所以记录时一定要快速。可以文字简洁，但是不能遗漏重要信息，因此可以先记录要点，之后再通过回忆查漏补缺，但要注意马上补填信息，避免遗忘。例如，观察时的记录内容为：佳佳、客厅、手膝爬、快、扶沙发站起、够饼干。后期的补充记录内容为：8个月的佳佳在客厅里爬来爬去，她手膝爬得很快，爬到沙发位置，看到了上面放的一袋饼干，便双手扶着沙发的边缘，跪坐在地上，双手撑着双腿跪起，接着一只脚掌着地，支撑着另一条腿站立起来，扶着沙发站稳后，又提起脚跟，一只手努力伸长去够饼干。

（2）记录婴幼儿行为的所有情况

记录的内容主要包括行为发生的背景、时间及主要活动。除了详细记录观察对象的行为和语言，还要记录当时情境中其他人与他的互动。如果其他人的反应和观察对象有关系，也需要记录下来。记录的时候，注意对话的语言要用引号标明，以区别于观察对象的语言和观察者概括的看法。

（3）按照事件行为发生的顺序进行记录

记录的目的是要让其他人看到观察记录时仿佛情景就在面前，所以需要按照事件行为发生的顺序进行记录。

（4）记录时可以描述行为的不同层次

描述行为时可分为三个层次：第一个层次是描述事件的主要动作或活动，第二个层次是在第一个层次的基础上进一步描述小的行为动作，第三个层次是描述如何进行主要动作或活动的。例如，第一个层次——描述事件的主要动作或活动，如："手膝爬，之后坐起"。第二个层次——进一步描述小的行为动作，如："双手交替向后退，屁股向后移动坐在地上，呈青蛙跪坐状"。第三个层次——描述如何进行主要动作或活动，如："手膝爬行中，突然停住，双手交替向后退，屁股向后移动坐在地上，最后呈青蛙跪坐状"。

3. 记录的语言

观察记录后通过对文字记录进行整理分析，从而达到观察的目的，确保可以呈现出被观察者原本的动作行为和对话情境。因此，在做记录时一定要对语言文字进行严格推敲，语言要具体、清楚，不要用抽象、概括或总结性的语言描述。记录时尽量使用朴实、"中性"的语言，避免使用过于文学化的语言（如隐喻、双关语等），具有特定含义的用语（如成语、歇后语等），过于通俗的民间语言（如俗语、俚语等），过于程式化的语言（如新闻口号等）以及学术行话。

> 例1：8个月的轩轩爬来爬去，没有做任何事情。
>
> 例2：客厅里，8个月的轩轩爬来爬去，开始手膝爬行到沙发位置，转头看到茶几旁的小汽车，又加快速度向小汽车爬去。
>
> 分析：例1运用了概括性的语言，没有细节描述，只是一个总结性的语言。例2比较具体、清楚地描述了地点、情境、具体动作、具体干了什么等信息。记录下这些信息之后，观察者就可以分析观察对象的具体动作发展，以及关注的物体。

此外，记录的语言必须是准确无误的，要运用事实性的语言，而不是观察者主观的记录。"主观"的记录，是指记录中的陈述带有观察者个人感情或观点；"客观"的记录则正好相反，描述中不掺杂任何感情的语言，是观察者站在中立的角度去实际描述被观察者的动作行为。

> 例1：5个月的小雅，很爱黏着妈妈，玩玩具也要妈妈在旁边陪着。这时，有人敲门，妈妈起身去开门，小雅一看妈妈离开了，很害怕，便哭了起来。
>
> 例2：5个月的小雅坐在爬行垫上玩玩具，妈妈陪在旁边。这时，有人敲门，妈妈站起来去开门，小雅看到妈妈离开就哭了。
>
> 分析：例1中的陈述带有观察者个人的感情和观点，比如"很爱黏着妈妈"，在这里就给小雅贴上了"爱黏人"的标签，这样的个性标签是无法通过一时的观察下定论的。另外，"小雅看到妈妈离开，很害怕"，这里的害怕情绪也是观察者的主观猜测。例2全部是通过事实描述观察到的外部行为，单纯进行事实描述，没有添加主观的感情和观点。

（二）文字记录法的分类

文字记录法主要记录的方式有轶事记录法、日记描述法、实例描述法和实况详录法。

1. 轶事记录法

轶事记录法是很常用的一种方法，是对一个偶然发生事件的客观记录，着重记录观察者认为有价值、有意义的资料和信息，一般是观察对象的典型行为或异常行为，也可以是表现婴幼儿个性或反映身心发展的某个行为事件。通过轶事记录可以了解事件发生的时间、地点和内容。

轶事记录法简单方便,没有特殊的技术,只需要在行为或轶事出现时及时记录下来即可。因此,轶事记录具备五个特点:

(1) 轶事记录是直接观察到的事件行为结果。

(2) 轶事记录是对一个事件或行为发生的过程进行客观、准确、及时、具体的记录。

(3) 轶事记录包括行为所发生的具体背景信息,并且包括与之互动的人。

(4) 对事件的解释要客观,要与主观解释分开记录,避免客观事实与主观判断相混淆。

(5) 轶事记录往往记录婴幼儿的典型或不同寻常的行为。

轶事记录的目的是了解观察对象的特殊、重要或者有趣的事件或行为,因此,为了给进一步分析提供更明确的信息,记录时宜掌握"六W要素",即观察对象的基本资料(who)、观察目的(why)、观察主题(what)、观察时间(when)、观察情境(where)、观察方法(how),如表3-1所示。

表3-1 轶事记录范例

观察记录	序号:
姓名:阳阳 性别:男 年龄:6个半月 人物:阳阳、爸爸、妈妈 观察时间:2016年12月10日上午8:30早餐时间 观察地点:家中餐厅 观察方法:自然观察 观察主题:小肌肉发展情况 观察目的:6个半月婴儿是否会使用食指和拇指捏起物体 观察者:王老师	
事件描述	**分析解释**
早餐时,爸爸妈妈各自坐在餐桌旁边吃饭,阳阳则坐在自己的小餐椅上。妈妈在阳阳的小餐盘中放了几块小饼干,阳阳正用右手的食指和拇指拿小饼干。第一次没有捏住,小饼干跑了,阳阳接着又去拿另一块,这次顺利地捏在了拇指和食指之间,但是放到嘴唇边的时候,小饼干滑落了,正好掉在阳阳的手心里。阳阳看了看自己手心里的小饼干,然后攥着小饼干,用手心贴着嘴巴把小饼干送进了嘴里。这时候,妈妈正看着阳阳,阳阳的小嘴蠕动着,冲妈妈边笑边用右手拍打着餐盘,之后又看着自己的左手,只见左手重复张开、握紧、张开、握紧的动作。 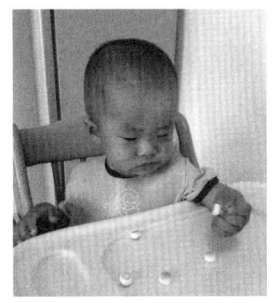	6个月的婴儿抓握动作进一步发展,抓握东西越来越牢,手指动作也变得越来越灵活,开始出现主动抓握物体,并且还会经常握紧和张开手掌玩游戏。 6月的婴儿手眼协调能力也进一步发展,可以自己拿东西,能自己吃饼干,可以初步使用食指和拇指捏起物体,但不是特别灵活。比如案例中的阳阳用拇指和食指捏起小饼干,之后又滑落了,但是手掌的抓握能力已经发展得很好了,可以一只手顺利地抓住小饼干并送到嘴里。

上述案例记录的是关于婴儿在家中吃辅食过程的一件轶事，准确如实地描述了婴儿吃小饼干时的动作，没有主观解释的语言，着重于动作行为表情的描述，以及与旁边人互动时的动作表情的记录。

2. 日记描述法

日记描述法又称儿童传记法，是研究婴幼儿行为的一种传统的方法，观察者要在较长的时间里对婴幼儿的行为进行追踪观察，以日记的形式观察并记录婴幼儿在这一段时期内的变化。日记描述法主要有两种类型，一种是综合性日记，记录婴幼儿发展过程中有特殊意义的新行为；一种是主题日记，主要记录婴幼儿在某个特定方面的新进展，比如语言、认知、情绪、社会性等。皮亚杰的《儿童心理学》就是以主题日记形式对自己孩子的认知发展进行观察研究的。

日记描述法的优点是方便易行，通过长期、详细地记录真实的生活情境中婴幼儿的发展情况，包括对婴幼儿的生活环境的记录，了解婴幼儿各方面发展行为的连续性，能够获得第一手记录翔实的资料，且真实可靠。这种方法常运用于个案研究，但是日记描述法往往是对个别婴幼儿的日常观察，不具有代表性，难以作出有意义的概括；而且它要求观察者与观察对象具有较为密切的关系，因此，观察者在记录时可能会带有比较浓厚的感情色彩或主观倾向以及想象。此外，日记记录需要观察者长期跟踪观察，需要花费大量的精力和时间。

以下为教育家陈鹤琴在《儿童心理发展之研究》中用日记描述法对自己孩子做的观察记录：

第一月，第一星期，第一天

（1）这个小孩是在1920年12月26日凌晨2点9分出生的。

（2）生后2秒钟就大哭，一直哭到2点19分，共持续地哭了10分钟，以后就是间断地哭了。

（3）生后45分钟就打哈欠。

（4）生后2点44分，又打哈欠，以后再打哈欠6次。

（5）生后的12点钟，生殖器已能举起，这大概是膀胱盛满了尿液的缘故，随即就小便了。

（6）同时大便是一种灰黑色的流汁。

（7）用手扇他的脸，他的皱眉肌就皱缩起来。

（8）用手指触他的上唇，上唇就动。

（9）打喷嚏两次。

（10）眼睛闭着的时候，用灯光照他，他的眼皮就能皱缩。

（11）两腿向内弯曲如弓形。

（12）头颅是很软的，皮肤淡红色，四肢能活动。

（13）这一天除哭之外，完全是睡眠的。

3. 实例描述法

实例描述法又称为样本描述法，即根据一些预先确定的标准，尽可能地对人物、行为、事件及其背景作详尽、连续地观察描述。实例描述法侧重于对某一行为、事件做持续地记录，要求详尽的描述细节，并且提前确定标准以及一定的记录格式。

下面是一个实例描述记录的例子：

> 波波和坤坤是两个 2 岁半的男孩，出生只相差 11 天。他们是邻居，一到周末，两家人就会聚在一起。这一天，在波波家玩。波波有一个新的机器人玩具，非常好玩，坤坤盯着看得出神，很想玩，但是波波却独自拿着机器人在旁边玩，不让坤坤玩。坤坤便哭着找妈妈，妈妈安慰坤坤说："等波波不玩了，你再玩。"但是坤坤不同意，还是哭，非要玩。波波妈妈见到这个场景，对波波说："波波乖，把机器人给坤坤玩一下吧。"波波不理睬妈妈，还是自己躲在一边玩。妈妈又继续劝解："波波，你每次去坤坤家，不也玩坤坤的玩具吗？你把机器人也给坤坤玩一下，好不好？"波波依旧不理睬。波波爸爸忍不住了，过去对波波说："波波，如果你给坤坤玩机器人，明天爸爸带你去坐两次摇摇车。"摇摇车是波波最喜欢玩的，一听爸爸要让他坐两次，高兴极了，马上把机器人给了坤坤。

4. 实况详录法

实况详录法，是指观察者详细完整地记录观察对象在自然条件下所表现出来的所有行为的细节，并对这些行为进行客观描述的一种记录方法。这种记录方法是对行为进行连续的观察记录，要求比较高，所以观察者可以借助摄像手段进行观察，然后再进行详细的记录。需要注意的是，在记录的过程中，切忌加入主观解释与评价，只保留客观的事实描述，另外记录和分析要严格地区分如表 3-2 所示。

表 3-2 实况详录范例

观察记录	序号：
姓名：咚咚　性别：女　出生年月：2016 年 4 月 8 日 观察目的：婴幼儿在同伴交往时的行为情况 观察地点：家中客厅 观察情境：自然情景 观察时间：2016 年 11 月 10 日　上午 10:10—10:35 观察者：王老师	

（续表）

事件描述	分析解释
10:10—10:22 咚咚刚刚睡醒，看到洋洋来了，急忙哭闹着找妈妈抱，并且缠着妈妈不松手。这时候的洋洋正在床上爬这爬那，看看这看看那，充满好奇的样子。而咚咚则坐在妈妈腿上，眼睛总是盯着洋洋看。	咚咚现在7个月了，见到很少见面的洋洋，明显表现出"认生期"的表现，即见到生人会害怕、焦虑，靠近熟悉的人以寻求安全感。婴儿在遇到困难或挫折时一般会寻求依恋对象的抚慰，而不喜欢和生人有接触；虽然不会和同伴互动，但是由于好奇，还是会去关注这个陌生的同伴。
10:22—10:35 咚咚独自一人坐在客厅地垫上咬着她的响铃，姥姥在旁边陪着。这时，洋洋爬了过来，坐在咚咚面前，拿了一个小鹿玩具咬了起来，咚咚看到洋洋爬过来靠近她，马上哭了起来，转身张开双手找姥姥抱。	从认知发展角度来看，咚咚正处于口腔期，喜欢用嘴巴感知事物。但是从社会性的角度来看，还没有主动交往的意识，并且还会刻意回避交往。同伴的靠近加剧了不安全感的产生，使之迫切寻找依靠的对象。

运用实况详录法收集的材料要及时整理并进行分析，这种记录方法的优缺点很明显，因为是在自然状态下记录了被观察者所有的行为状态的细节，所以优点就是记录得更加详细、真实，另外运用摄像技术收集的资料可以永久保存，作为反复观察研究的依据。当然明显的缺点就是费时费力，因为对记录的技术要求比较高，通常要花费大量时间和精力收集资料以及进行分析。

二、表格符号记录法

表格符号记录法是指根据观察目的和内容，设计观察记录表或图示对行为出现的次数频率、强弱程度以及行为归类等，使用不同的符号来记录。简单来说，表格符号记录法就是运用表格以及各种符号来进行记录。主要包括频数记录法、等级记录法和符号记录法。

（一）频数记录法

频数记录法是将观察内容按照规定的行为分类，列成表格式清单，预先设计好记录的表格，根据实际情况记录婴幼儿某些动作行为出现的次数频率，通常以符号形式进行记录。某些行为可以通过打"√"或画"正"等形式记录频数。主要用于时间取样、频率计数、行为检核等方法中。频率记录法还常常使用"是"或"否"的方式记录行为是否发生（表3-3）。

表3-3 婴儿动作发展检核表

动作行为	是	否
能抬起头		
眼睛可以追着转移的物体看		
手可以抓握		
听到声音头会转向声源方向		

上述案例中，只要关注婴儿是否出现某个行为并在空格处打"√"即可，这种方法可以边观察边记录，也可以凭记忆进行事后记录。对于观察对象来说，这个观察表格适用于对一个婴儿进行观察记录，若需对多个婴儿进行观察，则可以将所有婴儿放在一张表格中，

也就是以选项的方式进行。选项一般是一个问题之下有几种可能发生的行为,对其进行选择,而不是逐个判断是否发生,如表 3-4 所示。

表 3-4 婴儿音乐游戏表现的行为检核表

项目	王华争 6个月10天	张华 7个月20天	刘立轩 6个月20天	王珊 7个月13天	李阳丽 6个月28天	杨又阳 7个月16天
咬鼓槌			√		√	
拿鼓槌敲地板		√		√		
双手挠鼓面	√					√
……						

还有一种频数记录法是记录某行为发生的次数,也就是行为发生的频率。只要出现这一行为就记录一次,而且这种记录方法必须是现场记录。

表 3-5 婴儿吮吸手指动作记录表

观察对象:岩岩　　出生日期:2016 年 6 月 12 日　　观察者:黄老师

时间	次数	总计	备注
2016 年 9 月 20 日 9:00—10:00	正	5 次	
……			
2016 年 11 月 14 日 9:00—10:00	正 正 正	15 次	

从上表可以看出,岩岩喜欢吮吸手指,为了了解其吮吸的次数,制订这一表格,每天在固定时间进行观察记录。此外,频数记录法还可以运用到时间取样法和行为检核法等方法中。

（二）等级记录法

等级记录法是一种量的记录方法,是根据一定的等级标准或评定量表,对观察到的行为表现进行评定,如用等级"优、良、中、合格、不及格"或数字"1、2、3、4"或字母"A、B、C、D"表示不同的行为等级。

一般来说,等级记录法同样要设计观察记录表,观察表中提前设计出需要观察的婴幼儿项目,记录者观察时只需要针对被观察者的行为作出判断,并根据实际情况在观察表中做出记号,如打"√"等。

表 3-6 婴幼儿听觉及言语发育评价表

项目		内容	评价	
			能	不能
3个月		大的声音能够惊醒。		
		会寻找声源位置。		
		哄他(她)时会笑。		
		大的声音会惊动。		

（续表）

项目		内容	评价	
			能	不能
3个月	哭闹时，一打招呼就会停止哭声。			
	跟他（她）说话时，会发出啊、呜的声音。			
6个月	寻找声源。			
	能发出笑声。			
	高兴时会发出"咯咯"的笑声。			
	喜欢发出声响的玩具。			
	能分辨父母及熟悉的人的声音。			
	冲着人发出声音。			
9个月	听到叫名字时会回头。			
	被批评，如"不行""别动"等时，会住手或哭出声。			
	会发出/ma/、/pa/、/ba/等声音。			
	喜欢蒙住眼睛说"吧"的游戏。			
	冲着玩具发出声音。			
	会发出/kia/、/da da da/、/ba ba ba/等声音。			
12个月	能理解"给我""睡觉觉""过来"等词的意思。			
	对他（她）说"拜拜"会有反应。			
	常常说一些没有意义的话。			
	能说1个或2个有意义的词，如/fan fan/（吃饭）/ma ma/（妈妈）等。			
	会模仿大人说话。			
	能模仿词的某个部分。			
18个月	喜欢别人给他（她）讲图画。			
	能说3个以上有意义的词。			
	会用手指着画册里自己认识的东西。			
	能理解简单的命令，如"把书拿来""把垃圾扔掉"等。			
	能说1个或2个有意义的词。			
	能说出画中所认识的物体的名称。			

从上表可以看出，用等级记录法进行记录时，记录的并不是被观察者偶尔一次的行为，而是一段时间内出现的行为，所以不需要把所有的观察行为一一记录，而是要求观察者根据一段时间的观察，用回忆的方式记录被观察者在这一段时间内的行为表现。所以，等级

记录法可以帮助观察者熟悉掌握婴幼儿的具体发展情况,也可以判断婴幼儿的个别差异。

(三)符号记录法

符号记录法主要运用于以下两种情况,一种是观察的婴幼儿较多,另一种是需要观察的行为较多。针对这两种情况,符号记录法相对比较简便,能够方便地将复杂的观察信息记录下来。比如,要记录婴儿早教活动过程中和教师互动时的反应,就可以运用一些符号来代表行为进行记录(表3-7)。

表3-7 婴儿和教师互动时的反应符号系统

符号	行为类型	符号	行为类型
△	无反应	×	双手挥舞并咯咯笑
□	微笑	—	双手互拍不笑
▭	咯咯笑	∣	双手互拍并微笑
▽	双手挥舞不笑	○	双手互拍并咯咯笑
+	双手挥舞并微笑		

在运用符号记录法进行记录前,要先制订符号系统,符号系统中所包含的符号所代表的行为一般是观察者提前预测被观察者可能会出现的某些行为。但是,在制订符号系统时由于不了解婴幼儿可能会出现什么行为,因此观察者可以提前进行观察,或者加入自己感兴趣的一些行为,为其制订符号系统,再在正式观察记录时进行记录。

由于符号很多,因此观察者运用符号记录法时一定要记住各种符号所代表的具体行为。为防止观察过程中观察者忘记或记混,符号系统表需要配合观察准备一份。

第二节 婴幼儿行为的记录内容

对婴幼儿进行观察记录,必须要有敏锐的观察力和持久的耐力,当婴幼儿的一些行为出现时,必须迅速记录下来,但是婴幼儿时刻处于动态之中,往往一个动作出现后,马上又会出现另一个动作,所以总是会令观察者手足无措、毫无喘息的机会。因此,掌握婴幼儿的行为记录内容,有目的地进行观察记录,显得尤为重要。针对婴幼儿来说,观察记录的内容主要可以从不同时间、不同情境等方面来具体记录婴幼儿的语言、情绪、动作、社会性等。

一、时间选择

婴幼儿的行为往往是多而琐碎的,需要从漫无边际的行为中找出有价值的行为。对于婴幼儿来说,只有把零散的细节累积起来,才是一个婴幼儿的全貌。因此,最好的办法是从婴幼儿的角度去看待他（她）所表现出来的每一个动作行为，将其看成一个独立的完整动作。在正式记录时可以3—5分钟为一个时间段，并应尽可能详尽。

虽然有时候婴幼儿没有明显地做出什么行为，但是观察者仍然可以将这些什么也没做看成是一个完整的行为。下面是对一个19个月大的幼儿做的观察记录。

> 姐姐西西平稳地走到5个月大的弟弟浩浩的小床旁边。浩浩刚睡醒，西西把双手放在小床的栏杆上，看着睡眼惺忪的弟弟好一会儿，微微地笑着，然后走开了。

从上述案例中并不能理解西西这个行为的意义所在，但如果可以收集到较多关于西西的行为观察案例，详细了解她的个性、爱好以及面对其他人的交往与互动情况等，就能够掌握这个行为的出现背后的意义，可以了解她与其他孩子互动时经常的行为表现。

因此，对于婴幼儿出现的行为，要不经任何选择地尽可能详尽地做记录。针对简单的行为做简单的记录，针对复杂的行为做详细的记录。例如：同样是对19个月的西西做的观察记录，下面这个行为就做得较为详尽。

> 西西正坐在餐椅上吃早餐，她左手拿着一片面包，右手抓起汤勺上下反转着观察，再把它放到汤碗中，然后舀起一勺汤。当她看着坐在对面的妈妈时，左手的面包片掉到了桌上。"你在吃面包吗？"妈妈问西西，但是西西并没有注意到自己的面包片掉了，她看着妈妈，然后把小勺放到嘴里，还舔了舔。之后，她又把身子移向餐盘，但是因为身体的前倾失去平衡，使额头撞到了桌子边缘，然后哭了起来。妈妈把她抱出餐椅，西西坐在妈妈的膝盖上依偎着妈妈，之后看了看沙发那边，接着滑下妈妈的膝盖平稳地走到沙发旁边，拿起玩具电话玩了起来。
>
> **分析**：以上就是针对正在吃早餐的西西与妈妈之间的互动做的一个详尽的记录内容。在这个详尽的记录中，可以明确地看出西西的大动作、精细动作以及表情等的发展情况，可以概括出关于西西的有价值的发展信息。

因此，针对婴幼儿观察过程的时间选择问题，应该是一天之中不同时间段的摘要记录，这样拼凑起来才能看到一个婴幼儿完整的发展过程，但是又因为其行为的琐碎性，因此需要针对不同的行为分别进行简单的记录和详细的记录。

二、情境选择

对于婴幼儿的观察，记录一天之中不同情境的行为是非常有必要的，因为婴幼儿在不同情境中的行为表现、情绪情感等都是有很大差异。例如：早上8点活泼开心的婴幼儿，到了下午 3 点可能就会哭泣甚至愤怒；同样是吃饭，早餐和晚餐出现的行为又会完全不同，就连餐前和餐后的表情行为也有可能会有很大差异。所以，对于婴幼儿的一些观察可以累积几次进行，用事件取样的方法进行观察记录。

婴幼儿的一天可以观察的内容有很多，针对婴幼儿的行为要随时随地地进行记录，如大小便、进餐、午睡、游戏、与成人以及同伴互动等。

（一）大小便观察

大小便是婴幼儿一天中十分频繁的一件事情。对于 0—2 岁的婴幼儿来说，他们无法控制自己的大小便，更多会表现在换尿布时的行为表现；对于 2—3 岁的幼儿来说，主要涉及的是如厕的行为表现。在婴幼儿大小便时，观察者具体可以观察以下内容：

1. 刺激因素

（1）婴幼儿自身的需求。

（2）模仿别人。

（3）成人要求。

（4）尿湿裤子。

2. 婴幼儿的反应

（1）有明显需求，但拒绝换纸尿裤。

（2）不愿意 / 高高兴兴 / 心不在焉……使用婴儿马桶。

3. 大小便时的动作

（1）身体僵直。

（2）抓生殖器。

（3）哭泣扭动。

4. 婴幼儿兴趣高 / 低

5. 自理情况

（1）可以自己脱下 / 穿上裤子。

（2）可以自己扔纸尿裤。

（3）可以自己拿干净的纸尿裤。

换纸尿裤是与婴儿建立亲子关系的机会，因而成为一个社交行为，以下是 22 个月的乐乐换纸尿裤时与妈妈的互动。

乐乐正在客厅玩小汽车，妈妈喊道："乐乐，过来换纸尿裤。"乐乐噘着小嘴并把下唇伸出表示拒绝。妈妈又喊了几声，乐乐拿着小汽车一步一步慢悠悠地移向妈妈，妈妈过来迎向他，把他的上肢伸展开来抱上沙发。当乐乐乖乖地站着让妈妈换时，妈妈脱下乐乐的纸尿裤然后夸他，乐乐看到了妈妈身上的纽扣，抓着妈妈衣服上的纽扣玩着并开心地笑着。当妈妈走开去拿干净的纸尿裤时，乐

> 乐两腿弯曲，右手拿着自己的性器官边把玩边好奇地看着，妈妈对他摇了摇头，说这样不好。当妈妈蹲下给乐乐穿纸尿裤时，乐乐伸手抓她的头发并将脸颊贴在妈妈脸上。他们两个人都笑着。换好后，妈妈冲乐乐笑笑说："乐乐能乖乖地让妈妈换纸尿裤，真棒，亲亲！"说着侧过脸颊，乐乐开心地抱着妈妈的脸亲了一下，然后又跑去玩小汽车了。

换尿布与如厕时的记录，可以帮观察者了解婴幼儿对自己身体的一些动作行为、感受、语言以及与成人的互动等。记录时，可以思考以下几个问题：

1. 婴幼儿对换尿布的认知程度如何。
2. 婴幼儿对待成人换尿布的行为是合作还是抵抗。
3. 在换尿布的过程中，婴幼儿是否出现主动的行为，或者整个过程都是以成人为主导。
4. 婴幼儿与成人的互动如何，是否有目光接触、语言交流、动作行为。

以下记录中，是成人充分参与婴幼儿自主的行为：

> 17个月的媛媛站在妈妈面前，她们相互对视着。妈妈问："你尿湿了吗，媛媛？"这时，媛媛张开双臂，妈妈把她抱了起来。"哦，尿湿了，你应该换尿布了。"妈妈说着把媛媛抱到了床上站着。这时，媛媛开始自己拉开尿布上的粘贴。"你真棒，媛媛！"妈妈笑着看媛媛独自拉开了两边的粘贴说，"尿布脱下来了，现在把腿张开。"当媛媛张开腿时，妈妈把尿布拿了下来，媛媛拿着尿布说："湿了。"然后拿给妈妈。"是的，我们再换上干的。"妈妈把湿尿布放到一边，开始给媛媛换新的。媛媛张开双腿配合着，妈妈帮她固定好后，媛媛自己把两边粘上。"媛媛自己会穿尿布了，真厉害！"说着，把媛媛抱了下来。

由于大小便与如厕是婴幼儿生活中发生频率极高的事，因而可以传达出婴幼儿对待照顾者极其强烈的情感讯息。以下有关23个月幼儿的记录中，反映出该幼儿如厕训练过程的行为表现。

> 早上，佳佳刚起床，妈妈拿过便盆放到地板上。"佳佳，该坐便盆了。过来，妈妈帮你脱下纸尿裤。"妈妈说道。佳佳噘着小嘴，并且把下唇突出来，把头转开，把身体扭向靠窗的位置，并倔强地站在窗台边瞪视着。"你真的不用便盆吗？"妈妈再次问道。佳佳身体僵直地看着妈妈不说话。"好吧，需要帮忙再叫我。"妈妈说着走向卫生间。这时，佳佳缓慢地移向便盆，缓慢地脱下裤子，双腿跨到便盆上，看了看便盆，然后又退后一步再坐下，几分钟后站起来，开心地提上裤子，走到卫生间门口。妈妈出来帮佳佳整理了衣裤，佳佳得意地笑着。
>
> 分析：这个记录充分描述了幼儿的面部表情、肢体动作以及妈妈的动作表情和语言，表现出幼儿和妈妈各自不同的特点。

同样，针对如厕还可以使用事件取样的方法来记录婴幼儿一周如厕情况，如表 3-8 所示。

表 3-8　佳佳如厕记录频数表

日期	刺激因素		
	△	☆	◇
5月7日		✓	
5月8日	✓		
5月9日		✓	
5月10日			✓
5月11日			✓
5月12日	✓		

注："△"表示妈妈发现佳佳坐立不安，带她如厕；"☆"表示妈妈发现佳佳尿裤子；"◇"表示佳佳主动要求如厕。

（二）进餐

进餐在婴幼儿日常生活中是规律性的重复动作，因此做关于进餐的记录并不困难。进餐的范围相对广泛，从吃奶到吃固体食物，都可以进行观察。通过观察婴幼儿进餐，可以获取婴幼儿满足的感觉、愉悦的程度，以及自主的能力等信息。在婴幼儿进餐时，观察者具体可以观察以下内容：

1. 进餐环境

（1）在哪里进餐？

（2）谁负责喂食？

（3）环境是安静、轻松，抑或嘈杂、忙乱？

（4）食物数量是充足，是否需要添加？

2. 婴幼儿对进餐环境的反应

（1）对食物接受/期盼/挑剔/抗拒。

（2）婴幼儿进餐时严肃/轻松。

（3）婴幼儿坐在餐椅上时开心/热切/胆怯/抗拒。

3. 婴幼儿的食量

（1）非常少。

（2）比较多。

（3）吃很多肉。

（4）不吃菜。

（5）总吃菜不吃肉。

4. 婴幼儿进餐时的态度

（1）如何使用餐具？

（2）是否用手抓食物吃？

（3）是否边吃边玩？

（4）是否扔食物？

（5）是否将食物弄得一塌糊涂？

（6）在餐桌上是否躁动、紧张、好动？能够/无法待到进餐结束？

5. 进餐时与人的互动

（1）是否有互动？频率高低？

（2）与谁交谈？

（3）是否能兼顾互动与进餐？

（4）是否只与爸爸妈妈互动，与别人没有交流？

6. 婴幼儿对食物的兴趣

（1）是否特别喜欢或者不喜欢什么食物？

（2）对食物有什么评论？

（3）进餐的速度快/慢？

7. 进餐的过程

（1）整个进餐过程程序如何？

（2）婴幼儿说/做了什么？

（3）成人说/做了什么？

8. 进餐后的行为

（1）如何离开座位（哭/噘嘴/不声不响/开心）？

（2）随后做了什么（独自玩/在成人旁边看着/拿书或玩具/上厕所/整理餐具）？

观察较小婴儿奶瓶吃奶的行为，对亲子双方来说都是一种放松和愉快的体验。例如：以下记录中，妈妈与7个月大的宝宝的互动，使宝宝的心情非常愉悦。

> 7个月大的若曦躺在小床上，头上悬挂着一个玩具，她开始"啊——啊"叫起来。妈妈走过来，"若曦是不是饿了呀？"边说边抱起她。当妈妈给若曦拿奶瓶泡奶时，若曦兴奋地舞动着手臂。妈妈坐在沙发上，抱着若曦，并给她奶瓶。若曦张开嘴巴，喝奶的时候双手一起抱着奶瓶，两腿在空中交叠着。"若曦喝到奶了，是不是很开心啊？"妈妈说。这时候若曦开始挣扎，伸开双臂，弓起背部。妈妈也开始调整自己的身体，使若曦坐得更直。这下她开始边喝奶边向四周看着，两条小腿一翘一翘的。

大部分 2 岁左右的幼儿喜欢主动进食，有时候他们会等候成人给他们拿取食物。从以下案例中可以看到 19 个月大的然然等候成人拿取食物时的表情行为。

> 然然坐在婴儿餐椅上，眼睛盯着妈妈叫喊着："饭、饭……"妈妈匆忙地回答："然然等一下，妈妈这就给你拿。"说着向厨房走去。然然看着爸爸，冲爸爸笑了笑，爸爸把勺子递给她，然然拿着勺子在餐盘上敲了起来，边敲边"啊——啊"地叫着，之后僵坐着吸手指头。这时妈妈空手走了过来，拿了然然的小碗又回到厨房，然然看到妈妈空手过来，开始发出粗而短促的"啊——啊"声，爸爸笑着说："你就像一个小饿狼。"然然把勺子含在嘴里，又冲爸爸笑了笑，接着"哦——哦"地继续用勺子敲打着餐桌。妈妈端着然然的小碗过来了，碗里盛着一碗牛肉碎面，放到然然的面前，接着然然拿着小勺开始舀了起来。

有一些婴幼儿吃饭时没有耐性，当他们不想吃饭时，会表现出对喂食者的抗拒。以下案例中 13 个月大的思思就表现出不愿意被喂食的行为。

> 思思坐在餐椅上，妈妈端着碗拿着勺子一勺一勺地喂思思米饭，思思也很配合地一口一口地张嘴吃着，但是小手却总是试图要伸到碗中，而妈妈则故意将碗远离思思，避免让她够到。几次过后，思思攥紧拳头"啊——啊"地叫了几声，然后闭紧嘴巴，把身体转到另一边，并把手握拳放在桌上。"思思，过来张嘴吃饭。"妈妈说。这时，思思发出了一声尖叫。"思思，你怎么了？"妈妈问。思思还是将身体侧向另一边，不说话。"思思，你是不是想自己吃啊？"妈妈将碗放到思思面前。这时候，她开始用拇指、食指以及中指一起夹着米饭，急迫地放进嘴巴里，同时，餐桌和地上也掉了许多米粒。

虽然 1 岁左右的婴幼儿还无法利索地自己吃饭，但大部分婴幼儿都喜欢自己动手。所以在进餐的过程中，有时候也可以观察到婴幼儿的思考，以及他们的视觉协调能力。以下案例中 10 个月大的小雄不仅喜欢进餐，还会通过抓食来练习手眼协调以及追视食物掉落路径的能力，这都是培养客体永久性概念的基础。

> 妈妈把小雄抱上餐椅，并帮他穿好围兜。他把双手放在餐盘里，双手兴奋地拍着餐盘。妈妈看了看他，冲他微笑着说："小雄等着，妈妈去给你拿小饼干。"小雄笑着，他的手开始在空中飞舞。一会儿，妈妈拿了一些小饼干放到了餐盘里，他用左手拇指和食指捏了一小块，右手又抓了几块塞到嘴里。但是在送到嘴里时，掉到地上一块。他转身看着椅子的一侧，盯着饼干掉落的路径。接着目光回到餐盘，左手又捏起一块放到嘴里，右手同样捏了一块，一边吃一边侧身将右手的饼干拿到刚才掉落的位置，放手丢了下去。

对婴幼儿而言，顺利进餐的过程是有趣而满足的经验。相反，如果出现问题，进餐就会变得不愉快、无法满足。记录婴幼儿的进餐过程，可以反映出婴幼儿长时间的情绪反应和行为特点，以及婴幼儿的特殊个性。例如：被喂食的过程关系到婴幼儿对成人的依赖，这个过程中有目光的接触、身体的碰触、语言交流等，同时还有婴幼儿手眼协调能力的发展，如伸手拿小勺自己舀饭吃，或用嘴巴、小手探索食物的质感。在进餐过程中，还可以观察到婴幼儿自主能力的萌芽和发展过程，以及语言的发展情况。总之，进餐过程虽是一个较为普通的活动，但是对于婴幼儿来说，却有着非凡的意义。

（三）午睡

午睡相对于大小便和进餐这些发生频率较高且相当规律的活动来说，发生频率高但并非有规律性，它与婴幼儿的年龄和个性特点以及睡眠习惯有很大关系。就睡眠次数来说，6个月之前，婴儿白天会没有规律地睡；6个月之后，有的婴幼儿在两餐之间睡一次长觉，或者上下午两次小睡，或者断断续续各种小睡等，睡眠较长的婴幼儿可能白天的睡眠集中在一两次。就睡眠状态来看，有的婴幼儿可以心甘情愿地入睡，有些就很抗拒，需要哄睡，比如会拒绝躺下，要坐着或者要抱着，睁着眼睛、尖叫，或者很晚才睡着。就睡眠模式的变化来看，从一天数次改为两次，从两次改为一次，有的吃玩睡，有的吃睡玩。总之，每个婴幼儿的睡眠特点都不一样。因此，观察记录午睡可以从以下几个方面进行：

1. 婴幼儿如何入睡

（1）自动睡下或者服从成人。

（2）妈妈是否认定婴幼儿已经困倦？

（3）午睡是否紧接在午餐后？

2. 婴幼儿的反应

（1）接受：无所谓 / 高兴。

（2）抵制：闲荡 / 说话 / 不理会。

（3）抗拒：哭泣 / 在屋里跑 / 跑到屋外。

3. 婴幼儿是否需要成人特别照应

（1）抱着。

（2）拍抚。

（3）靠近坐。

4. 婴幼儿是否有紧张的迹象

（1）肢体的紧张：活动量大 / 躁动。

（2）抚慰性的动作：吸吮手指 / 抚摸性器官……

（3）寄托于依恋物。

（4）找借口离开床。

5. 婴幼儿是否显现出要午睡的迹象

（1）是否有疲倦的迹象：打哈欠 / 红眼睛 / 心情不愉快 / 经常跌倒？

（2）婴幼儿是否睡觉：多久/睡眠是否踏实？

（3）婴幼儿是否把玩物体？

（4）婴幼儿如果不睡，是否看起来很放松？

6. 婴幼儿午睡如何结束

（1）婴幼儿如何醒来：笑着/啜泣着/哭着/疲惫地/清醒地？

（2）婴幼儿醒来时做什么：安静地躺着/叫妈妈/自己走出来/自己玩？

记录婴幼儿的一段午睡情形，婴幼儿对妈妈的反应、婴幼儿睡觉和清醒的方式，都将显示出婴幼儿对妈妈、对其他人以及对环境的信赖程度。以下案例记录的是一名13个月的幼儿在家中睡觉的情形，整个过程放松、自然、极具信赖感。

> 妈妈握着琳琳的手走进卧室。"琳琳，我们该午睡了。"妈妈边走边说。琳琳手里拿着妈妈冲泡好的奶瓶，一步一步平稳地走到卧室。妈妈把琳琳抱到床上坐着，然后蹲下来帮她脱鞋。琳琳安静地抱着奶瓶喝奶。妈妈问："琳琳看书吗？""嗯。"琳琳说着，把奶瓶放到手中把玩。"琳琳自己去挑本最想看的图画书吧。"妈妈边说边把奶瓶放到了桌上。琳琳去书架上拿了本《好饿的小蛇》递给妈妈，于是两个人倚在床头，妈妈开始给琳琳讲故事。讲完后，妈妈说："故事讲完了，琳琳躺下睡觉吧。"琳琳抱着旁边的小熊玩偶躺下了，妈妈帮她盖好被子。一会儿，琳琳睡着了，妈妈离开了卧室。

还可以通过检核表记录的方法了解不同幼儿午睡的个性特点和习惯等，以充分了解婴幼儿的需求，如表3-9所示。

表3-9 婴幼儿午睡行为检核表

姓名： 年龄： 日期： 观察者：

	行为表现	是否出现	备注
动机	主动午睡		
	妈妈提醒午睡		
午睡前的反应	与成人嬉戏		
	延迟进卧室		
	哭闹		
	乱跑		
	其他		
午睡中的行为	不踏实、不停翻身		
	吮吸手指		
	要抱着依恋物		

(续表)

	行为表现	是否出现	备注
午睡中的行为	不停找借口离开床		
	说梦话/做梦		
	没睡着		
	中途起床		
	其他		
午睡后的反应	有精神地醒来		
	还想继续睡		
	静静地躺着		
	叫妈妈		
	开始自己玩		
	上厕所		
	其他		

（四）游戏

婴幼儿的主导活动是游戏，通过观察随时记录婴幼儿游戏时的情形，是获知婴幼儿能力发展的基本途径。虽然婴幼儿的游戏无法明确进行分类，但事实上，社交行为、语言、感知觉以及大小肌肉的发展，都能反映出婴幼儿的游戏水平。因此，游戏过程中任何行为的记录都要纳入到婴幼儿的游戏观察中。以下是婴幼儿游戏行为的观察要点（表3-10）。

表3-10 游戏观察要点及发展提示

	观察要点	发展提示
表征行为	能否清楚地分辨自我和角色、真假的区别。	自我意识
	出现哪些主题和情节。	社会经验范围
	动机出自物的诱惑、模仿、意愿。	行为主动性
	行为指向物还是指向其他角色。	社会交往、语言交流
	行为指向哪些相对应的角色。	社会关系认知
	行为与角色原型的行为、职责的一致性程度。	社会角色认知
	同一主题情节的复杂性和持久性。	行为的目的性
	行为是以物体为主还是以角色关系为主。	认知风格
	是否使用替代物进行表征。	表征思维的出现
	同一情节中是否使用多物替代。	想象力
	替代物与原型之间的相似程度。	思维的抽象性
	用同一物品进行多种替代。	思维的变通和灵活
	用不同物品进行同一替代。	思维的变通和灵活
	对物品进行简单改变后再用以替代。	创造性想象

(续表)

	观察要点	发展提示
构造行为	对建构材料拼搭接插的准确性和牢固性。	精细动作、手眼协调
	对造型是先做后想，还是边做边想，或想好再做。	行为的有意性
	构造哪些作品。	生活经验
	是否按一定规则对材料的形状、颜色有选择地进行构造。	逻辑经验
	注重构造还是不同程度地追求构造结果。	行为的目的性
	是否会用多种不同材料搭配构造。	创造性想象力
	构造作品外形的相似性。	表现力
	构造作品的复杂性。	想象的丰富性
	是否能探索和发现材料特性并解决构造中难题。	新经验与思维变通
合作行为	独自游戏、平行游戏、合作游戏。	群体意识
	更多主动与人沟通还是被动沟通。	交往的主动性
	更多指示别人还是跟从别人。	独立性
	是否会采用协商的办法处理玩伴关系。	交往机智
	是否会同情和关心别人、是否会取得别人的同情和关心。	情感能力
	交往合作中的沟通语言。	语言与情感的表达与理解
	是否善于调整自己的行为以适应他人。	自我意识

对于0—1.5岁的婴幼儿来说，他们玩的游戏主要是感知觉游戏，也就是使用感知觉器官对物体进行重复的探索过程。以下案例记录了婴幼儿感知觉游戏时的情形。

> 5个月的萍萍躺在床上，无意间转头看到了旁边的摇铃玩具，便熟练地翻身，以便能够到玩具。摇铃发出清脆的声音，萍萍又拍打了一下摇铃，摇铃又发出清脆的声音，然后她就不停地拍着。接下来，萍萍用两个手臂撑起身子，一边对旁边的妈妈笑，一边伸手抓面前的牙胶玩具，放到嘴里咬了起来。最后又翻转身体平躺在床上，对着妈妈笑了起来，两腿也随着摆动起来。

对婴幼儿的游戏进行观察记录时，最大的困难就是经常难以辨别婴幼儿何时是在游戏，因为婴幼儿的活动通常看起来并不像是在活动，而更像四处闲逛和无所事事，但是记录的目的就是要在无数琐碎的行为观察中，发现一些被隐藏的发展情形。比如30个月大的东东在一个大圆圈之外画了许多直线，然后称之为"太阳"，这就是隐藏的发展结果。又如以下记录中元元对圆形概念的理解及想象行为。

> 24个月的元元在纸上画了一个蓝色椭圆形的大圆,然后大声地说:"这是树叶。"接着拿红色的蜡笔把大圆涂成红色,但是涂到了大圆的外面。然后又在上面涂了一遍蓝色,接着涂了黄色,使圆变成了绿色。最后把画笔放进了笔筒,离开了画桌。
>
> **分析**:上述案例中元元已经出现了象征形式游戏的萌芽,这种象征性的游戏慢慢会发展成为角色扮演。

(五)与成人及同伴的互动

婴幼儿的社交行为可以从他们与成人以及同伴之间的互动情况得知。这些互动对象包括熟悉者或陌生人、父母或照料者以及同伴等。对婴幼儿与各个对象的互动情况进行观察记录,可以了解其社会交往情况。进行观察时须注意以下几个方面:

1. 婴幼儿对熟悉者的反应如何?(态度完全一致/每次不同/是否可预期)
2. 婴幼儿对陌生者的反应如何?(是否受性别影响/是否受时间影响)
3. 婴幼儿是否主动与成人接触?如何开始?
4. 婴幼儿会使成人作出何种反应?(反应的类型与范围是什么?)
5. 婴幼儿是否能与成人就其需求而沟通?
6. 婴幼儿是否能够吸引其他人的注意力?如何做到的?

有的婴幼儿善于引起别人的回应。例如:以下案例记录了10个月的旭旭与陌生人的躲猫猫游戏。

> 这天,旭旭家里来客人了,其中有一位和蔼可亲的老奶奶,她坐在爬行垫对面的凳子上。这时候,旭旭正坐在爬行垫上玩小汽车,看到家里来了陌生人,便停止玩耍手中的玩具,来回盯着客人看。过了一会儿,旭旭爬到爬行垫边上的手推车旁边,玩起了手推车上的串珠,只见他用食指不停地拨动着串珠,串珠转的同时发出清脆的声响。突然,旭旭从手推车的缝隙中看到对面坐着的老奶奶,他先抬头看了看老奶奶,然后又低头藏在手推车的下面,脸上露出开心的笑容,接着又抬头从缝隙中看老奶奶。这时候,老奶奶发现了旭旭,就微笑地对他说:"你好!"此时的旭旭又笑着低头藏在手推车背后,接着又抬头看,就这样和老奶奶重复着玩这个躲猫猫的游戏。

当然,婴幼儿与他人的互动并不完全是积极的,有时候也会表现出对其他对象的反感。将此类情形记录下来,可以全面了解婴幼儿的人际关系。婴幼儿的社交行为在一天之内都会发生,需要注意观察,并记录下来。以下案例中记录的是17个月大的南南真正显露出的社交行为。

第三章 婴幼儿行为观察记录

> 10个月的小新到南南家玩。南南正坐在爬行垫上搭积木，只见他把一块块积木垒高，自己在那里玩得很专注。小新则坐在旁边看小哥哥搭积木，当看到哥哥搭得很高时，小新就把积木推倒。南南笑着看了看小新，然后继续搭。当南南又垒高了三个积木时，小新又把它推倒。就这样，两个人你搭我推地玩了好久，而且每当积木倒塌，两个人就都哈哈地笑起来。

由于婴幼儿与成人以及同伴之间的互动往往持续时间不会很长，并且很快会消失，因此及时把他们的接触、模仿以及出现的各种行为表情记录下来，可以反映出来婴幼儿丰富的社交生活。

第三节 现代观察记录手段的运用

由于科技的发展，现代先进的设备技术已经慢慢引入到科学研究中，包括观察技术的改进。通过摄影、摄像、录音等技术来记录婴幼儿的行为，既提高了观察研究的效率，也给观察者带来了便利，同时不会受到记录水平的影响，使观察过程更加客观化，并有证据可循，研究者可以对行为进行反复的观察分析。因此，这些现代的观察记录手段得到越来越广泛的运用。

一、摄影技术

摄影技术是最早运用到科学研究中的一种记录方式。通过摄影，以照片的形式记录下婴幼儿的行为，可以呈现婴幼儿当时在做什么、什么表情、在哪里等信息。比如，在和妈妈的亲子游戏中，婴幼儿的表现是什么样的、和妈妈的互动如何等。虽然呈现的是静态的照片，但是也可能帮助观察者明确地看出婴幼儿的行为、表情、具体动作、游戏的场景以及具体的游戏方式等。另外在没有被婴幼儿察觉的情况下，迅速进行摄影记录，也可以获得婴幼儿最自然的行为表现，使得后期的分析更客观。

首先，准备摄影设备，做好观察计划。数码相机和手机都可以，因为观察记录所需要的像素并不会影响最终的观察分析，只要可以看清楚婴幼儿的行为即可。但是观察者要提前计划好需要观察的信息，除了婴幼儿的行为表情等，还有行为出现的场所、当时的情景等，从而使拍摄的角度更加明确，以免错过有价值的信息。另外最好准备两套摄影设备，防止因为内存卡存满或者电量不足而影响拍摄记录。

其次，开始摄影。做好准备后，就可以用照相机或者手机开始记录了。拍摄时注意拍清楚婴幼儿的脸以及活动的场景，从而明确观察对象及其行为和行为发生的背景。观察的主要内容是摄影的重点，提前做好的计划可以帮助观察者迅速定位，将观察的主要内容拍摄下来。比如，如果观察的主要内容是婴儿爬行的过程，就可以重点拍摄其爬行的动作、行为、表情和场景；如果需要观察婴幼儿和其他婴幼儿之间的互动情况，就需要拍摄一些全体照，方便对其互动情况进行全面的观察记录。另外注意拍摄的角度也需要时刻变换，以确保可以看到观察对象各个角度的行为，方便观察者最后的记录分析。拍摄过程中可以伴随纸笔记录，对于一些无法用照片反映的需要注意的地方或附加的内容，可以马上记录下来，防止遗忘。

最后，整理照片。一般是采用电脑将照片进行分类，根据不同观察对象，记录下姓名、日期、地点等基本信息。

二、录音技术

摄影，只是记录到婴幼儿的外部行为表现，而婴幼儿的语言并没有得到及时地记录。如果需要对婴幼儿的语言发展进行记录分析，只通过摄影是做不到的，这时候就可以引入录音设备了。录音设备的出现，及时地解决了对婴幼儿语言发展进行研究的难题，通过对婴幼儿的语言进行录音，可以清楚地记录下每个婴幼儿语言的发展情况，如语速的快慢、词汇的多少以及语言的运用等，从而为研究者反复推敲分析婴幼儿的语言发展提供了可能。

首先，准备录音设备，做好观察计划。现代的录音设备有很多，主要是录音笔，用MP4或者手机中的录音功能也可以方便地将婴幼儿的语言录制下来。录音之前，观察者需要检查录音设备，要保证录音的效果清晰，可以清楚地听出婴幼儿的语言，所以要提前调好录音的角度和位置。另外为防止录音设备中途发生故障，最好多准备几个，以防不时之需。

其次，开始录音。做好准备后，就可以开始录音了。这里需要注意的是，观察分析的重点内容是婴幼儿的语言，因此需要在一个相对安静的环境中进行，以保证录音的效果。另外还需要做好纸笔记录，因为录音只是对语言的记录，无法记录婴幼儿的行为表情，所以需要用纸笔随时进行补充。比如：婴幼儿在说一些话的时候所伴随的动作表情，或者当时的情境引发出婴幼儿的某些语言，都需要记录下来，从而保证对婴幼儿语言发展进行分析的全面性。

最后，录音之后的处理。录音结束后，观察者要对录音进行整理，除了对录音进行观察对象、时间和地点的标记之外，也要对录音的内容进行整理。包括反复听录音，提取有用的信息，必要的时候可以对录音内容进行文字的转录，以使记录分析更加清晰。

三、摄像技术

摄像技术是目前科学研究中最常用的一种记录方式，它将摄影和录音结合起来，既可以观察到实际的场景，又可以对语言进行记录。这种过程性的、动态的影像方便观察者事后反复观察分析，使现在的观察分析更加便利。

　　首先，准备摄像设备，做好观察计划。和摄影、录音技术一样，摄像设备要提前准备好，且有三脚架的支撑，选好一个摄像的角度，根据采光和摄像距离等进行摄像机的固定，对观察对象进行拍摄录制。注意选取摄像的角度，以保证全方位地将婴幼儿的行为动作以及场景拍摄下来。摄像前还要检查摄像设备的电量和内存，以保证正常运行。另外要提前做好观察计划，明确需要观察的内容，以便摄像过程中可以随时变换角度进行拍摄记录。

　　其次，开始摄像。摄像过程中要注意根据观察内容随时更换拍摄角度，充分利用摄像机镜头的推拉功能，选取近景、远景以及特写的拍摄。如果条件允许，可以两台摄像机同时进行，一台固定在某个角度主要录制婴幼儿的全景，一台作为移动的摄像设备对婴幼儿进行近景和特写的拍摄。比如：婴幼儿在独自玩一个玩具，就可以近景拍摄其玩的过程中的表情，以及精细动作的发展情况等。

　　最后，整理摄像结果。摄像结束后，可以反复观看摄像中的内容，对婴幼儿的行为进行反复地观察分析。

本章小结

　　本章主要介绍了记录方法的种类、婴幼儿的行为记录内容以及现代观察记录的手段。

　　在观察中运用的记录方法一般有以下几种：连续记录法、频数记录法、等级记录法、符号记录法、轶事记录法、日记描述法和实例描述法等。其中连续记录法、轶事记录法、日记描述法和实例描述法属于文字记录法，主要运用于质的研究中。频数记录法、等级记录法和符号记录法属于表格符号记录法，主要运用于量的研究中。作为专业的观察者，要对记录方法进行合理的选择，才能详细深入地记录婴幼儿的行为。另外，对于记录内容来说，针对婴幼儿要有目的进行观察记录，可以从不同时间、不同情境等方面来具体记录婴幼儿的语言、情绪、动作、社会性等，以全面记录与分析婴幼儿的各方面发展。最后，现代先进的观察技术也可以引入到科学研究中，通过摄影、录音、摄像等技术来记录婴幼儿的行为，可以提供观察研究的效率，不受记录水平的影响，使观察更客观，也可以反复地观察分析，将现代的观察记录手段与一般的记录方法很好地结合，使记录更便捷、详细。总之，要了解婴幼儿的发展情况需要详细具体地针对婴幼儿的行为，合理选择记录方法和记录内容，确定观察目的，通过先进观察技术使观察记录更客观、更具体。

延伸学习

 拓展阅读

日记描述法的发展历程

　　日记描述法又称为儿童传记法，即对一个对象进行长期跟踪反复观察，以日记的形式

描述性地记录其行为表现的观察方法,是最古老的观察方法,也是最简便易行、使用最广的方法。

瑞士教育家裴斯泰洛齐在1774年最早使用日记描述法,对他不满3周岁的孩子的行为进行观察研究,写成《一个父亲的日记》。在日记中,裴斯泰洛齐记录了自己孩子的生长、发展情况,同时对母亲在育儿中的作用以及其他对儿童生活有重要影响的因素进行了分析。

达尔文对他的孩子的行为发展进行观察,从最初的反射活动、恐惧和愤怒开始记录,直到推理和道德等复杂的行为发展,用日记的方法进行记录,最终完成《一个婴儿的传略》,引发人们对儿童身心发展进行观察研究的兴趣。

科学儿童心理学的创始人普莱尔对他的孩子从出生开始,连续记录三年,每天早、中、晚观察三次,将记录的原始资料进行整理,于1882年写出《儿童心理》,宣告科学儿童心理学的诞生。

现代儿童心理学家皮亚杰的许多著作中都采用了日记描述法,其中《儿童心理学》中关于儿童认知发展的记录就产生于他对自己孩子的成长过程的观察。

我国儿童心理学之父陈鹤琴用日记的方式记录了儿子自出生起的各种行为,观察了808天,完成了《儿童心理之研究》一书。

日记描述法将儿童的发展置于真实的生活情境之中加以考察,可以全面详尽地了解儿童各方面的发展,掌握儿童的发展过程,这也是众多著名教育家和心理学家都使用日记描述法记录并分析儿童的发展过程原因之一。

学习活动

请针对0—1岁婴儿的感知运动进行观察,选择适当的方法并制订合理、严谨的观察记录表进行记录。

复习与思考

1. 记录方法的类型有哪些?请阐述不同记录方法的含义和特点。
2. 简述文字记录法包含的内容,以及记录过程中需要注意的问题。
3. 简要说明表格符号记录法包含的内容,并阐述其具体的记录方法。

第四章　婴幼儿行为观察分析与解释

学习目标

> 对婴幼儿进行行为观察的目的在于了解其生理与心理的发展情况及其真实想法。对婴幼儿行为进行观察时，客观事实就是其行为的发生过程，主观想法则是对行为的意义进行解释。婴幼儿行为的真实意义与观察者的解释一致性越高，则表示观察的效果越好，否则就可能因观察误差而导致观察结果的不可信。因此，观察者对记录分析解释的方法、理论基础和能力是需要前期培训和不断提升的。
>
> 本章主要围绕行为观察的分析与解释展开，旨在让教师进一步深入分析获得婴幼儿行为意义，掌握观察分析与解释的过程以及注意事项。在此基础上，熟悉质性观察与量化观察分析的不同方法。通过本章节的学习，你将：
>
> 1. 了解婴幼儿行为观察记录表的整理方法。
> 2. 了解观察分析与解释时应该遵循的原则。
> 3. 掌握质性观察与量化观察分析的不同方法及过程。
> 4. 知道如何应用理论进行观察分析与解释。
> 5. 了解观察分析与解释的注意事项。

第一节　婴幼儿质性观察资料的分析与解释

一、观察资料的整理

用质的观察方法记录下来的资料非常繁杂，几十页甚至几百页的记录通常使观察者无从下手，而且资料的遗漏、重复、前后颠倒等也都是经常会发生的事情。因此，资料收集以后，需要对其进行整理和分析。所谓的整理和分析资料，是指"根据研究目的，对所获得的资料进行系统化、条理化，然后用逐步集中和浓缩的方式将资料反映出来，其最终目的是对资料进行意义解释"。

一般认为，整理和分析资料这两个环节应该分开进行，但在实际操作过程中，很难将两个环节分开。它们是一个同步进行的过程，因为整理资料必须立足于一定的分析基础之上，任何一个整理资料的行为都受制于一定的分析体系。在整理资料的过程中，面对的都是活生生的行为内容，观察者对资料的整理和分析就是从一段错综复杂的行为记录中筛选出有意义的内容，再进行归类，之后解释时浓缩为对行为背后意义的原因解释。简单而言，质性记录的解释就是将与行为有关的意义层层滤出。

二、分析的含义

观察者对婴幼儿进行观察记录之后，如果不经过分析就提出解释，会主观地增加或过滤掉一些真实信息，导致主观经验影响观察结果。只有经由资料的深入分析才可以帮助观察者找到客观事实的证据，然后再进一步解释。

分析工作即在观察记录表中寻找系统脉络，将与主题有关系的重点行为用简明语句摘要并登录出来，同时，以问题或编码标签将行为的意义以简明的词汇摘要出来，并登录在记录上。

> 32个月的欣欣在公园里玩了很长时间的摇摇车，妈妈让她下来，因为还有好多小朋友在排队等着玩。欣欣开始大哭："不，我还要玩。"妈妈说："欣欣这次只能玩两次，看妈妈手里有两个硬币，如果不同意，就不能再玩了。"欣欣点点头，同意了。晚上回到家，欣欣最喜欢的小哥哥也在，欣欣开心地跑过去，告诉他今天在公园里玩了摇摇车。
>
> 分析：此案例中欣欣的社会性发展如何呢？可将案例中关于社会性方面的信息进行编码标签：1.只顾自己玩儿；2.坚持自己的主张；3.同意制订的规则；4.能控制自己的情绪；5.乐于与同伴分享心情。对以上编码进行归类，即3个类目：1.自我意识；2.规则意识；3.同伴意识。

三、登录的方式

首先从观察记录中，找到观察者认为有兴趣、有意义或符合事先定义的行为表现，用不同字体、不同颜色或不同粗细的字标注出来或用标签贴出，接着将标示出来的行为解离出来，分列在观察记录的后方，以便后续分析与解释。在找出与行为相关的理论或可以支持的观点来分析婴幼儿行为背后可能隐含的事实时，须注意通常一个行为不能只用一个理论或观点来分析，一个行为也可能同时存在很多意义，所以应收集更多佐证资料，以使解释时依据充分且具说服力。

行为观察的类目是指将行为的意义依照主题的范围摘要出来，可以分为"标签"和"问题"两种登录方式。"标签"是指行为与主题有关系的行为意义，必须使用言简意赅的词句，或是简短易懂的词汇，将行为记录中与主题有关的意义登录在行为记录的空白处或文后。如果该行为的意思是非常明确清楚的，就可以将之登录为行为的"标签"（在"C"的符号后写出摘要的行为意义）；如果行为意义尚在假设猜测中，并不一定正确，则以"问题"登录（在"Q"的符号后写出可能的行为意义），作为下一次观察收集资料的心理准备方向。

在对质性观察行为进行分析时，同一段记录可能有好几个登录。以情境归类为例，把不同情境的资料用不同的标签、号码或符号来登录，如"独处的情境""安静的情境""偶发事件的介入""嘈杂的情境"等，可以整理出在各种情境中所发生的事情。

四、观察记录分析注意事项

（一）以观察主题为依据

对质性观察记录进行分析时，首先应确定观察的主题和目的是什么，即观察者的动机，想要了解的范围，然后根据最初的主题摘要行为的意义。不同主题整理出来的行为意义不同，观察者需要针对自己在观察前已经界定的主题来思索行为意义，以适切合理且简明扼要的词汇来摘要并登录出来。

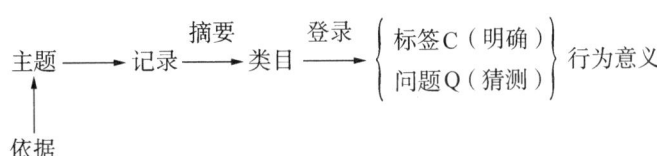

图 4-1 质性观察资料的分析

（二）标签重在行为而非个性

在标签时应注意，非专业的观察常常会犯的错误是将标签加在一个人的个性上，而非加在行为上，但是标签并不能用来区分人的类型。如果对婴幼儿个性下标签，就可能会扭曲对其行为的理解。因为婴幼儿的行为有多面性及发展性，没有任何个性标签可以代表那么复杂的心理现象。比如：一个幼儿平时都是以自我为中心的，只是偶尔出现了分享行为，若观察者将"乐于分享"标签下在婴幼儿的个性上就会犯错。

五、分析解释的意义

个人的表面行为是复杂多面的，不易很快地看出意义，就像有些大人会以"捣蛋""孩子气"等词汇来形容孩子的行为，只有经由客观的观察及分析，他才会知道那些捣蛋行为或孩子气行为背后的原因。通过总结出行为的主要特征，常有的习惯行为就能显现出来，观察者就能对婴幼儿的行为由浅至深有深入的理解。婴幼儿行为有一定的规则可循，如行为的产生因其习惯性而重复出现，也有其前因后果而依序出现，亦有其目的性。

分析解释阶段即是将分析的结果以条列或图标的形式简明扼要地解释出个人行为的脉络。将从纷繁复杂行为现象中抽离出来的重点，即分析得到的标签和重点类目，再放回事实现象中去理解，从而发现标签或重点类目之间的关系，就是解释行为的意义。观察者在解释阶段可以通过将所登录的标签进行整理和进一步的解释，组成可以条理统整的行为模式，来了解婴幼儿的主题行为。

六、分析解释的过程

（一）分析解释前的准备

1. 行为记录的摘要

先用不同颜色的笔在观察记录表中对婴幼儿行为讯息进行标注，再将已经做好整理及分析的记录纸按先后次序编页码。

2. 标签登录

婴幼儿行为观察的标签是指以观察婴幼儿的主题行为来思索适当的意义，将有关主题的行为意义以简短易懂的文字摘要并登录下来，所登录的标签用词在主题的意义范围之内。例如"幼儿捣乱行为的观察"可能产生的标签有扰乱别人、侵犯别人、噪声、叫嚷、转方向等；又如"看电视行为观察"的标签可能有交谈、模仿、安静、意见、转台等。

表4-1 幼儿同伴互动行为的解释

标签	同伴互动行为解释
助人	幼儿看到同伴遇到困难，主动开启不期望任何回报的以改善他们不利环境为目的的行为。
分享	幼儿与同伴共同享用某种资源，而使得同伴获益，包括经验的分享和物质的分享。
告知	幼儿把自己了解的信息告诉同伴，使同伴知道。
告状	幼儿认为自己受到同伴的侵犯或是发现同伴的某种行为与幼儿园的集体规则、教师的某项要求不相符合时，向其他同伴发起的告状行为。
支配	幼儿在与同伴的互动中针对对方发出的旨在影响、约束、改变、领导他人的行为或控制某种资源的行为。
炫耀	幼儿为了引起同伴的关注或注意而向同伴夸耀或显示自己或自己的物品的行为。
闲聊	幼儿间轻松随意的闲谈，其中包括有角色、有目的的聊天，以及与主题不明确的闲扯。
冲突	幼儿与同伴在互动过程中因双方言语、看法（或意见）、目标、手势动作、行为表现、需求与利益不同而引发的争执对立的情景。
合作	幼儿与同伴共同完成某项任务或为了共同的目的而一起游戏与活动。
请求	幼儿向同伴提出要求，希望得到满足，如：请求获得某物、请求加入群体、请求帮助等。
排斥欺负	幼儿对同伴发起的言语、身体上的消极行为，包括排斥、奚落、嘲弄、推搡、打等。

质性观察资料的分析，是将行为的复杂面以所登录标签的方式将主题意义摘录下来，使行为有关主题的意义被滤出。

（二）分析解释的过程

1. 对行为进行编码并分类

首先，要对行为进行编码并且进行分类。在我们进行观察记录和分析的时候，应当对幼儿行为有一个整体的印象，将这个整体印象称之为主题行为，并且把这个主题行为作为一个分类标准。如果出现的新的行为与主题行为具有同样的性质，那就属于正类目。相反，如果出现的新的行为与主题行为属于对立的性质，那么，我们就将它归置于反类目。必须有对立关系的正反类目，才能在解释时得到两面的证据，减少偏见证据的出现。

将行为进行编码分类之后，我们就要根据行为的正反两面的证据，来对编码后的行为进行归类，也就是具体的行为分类操作，将每个行为都进行归属，归属为三种类型：正类目、反类目或者其他类目。"其他类目"指的是如果很难判断属于哪一类目的时候，就归入该类目下。经过这个过程以后，就可以进行下一步，统计与比较。通过统计结果可以看出来婴幼儿的行为是倾向正面还是反面，而依据就是正面类目行为与反面类目行为出现的次数。我们不能绝对说行为是正面还是反面的，只是看哪类行为出现的机会较多，分析婴幼儿的哪一种倾向行为是主导的行为。

比如"幼儿延迟满足的观察"中，该记录登录的标签有"故意不看""转头""咬牙切齿""舔糖""闻糖果""拿起又放下""注视糖果""咬"等。其中，"故意不看""转头""咬牙切齿""闻糖果""拿起又放下""注视糖果"等标签是幼儿控制自己的表现，或者是以其他的行为来转移注意力，所以是属于"可以控制住自己"的类目，而"舔糖""咬"等是没有控制住自己吃了糖果，所以是属于"控制不住自己"的类目。

表 4-2 对观察记录进行标签

客观事实	行为编码（标签）
妮妮在玩积木，她拿出一块积木又放回去，接着拿出大围巾当桌布铺在垫子上，再拿小篮子放在中间，跟笑笑说："我们来玩游戏。"笑笑拿小铁勺，妮妮说："不行！不许动妈妈的东西。"就抢过来放回去，然后跟笑笑说："你当妈妈。"跟丽丽说："你当姐姐。"然后把积木放进另一篮子里炒菜，将一个红色积木放入篮子里说："放点辣椒。"	1 2 2、4 4、3 4 4、5

注：编码：1——放弃；2——布置；3——制止别人；4——支配；5——假想。

将所有标签进行归类并统计以后，就出现了以下情况。

表 4-3 观察记录标签归类及统计

标签	出现页次	出现次数
放弃	1	1
布置	1、1	2
制止别人	1	1
支配	1、1、2、2	4
假想	2	1

以上表格中,第二列是所有的标签出现的页次,第三列是表明每一个标签共出现的次数。通过统计得出,出现次数最多的标签是"支配"(4次),其次是"布置"(2次)。在该表格中,注明标签表明的行为出现的页次,既方便查询又可以作为进一步分析之用。在对观察记录表中所有行为编码统计后,就可以对编码后的行为从正类目和反类目两个维度进行分类了,以此可以看出婴幼儿的行为倾向是正面还是反面。以下就是对某幼儿的同伴互动行为进行观察整理后的结果(表4-4)。

表 4-4 标签类别及管理

标签	出现频次	行为表现
正类目	22	
接受	9	
帮助他人	4	
被告诫	9	被要求遵守规则而接受。
反类目	18	
争先	2	抢先去拿物品。
招惹	4	为自己高兴而惹别人。
反驳	4	维护自己,反驳他人意见。
反抗	2	不如己愿而以肢体抗议。
抢夺	1	抢夺物品。
占有	2	占为己有。
打人	1	
威胁	1	要对方照他的话做。
批评	1	
其他类目	6	
寻求支持	2	
被批评	1	
被告状	2	
拒绝	1	

根据以上标签的归类与整理,可以知道正类目行为共计22次,反类目行为18次,其他类目行为6次。

正类目行为——幼儿出现接受和被告诫的行为，虽然有时会解释理由，但无非是想要引人注意，是一位可接受他人告诫的孩子。

反类目行为——幼儿虽会争先、反驳或告状，并产生占有、抢夺的行为，但愿意接受他人建议。

其他类目行为——幼儿会寻求支持，并接受批评、告状，也会拒绝，表明他有紧张的情绪反应，若能多与其沟通，相信幼儿的行为会更正向。

幼儿在同伴互动中希望与同伴友好积极地沟通，但有时沟通技巧欠佳，无法用语言正确表达自己的需要和情绪。教师应培养幼儿与他人沟通的技巧、学会用语言表达自己的想法。该幼儿以武力抢夺或是争先时，主要想展现自己的能力或要赢过别人。因此，教师在辅导中应对幼儿详细说明，让其了解他人感受和相信自己的能力，多倾听幼儿讲述自己的感受。教师可以通过故事或戏剧扮演的方式让幼儿练习沟通的技巧，如：让其想象并回答遇到各种情形时该如何处理；训练他将话解释清楚，让别人了解他的意思。请家长配合，一旦有好的正向行为就给予鼓励、赞赏，促进其正向行为的表现。

2. 求证

根据归类，观察者可以从标签的归类中整理出三种行为类目出现的频率、时机及行为重点之间的关系，以体会婴幼儿的行为主线，可以作为相应的结论，或者作为下一次观察收集证据的准备。如果符合观察者类目下的标签累计次数最多，则说明观察者的观点被支持。如果归在观察者观点相反类目的标签累计次数最多，则说明观察者的观点不被支持，而且还可能被推翻。如果第三种类目，即其他类目的标签次数最多，则说明观察者的观点不是重要的类目，可能需要另定主题进行另外的观察。然而，不管观察者的观点是否被支持，至少可以使观察者思考自己是否必须修正对婴幼儿的看法，以免被偏见所左右。

3. 深入分析

虽然标签归类以及根据不同类目下标签的数量，能够验证观察者的假设和想法，但是这些验证并不能够了解主体行为的来龙去脉。若想深入了解行为的原因，不妨从以下几个方面做进一步的分析。

（1）分析次级类目

第一级的类目是以观察者的初步观点作为类目的区分点，将行为归为三类，如果归为某一类的标签次数最多，则可以说明婴幼儿该行为类型倾向最明显。如果在第一级类目下某一个子类目（正类目或反类目）中的标签个数有很多个，则表示该类行为的出现有不同的表现，需要进一步分析。分析的方法与第一级类目相仿，可以就这些标签进行思考，再作次级归类，以将婴幼儿行为出现的另一层意义概括出来。

（2）寻找习惯性行为

如果有些标签的次数很多，即表示这些行为是婴幼儿经常出现的行为，是婴幼儿的习惯性行为，可以再回到记录纸去检查该行为发生的相似点。例如：行为发生的情境、对象、动作等是否有一致的状况，如果找出有一致的状况，就可以大致推测影响行为产生的原因。

如果找不出习惯性行为，可能是观察次数不够多，或是在分析时登录的标签前后不一致，导致相同意义的行为以不同标签来登录，习惯性行为无法表现出来。

（3）思考习惯性行为的共同点

习惯性行为是常常出现的行为，习惯性行为出现必有一致的地方，可能是环境引起行为的原因一致，也可能是行为表现的方式一致，还可能是心理的期望一致等。这时，可以再回到记录纸去检查这一类行为发生的相同点，如行为发生的情境、对象、动作等有没有相同的状况，就可以大致推测影响行为产生的原因。

表4-5 标签类别与整理

标签	出现页次	出现次数	行为表现
附和	1、2	2	
观看	1、2	2	观看别人以求了解。
自动帮忙	1、2	2	配合环境自发地帮忙。
另求支援	1、2	2	第一步骤未得答案就向老师求援。
表达	2	1	
协商	2	1	
沉默	2	1	
征求意见	2	1	
赞美	2	1	
礼貌	2	1	

七、分析解释的原则

分析即登录重点标签的过程，将婴幼儿行为的重要意义登录出来，以简短的语言词汇表示行为的重要意义，使复杂的行为现象简化为容易了解的重点。标签所使用的词汇如果不妥当，会使行为的整体意义被扭曲误解。为避免分析时行为意义的摘录出现偏差，所使用的标签词汇必须符合下列条件：

（一）符合主题的观点

分析是把意义标签登录出来，就像把连续的行为分为片段来标记，然而观察者在分析时，很容易顺着行为的连续性及表面意义而迷失方向，忘记对主题意义的思虑及掌握，所以在寻找重点登录时必须仔细推敲，寻找"主题意义的行为"，将其意义找出，并全部登录出来。只有在摘要和登录时符合主题的意义，才能针对主题分析解释婴幼儿行为，这种质的观察满足刚开始的观察动机（观察主题），才不会失去其效度。

婴幼儿行为的发生受多方面因素的影响，例如：婴幼儿注意力受到认知能力、情绪、动作、外部环境、亲子关系等的影响，在分析之前就决定以其中的某一层面（主题）为主，可使分析时有脉络可循，而其他层面也并非完全滤掉或拒绝接受，而是着重从主题层面来透视表现婴幼儿注意力的行为。再如，以情绪来分析说话行为，主要的目的即从说话行为中了解情绪的变化及前因后果，可以由动作、内容、关系等行为来登录其情绪的表现，可能登录的标签主要有"微笑招呼""微笑聆听""询问""皱眉沉默""跺脚"等。在有关主题的行为标签登录中，通过审查各个标签的出现频率、时机及标签之间的关系等，则可以整理出说话中的情绪表现，但是真正情绪是内心感觉，所以若要真正了解婴幼儿隐藏的情绪，则需经多次的观察继续搜集资料，或以深度访谈搜集资料。

（二）由描述的行为推敲主题标签用词

质的观察的主要目的是深入探究或发现婴幼儿行为的来龙去脉，必须以婴幼儿个人的行为脉络来分析了解，因此行为重点标签登录的用词要由观察者根据所记录的行为通过思考婴幼儿的行为意义而得出，而非有一套现成词汇可以套用。如果分析之前已经有一套现成的词汇可以套用，就会犯先入为主的错误，在分析时就会刻意"附会"这些词汇意义的行为，导致无法发现行为发生的真正意义。其实，如果已经有一套词汇，即表示在观察之前已经有一些解释主题行为的原则、理论或看法，这时所需要做的观察应是以"验证"这些原则或看法为主要目的，即将这些词汇发展为量的观察记录工具，从而在短时间搜集大量的行为样本，而不需要用质的观察法，省时又省力。

（三）确保客观性

所登录的标签意义必须客观、有效，真正代表婴幼儿个人的行为意义。成人在行为的外显上，与婴幼儿有很大差异，往往行为会隐瞒内心的真实想法。而婴幼儿因受其心理发展水平的限制，其行为往往就是其内心情绪的真实表达，因此观察者直接用表达心情的词汇来登录婴幼儿的行为也是可以的。

观察者在分析婴幼儿行为的过程中，容易带入自己的主观偏见，若主观包含太多观察者自己的感情及经验的投射就容易出现错误。例如，在观察婴幼儿的"偏食"行为时，如果观察者本身也有相同的经验，可能就会用"感同身受"的感受来描述婴幼儿的行为；反之，对于自己不喜欢的行为，则可能过分强调婴幼儿困扰自己的问题，放大、夸饰了婴幼儿的行为，导致无法以专业公正的角色来解释观察的结果。如："小琪今天心情很好""小华故意很用力地把小美推倒在地"，这些都是容易错用语词或过度描述行为的现象，观察者应自我修正。

此外，如果观察者只就婴幼儿的行为表现而将之解释为个人特质，没有考虑行为产生的背景条件，就可能造成对婴幼儿行为的误判，也无法真正协助其解决问题。观察者若要明确婴幼儿行为的意义，必须要对婴幼儿行为进行连续的观察，了解该行为之后的后续行为，也就是如果观察者以"推测"来标签行为的意义，其正确与否必须有持续的"证据"，才能真正把行为的客观意义正确标签。这种情形的登录，最好先用"问题"来登录，待其意义已经被证实之后再改为"标签"。

有关行为程度的形容或描述也需保证客观性，很多观察者常常依据自己的主观经验来随意做判断，如暴躁、冲动、文静等。例如，"他不停地从椅子上跳下又跳上，连续做了十几次。"若以"过动"来登录，则失之偏颇，需要考证这种行为是否达到"过动"的程度，是否用"连续的反复动作"则更客观。

（四）适度解释

判断婴幼儿行为意义的标签是否贴切，必须通过行为的连续、程序及统整才能明确，但是在质的分析时，重点标签却需把行为切成段落来登录。人在判断时，常下意识地对不完整的片段作补充，使之趋于完整。这种由想象来补充，而不是以真实行为发生的连续、程序及统整来审视行为的意义，所产生的重点登录很可能会不够贴切。

例如，"他转过身，注视着同伴，在同伴脸前挥舞着握着的拳头。"若以"攻击行为"来登录，似乎已经确定下一个行为就是打人，但是事实并不一定如此，必须要根据后续行为才能判断该行为的意义，选择正确的标签登录。"他转过身，注视着同伴，在同伴脸前挥舞着握着的拳头，大声地说：'我想打人了。'然后跑开了。"若以"攻击行为"来登录标签，则犯了过分夸大的错误，因为仅凭行为的片段并不知婴幼儿是否具有攻击性，只能说是"攻击念头"。因此，虽然观察记录上登录了频率很高的攻击念头，但实际观察到的真正意义上的攻击性行为却并不多。

在重点登录时，有时也会犯过分小心的错，而使行为的意义过于琐碎。例如，"他转过身，注视着同伴，在同伴脸前挥舞着握着的拳头，随即又放松拳头，哈哈一笑，双手用力拍同伴的手臂。"标签登录为"转身""注视""舞拳""松拳""大笑""表示友善"，但这些登录都只是动作。单独的动作很难看出意义，即使几个动作联合登录来看，也会觉得很模糊。因此，在意义不明确的客观资料中，可以加以观察时的主观成分，写成疑难问题："压抑攻击念头？"在对整个资料分析完后，可能"问题"就成了明确的"标签"。

八、分析解释的方法

（一）从观察中找到行为模式

所谓的模式，可能涉及教室内的活动的顺序、动线及循环的规则性，这就是情景的模式。针对婴幼儿而言，其行为也会有"模式"。以观察一位幼儿的攻击行为为例。例如：A幼儿在作息转换无所事事时，出现攻击次数最多；A幼儿和B幼儿同伴互动时，最常出现攻击行为；B幼儿和C幼儿对于A幼儿攻击行为的反应不一样；A幼儿在出现攻击行为前有握拳、急促呼吸的动作等都是行为模式。既然是"模式"，就必须是通过反应观察及标签目标行为的次数所归纳出来的结果，不能单就一次的观察就定出模式。找出行为的模式加以解释之后，早教人员便可通过教学的介入来改善幼儿的行为。

（二）分析观察结果与情景之间的关系

环境通常是固定且持续的，既包括物理环境与教材、空间设计和位置，也涵盖了婴幼儿与成人反应的线索与刺激；而情景泛指在此环境中所出现的任何事、任何人，同时也涉及地点、时间，甚至是心理和生理状况，如课程、作息、行为、物理、社会和心理等。分析婴幼儿行为，必须考虑当时特定的场景。例如，婴幼儿在早教中心一天不讲话，有的观察者就认为该幼儿语言发展滞后，但也许因不适应而情绪低落、在陌生人面前害羞、太累了、身体不舒服、害怕老师等都可能是不说话的原因。婴幼儿不讲话是否真的是语言发展滞后，还需进一步地观察和验证。

婴幼儿与环境、情景无法分开单独进行分析，换句话说，婴幼儿的行为与周围的物理环境与情景有绝对的相关性。例如，家庭物理环境或早教中心积木建构区空间设计与位置，如若空间较小，设计得较为紧凑，就容易引起婴幼儿出现争吵、推搡等负向行为；区内玩具不足，抢夺玩具和游移的频率就会提高。若观察情景复杂、难度高，那么除了以文字描述当下观察的情景外，也可利用平面图标示出婴幼儿与环境互动的相对位置，使观察者在解释资料时便于连结行为与环境之间的相关性。

（三）根据早教教师的经验

经过专业训练的早教教师，经验是其最佳的解释工具。由于早教教师长期与不同阶段婴幼儿接触，对于各领域发展及理论都较为熟悉，因此在进行观察结果解释时，很容易将所见和所知联结起来，能快速判断出一位婴幼儿的行为和能力是否符合该年龄阶段的发展特点。但是，过度依赖经验判断也相当容易造成主观推断的谬误，理论的运用与经验应该相互结合。

以上几种方法，可以帮助观察者在解释观察结果时多一些思考的方向，能在有限的资料中解释多少有价值的结果，完全取决于观察者用多少"视角"来看婴幼儿的行为。

第二节 婴幼儿量化观察资料的分析与解释

用表格进行记录分析的方式，它所运用的观察表已经将行为的重要意义标示出来，作为记录的重要依据，这种量化的观察记录法就是用已经设定好的工具去"度量"婴幼儿的行为。虽然用表格符号的记录方式也需要事后进行分析，但是这样的分析与文字进行记录的分析是有区别的，这种观察记录的方式与运用文字描述的质性观察是完全相反的。在运用质的观察中，观察者可以不用其他工具，仅凭自己的观察和思考就是唯一重要的工具，先通过观察并记录，再进行分析和解释。而量的观察方式正好相反，必须先对主题之下的行为意义有整体的看法，由这整体的看法形成行为的原则或观点，然后根据这些原则或观点把观察记录的客观工具——观察记录表制作出来，再根据这个观察记录表对婴幼儿的行为进行记录，最后将这些记录的结果进行统计分析。因此，运用量的观察方式强调的是先有理论，再观察记录客观的事实。在过程中强调遵守工具中已经规定的记录及统计的规则，以使最后提出的解释是客观的。

一、量化记录的解释

当事实现象已经被理论化，或观察者已经根据旧经验对事实现象有一些假设性的了解，则可以将事实现象标记为具体行为指标，用来标识事实的重要意义。既然有具体行为指标，在观察时只需要针对这些具体行为进行记录，利用简单的符号来代表行为出现的次数、强弱、类别，便可以不必花太多时间在记录工作上，而将注意力放在需要观察的行为指标上，以便正确地做好知觉的接受、行为的类型判断。

量的观察记录特色在于事先用具体化的观察指标取代文字记录的繁复工作，观察者知觉的接收主要经由客观的过程，而不需要主观的介入，只会牵涉到有没有、是不是，且用符号来记录比较简单，可以在短时间同时搜集到多位婴幼儿的行为，如表 4-6 所示。

表 4-6 量化观察记录——三位婴幼儿的时间取样记录表

目标行为		婴幼儿的代码		
		①	②	③
活动倾向	A. 专心听老师的指令	D	A	G
	B. 专心独自活动			
	C. 不感兴趣			

（续表）

目标行为		婴幼儿的代码		
		①	②	③
活动倾向	D. 专心注意其他幼儿			
	E. 参与群众活动			
	F. 专心从事非老师指定的活动			
	G. 到处闲游，无所事事			
	H. 言语性地干扰他人			
	I. 肢体性地干扰他人			
认知方面	A. 寻求资讯	A	A	D
	B. 提供资讯			
	C. 好奇并探索	B		
	D. 以上皆非			
活动力	A. 强	B	B	B
	B. 中			
	C. 弱			
人际互动	1. 幼儿与老师之间		B	A
	A. 有互动			
	B. 没有互动			
	1.1 幼儿对老师的要求		A	
	A. 听从			
	B. 忽略			
	C. 抗拒			
	D. 以上皆非			
	1.2 幼儿会寻求帮助、支持与认同		B	
	A. 有			
	B. 没有			
	1.3 幼儿对老师的口语表达		A	
	A. 没有信心			
	B. 犹豫不决			
	C. 哭哭啼啼			
	D. 以上皆非			
	2. 幼儿与其他幼儿之间	B	A	A
	A. 有互动			
	B. 没有互动			

（续表）

目标行为	婴幼儿的代码		
	①	②	③
2.1 类型	A		
A. 主动型互动			
B. 试探性接触			
C. 被动性旁观			
D. 回避			
2.2 音调	B		
A. 很友善			
B. 中性			
C. 怀着敌意			
2.3 对他人的控制			
A. 霸道			
B. 中性			
C. 被动			

注：被观察的幼儿：①——小莉；②——小妮；③——小梅。

二、评定量表法的解释案例

（一）评定量表法的结果呈现

以 8—12 个月的婴儿动作发展情况为例，设计评定量表，如表 4-7 所示。

表 4-7 婴幼儿行为评定量表

动作功能（8—12 个月婴儿的动作发展）	非常不符合	有些不符合	一般	有些符合	非常符合
能伸出单手取物，并抓握他人给予的物品。					
将物品由一手换至另一手，能够操作物品。					
能堆积物品，或将物品嵌入另一物品中。					
用镊子捡拾小物件或食物。					
故意掉落或丢物品，但无法刻意放下物品。					
开始有能力站立。					
开始能独立站立，依靠家具作为支撑物，用侧步移动的方式环绕障碍物。					
用手及膝盖爬行，在楼梯上爬上爬下。					

（二）评定量表法解释的注意事项

分析与呈现是检视评量结果的重要任务，其内容分述如下：

1. 关于分析

根据各种评量方法所获得的结果来解释婴幼儿的行为。如果只根据一种评量法，如观察法、测验法或访谈法所获得的资料来论断婴幼儿的发展，可能会有偏差存在。这就如同我们看一件东西，必须试着从前面、后面、侧面，甚至从下面或上面观看，才不至于以偏概全、产生"盲人摸象"的偏差。

2. 关于呈现

（1）评量只是婴幼儿在某个时间及情境下的行为表现。每一次的评量只是行为的取样，不能代表婴幼儿全部的行为，因为婴幼儿会在不同的时间、不同的情境表现出不同的行为模式。所以，每次评量所得到的资料，只是婴幼儿片面的行为，必须以多次评量结果来解释其行为，使比较具有可靠性。

（2）避免将评量结果当成一种标记。在评量的过程中，有些影响评量的因素很难加以控制，例如：婴幼儿错误的真正原因，是婴幼儿不会做？还是不想做？此外，观察者的外貌也会影响婴幼儿在评量情境中的态度。因此，我们不能根据评量的资料来诊断婴幼儿的一切发展。

（3）资料必须保密。观察者应遵守保密的道德原则，只能在当事人或其父母同意的情况下分享资料。

与质性观察不同，量化观察已经事先将"目标行动"标注出来，因此，在资料分析的部分只要将数据加以解释即可。

例如：从案例所记录的资料可知，小莉的活动注意力倾向于"其他幼儿身上"；在认知类别方面，小莉表现为寻求资讯和提供资讯；小莉的活动力则是中等；在人际互动类别方面，并没有观察到小莉和老师的互动，和婴幼儿间的互动则倾向"没有互动"，但是有试探性接触。以此类推，小妮与小梅的观察资料也可采用上述方式进行分析。

三、资料的统计与分析

观察者在分析表格符号记录的资料时，只要计算记录的次数，或者核计分数来代表行为频率、强弱的程度。这种分析是资料量化及统计的过程，包括描述性统计和推断性统计两种。

（一）描述性统计

描述性统计是就某个行为发生次数的多少或分数的高低来看这种行为出现的频率及强弱、持久性等。就观察表的行为项目来了解婴幼儿的表面行为，或是由环境刺激与表现之间的相关发现一些行为的影响因素。例如，对幼儿运用语言行为检核表后的结果进行分析，得出结论。

婴幼儿行为观察与分析

表4-8 语言行为表达检核表

	1	2	3	4	5	6	7	8	9	10	11	12
1. 会主动与人打招呼。	◇	◇	◇	◇	O	◇	◇	◇	◇	O	O	O
2. 会简单地自我介绍。	◇	◇	◇	◇	*	◇	O	◇	◇	◇	◇	◇
3. 能口齿清晰地背诵儿歌。	◇	◇	◇	◇	◇	◇	◇	O	◇	◇	◇	◇
4. 会进行简单地数数（1—30）。	◇	◇	◇	◇	△	◇	◇	◇	◇	◇	◇	◇
5. 能完整地讲述一个简单的故事。	Θ	◇	◇	◇	Θ	◇	◇	Θ	◇	Θ	Θ	◇
6. 能独立唱完一首歌。	◇	◇	◇	◇	O	◇	◇	◇	◇	◇	◇	◇
7. 能表达身体的感受。	◇	◇	◇	◇	O	◇	◇	△	◇	◇	△	◇
8. 能踊跃、愉快地发表意见。	◇	◇	◇	◇	O	◇	◇	◇	◇	O	◇	◇
9. 能讲述自己的经验。	◇	◇	◇	◇	Θ	Θ	◇	Θ	◇	◇	◇	◇
10. 说出周围常见物品的名称。	◇	◇	◇	◇	*	◇	◇	◇	◇	◇	◇	◇

注："◇"表示优异；"Θ"表示良好；"O"表示一般；"△"表示较差；"*"表示完全达不到。

此表中评定等级的形式为五个等级的分数，因此该检核表得出的数据是分数，可以用数值来表示，优异为5分，良好为4分，一般为3分，较差为2分，完全达不到为1分。可根据此表将每个幼儿语言行为的总平均分计算出来，然后与平均水平3分做比较，可看出幼儿的语言发展水平，同时可在各幼儿间进行横向比较。

12名幼儿的均值分别为4.9，5，5，5，2.9，4.9，4.8，4.4，4.9，4.5，4.4，4.8。从该结果可看出，5号幼儿语言行为发展低于平均水平，可能原因是性格比较内向导致。其他幼儿均高于平均水平，语言发展水平较高。横向比较发现：从第1项的结果看，5号、10号、11号、12号四名幼儿相对不太好，其中10号、11号、12号是新生，可能是尚未适应幼儿园环境，加上没有接受相应的教育而造成的；从第2项的结果看，5号和7号比较不够，7号可能因为容易害羞导致交流少。由此，可得出以下结论：

1. 幼儿的语言发展需要早期培养，为幼儿提供丰富的语言刺激，不仅是听而且鼓励其表达。
2. 同龄的幼儿基本语言发展持平，虽有差异，但其差异并不是很大。
3. 第8项的这两名孩子因为主动性不强，比较需要成人给以特别的帮助。

检核表法也可以记录行为次数，统计行为的频率或百分比。表4-9为时间取样法的记录表，幼儿合作行为出现时就进行标记，记录完成后统计每种合作行为出现的次数。

表 4-9　幼儿合作行为观察记录表

时间	幼儿代号	合作行为					
		提出建议	接受建议	礼貌索要	交换材料（角色）	寻求帮助	共同完成
00:00:00—00:01:00	1	✓✓				✓	
00:01:00—00:02:00	2		✓✓✓				
00:02:00—00:03:00	3			✓	✓✓		
00:03:00—00:04:00	4		✓✓			✓	
00:04:00—00:05:00	5					✓	
00:05:00—00:06:00	6					✓✓✓	

根据前 6 分钟的观察统计每种行为出现的次数，并由此发现：

1. 1 号喜欢提出建议，会独立思考比较容易有自己的想法。
2. 2 号和 4 号容易接纳他人的建议，原因是两人性格较温和，且容易受别人的影响。
3. 6 号喜欢寻求别人帮助，自己很少独立解决问题。

（二）推断性统计

推断性统计是以两组及两组以上婴幼儿行为的差异，来推论母群之间的差异情形。做推断统计时，选取的样本必须能代表母群且样本量一般大于 30 人，这样才能以少数样本的行为资料来推论大量母群的行为倾向，如在某幼儿园随机选取 40 名大班幼儿测验其语言发展水平，一般就能代表这个地区大班幼儿的普遍水平。推断性统计最常用的统计软件为 spss 软件。

记录表格统计出的数据是分数时，两组间比较一般应用 spss 软件中的独立样本 t 检验或配对样本 t 检验；三组及三组以上的比较用方差分析。如果记录统计出的数据是次数或百分比，常应用卡方检验来比较。

运用表格符号的记录只能了解婴幼儿行为的表面特点，而行为的深层原因或因果关系不容易了解，如果求两变量的相关性，相关系数高于 0.8 才能解释表面行为的关联性，但这也并不表示关联性高的行为是有因果关系的。深层原因或因果关系必须运用比较详细的、描述性的、以文字进行记录的方式才能做到，或对观察数据进行因素分析，或者是通过设计实验来验证。

第三节　多媒体材料分析方法

记录的方式是多种的，我们还经常运用摄影、摄像、录音等现代技术来进行记录。而面对这些利用现代技术记录下来的资料应当如何进行分析呢？在本节中将分别介绍运用从声音到图像等不同现代技术记录的资料进行分析的方法。

一、声音材料分析——录音手段

声音是记录婴幼儿不断发展的重要标志之一，对婴幼儿语言的记录能够了解婴幼儿的发展水平及发展状况。如同成年人一样，婴幼儿语言中的语音、语调、语气、速度同样能够反映他们的心理状态。而不同于录像费时、费力、成本高，录音是比较便捷的记录手段，很多家长或教师可以采用录音的方式记录婴幼儿的语言，重复播放来深入分析婴幼儿语言的真正含义及发展状态。

利用录音设备完成录音后，第一步就是保存，为了不占取太大空间，观察者应当在对录音内容多听几遍后，挑出有价值的内容进行保存，其他内容进行备份，在保存的时候一定要对文件名进行重命名，对录制内容进行时间、地点、事件的标记，方便分析，这个备注一定要尽可能详细，这些都对后期分析有很大的作用；第二步是将录音进行观察记录的转换，这个转换不是像录字幕似的将每一个字都音译成文字，而是将录音变成另一种内容的呈现方式。内容的呈现必须经过梳理，最后以表格或者轶事记录的方式呈现出来。在梳理的过程中应当按照一些逻辑顺序，比如事件、互动角色等，将婴幼儿的语言呈现在表格中。如下表所示：

表 4-10　婴幼儿语言的记录表格

观察者：
日期：
地点：
事件背景：

刘老师	晓丽	晓彤	王涵	天天

在记录的时候，也可以按照时间顺序进行转换。转换以后，我们就可以对表格中的内容进行婴幼儿语言分析。分析婴幼儿语言的特点、语言的听说能力、语法的运用情况以及社会能力发展状况等。

二、静态图像材料分析——摄影手段

除了记录声音以外，我们还可以利用摄影留下的照片对婴幼儿进行观察，我们知道，随着科技水平的发展，用手机拍摄已经变成了普遍使用的记录手段。以婴幼儿作为拍摄对象的照片能够保存并且呈现婴幼儿当时真实的行为状态，为观察者分析使用。

拍照可以不分场地，不分时间，所以照片能够反映出婴幼儿什么时间、什么地点、行为如何、与谁互动等等。但是，我们经常在拍摄完照片后，不进行后续处理，只作为记录方式，这样就会失去很多真实有效的信息。作为观察者，在拍摄完成后，一定要进行后期的处理，可以利用相册或者电子版照片进行保存。在保存时，每一系列甚至每一张照片都应该记录详细的备注，比如：这张照片拍摄于什么时间？什么地点？发生了什么事情？照片中的孩子正在做什么？能否反映其学习或者动作能力？照片中的孩子情绪是怎么样的？

三、动态图像材料分析——摄像手段

除了我们前面介绍的录音及照片两种简单的方式，通过摄像技术进行记录，也是婴幼儿行为观察的常用方法之一。摄像技术留存的资料属于动态图像材料，可以最大可能地保留婴幼儿的行为，还原当时的事件发生的情境、背景等。动态图像材料既有声音又有图像，并且在事后可以重复播放，使观察记录者在分析时极为方便。摄像的方法也常常因此而成为实况详录法的必要记录方法。

一次摄像完成后，可以重复地不断播放录像内容，还可以选择快进、后退或者暂停，以便观察者更加方便地进行分析。另外，还可以经常根据录像内容挑出一些重要的画面，制作成静态的照片。因为，有时运用静态的照片与家长、专业研究人员或教师一起探讨和研究，可能要比运用录像本身更为方便，更加节省时间。

在整理摄像结果时，同样也可以利用表格进行记录，或者利用其他电脑技术对影音材料进行升华。

1. 制作表格，重新整理录像内容。这一点可以作为实况详录法的一项记录方式，在表格中记录详细的时间、地点、观察对象以及事件发生的背景、经过和结果，非常详细地记录婴幼儿的语言、表情、动作行为等。

2. 多场面对比记录。在同一个画面中显示分割画面，即把不同摄像机在不同地方摄下的情景，利用电脑技术使其出现在同一画面上，这样可以对几个不同位置上发生的行为作对比性观察。

3. 利用observer软件，对录像中的行为进行编码、记录，并制作成频次表格，寻找经常性行为，发现婴幼儿行为规律，记录婴幼儿行为的前后变化并进行深入分析等。

这些记录方式分别以声音、静态图像、动态图像作为材料呈现的手段，以供观察者进行深入的分析。面对各种各样的信息，我们一定要进行深层次的加工，从材料中获取有效信息，成为提升婴幼儿认识和理解的依据，成为与婴幼儿、家长和其他人员交流和沟通的基础，成为改进教师教和婴幼儿学的出发点。

第四节　婴幼儿行为解释的相关理论

理论是指"由实际的实践归纳出，或由观念推演而得到的有系统、有组织的说理或观点"，认识并熟练运用理论有助于了解婴幼儿看似简单的行为背后的复杂性与真正意义，同时也有助于重新组织先前的经验，以理论为基础设计适合婴幼儿的教学方案，还可以"诊断"婴幼儿的问题行为。观察和理论有密切的关系：首先，许多理论的建立都曾借助于观察法的使用，如皮亚杰的认知发展阶段理论和陈鹤琴的《儿童心理之研究》等都是建立在他们对自己孩子的连续细致的跟踪观察和记录的基础上；其次，透过观察可更好地认识或发现婴幼儿行为的意义，增进对理论的理解。

一、理论应用

对婴幼儿的行为判断，不仅需要实践经验，也需要一定的理论基础。借助一定的理论指导，对婴幼儿的行为进行全方位的分析判断，才能得出相对准确的结论。比如：当新生儿一直哭闹就认为他饿了，并不停地喂奶，可能忽视了他其实有肠绞痛；当人们依据刻板印象认为刚出生的婴幼儿什么都不会时，就会忽视婴幼儿的感知觉能力；当幼儿在同伴交往时总表现出抢或打的行为时，会批评他攻击别人不会分享，可能忽视了他是语言发展较慢而不会表达……作为未来早期教育教师，需要把握婴幼儿行为发展的理论基础，借由儿童心理发展的理论指导自己的日常教学实践。

（一）理论应用方法

有关儿童的理论有很多，这里主要介绍儿童发展常模(年龄目标)和儿童心理发展理论。儿童心理发展理论的流派有很多，通过丰富的心理学视角，从不同的分析视角切入、采用不同的分析方法，得出关于儿童心理发展不同的结论。儿童发展常模为教师了解婴幼儿的发展过程提供了参考依据，可以更好地了解婴幼儿各领域发展趋势。那么，该如何应用理论呢？

发展常模要与儿童心理发展理论相互结合。观察者掌握婴幼儿各年龄阶段发展特点，有助于在观察前发现目标儿童，确定观察的目的和目标，在观察时简单评估婴幼儿的发展水平，在观察后作为分析的参照标准。但是发展常模不能作为一种单一的分析与评价指标。比如：13个月的幼儿，其精细动作发展应能瞄准并捡起小的物体放入容器，某一个幼儿能做到，就认为他精细动作发展能达到年龄目标，而另一个幼儿总是不能准确地捡起小的物体，不能贸然就下结论认为此幼儿发展迟缓，还需综合此幼儿的先天遗传和后期的教育指导进行判断。婴幼儿间的个体差异很大，影响行为表现的因素又比较多，机械地套用年龄标准，只能得出不恰当的结论。年龄目标不是考察婴幼儿发展的唯一标准，它只是依据之一。

在儿童发展心理理论的应用上，应避免单纯地把理论和现实作简单的对应和类比。例如，只因幼儿上课时坐不住，就得出此幼儿有多动症的结论，明显经不起推敲。此时，需要综合考虑幼儿的气质类型、教学形式、教学内容、教学评价、师幼互动，甚至还要考虑到幼儿当时有什么特殊需要等，即使排除这些因素后仍然要小心求证，并在专业医学诊断过后才能下此结论。因此，既要掌握理论的实质，又要对婴幼儿的行为进行全面了解和透彻分析。

（二）理论应用价值

儿童发展心理学有很多流派、代表人物及其思想，它们是儿童行为分析的重要理论支撑。教师应全面把握儿童心理发展的理论内容，有效应用于婴幼儿行为观察与分析的实践中。通过反复实践可以快速改善教育教学，提升教学质量与水平。儿童发展心理学也在不断发展中，各种研究报告正在验证、挑战、推翻、重塑心理学理论，但这些都不妨碍人们运用经典的心理学理论，在这些经典的心理学理论中汲取营养。

各个流派对于儿童行为和意识的认识存在差异，如有的理论强调儿童心理发展的阶段性，有的理论则强调发展的连续性。例如，皮亚杰的认知发展阶段论、弗洛伊德的性心理发展阶段、弗洛姆·埃里克森的人格发展阶段、马斯洛的需要层次理论，都属于阶段论；斯金纳的行为主义则属于渐变论。这些理论或者相互矛盾，或者相互补充，甚至可以相互启发。这种多元化的认识，正好提醒人们：面对儿童的复杂行为，认识和解释一定也是多元的。所以在观察过程中，运用理论能够解决过程中的一些问题，对于观察来说具有一定的价值与意义，比如：

1. 儿童发展理论为观察方案的设计提供了科学依据。在观察过程中，许多老师确定了自己的观察目的，但是却不知道如何设计自己的观察方案。比如，刚入职的教师想要了解班级中幼儿的语言表达能力，却不知道从何入手。我们就可以依据婴幼儿语言发展理论，对不同年龄阶段的婴幼儿语言发展特点做一个了解，并且依据理论中的发展特点，运用行为检核表法来设计一个语言行为表达检核表，对本班幼儿的语言表达进行检核，比如幼儿是否会主动与人打招呼、是否会简单地自我介绍等。这样就可以清楚地了解到班里婴幼儿的语言表达水平，并且以此来提出教育重点。

2. 儿童发展理论为观察结果提供了分析解释的依据。通过观察，我们能够捕捉婴幼儿的很多行为，每个行为都代表了一定的意义。而通过对理论的了解，我们更加能够认识到婴幼儿的行为背后代表的意义，比如：行为是否为常规行为？行为是否符合婴幼儿的年龄特征？行为的背后是否受到其他因素的影响？了解这些问题之后就可以对行为提出相应的指导策略。比如，观察者经过观察发现，婴幼儿观看带有暴力色彩的动画片后发生了更多的攻击行为，我们就可以利用班杜拉的观察学习理论来对此结果进行解释。并且，能够提出相应的指导策略，要求家长少为孩子播放此类动画片等。

二、理论介绍

近一百多年来，心理学和人类行为学等对人类从婴儿时期到老年时期的发展进行了很多的探究。

（一）心理分析理论

1. 弗洛伊德

心理分析理论是由精神科医师弗洛伊德在19世纪末提出，他将人格发展称为性心理发展。以下是弗洛伊德所主张的各发展阶段，以及未能顺利度过此阶段时可能产生的人格特征。

表4-11 弗洛伊德心理分析理论

年龄	阶段名称	发展阶段特征	未顺利度过的影响
0—1岁	口腔期	此时期的性感区为口腔，婴儿主要靠吸吮、吞咽等活动刺激得到本能性快感。	可能产生酗酒、嗜烟、咬指甲、暴饮暴食、喜好痛斥、讽刺、与人争辩等状况。
1—3岁	肛门期	性感区发展至大肠与肛门，幼儿通过大小便消除排泄时的紧张，以获得满足。父母对幼儿卫生习惯的训练是此时期的重要关键。	易造成吝啬、顽固等洁癖性格，情绪化、具攻击性等破坏性格。
3—6岁	性器期	幼儿靠触摸自己的性器官得到满足。由于此时期幼儿已能分辨男女性别，因此产生男女两种不同人格。	可能会导致过于自大、傲慢、自恋等特质。

2. 埃里克森

埃里克森的心理社会发展理论是依据一般心理健康的人格特征为理论基础，将人生全程视为连续不断的人格发展历程，以自我成长的内因作为人格发展的动力，共分为八大阶段，在此罗列前三个阶段的简单内容。

表4-12 埃里克森心理社会发展理论

发展阶段	年龄	发展任务/危机	发展顺利者的心理特征	发展障碍者的心理特征
婴儿期	0—1.5岁	信任/不信任	对人信任，有安全感。	面对新环境时会焦虑不安和无助。
儿童早期	1.5—3岁	独立自主/羞怯怀疑	能按照社会的要求，做出有意义的行为。	缺乏自信、处事畏首畏尾。
学前期	3—6岁	主动探索/内疚	主动好奇，行动有方向，开始有责任感。	畏惧退缩，缺乏自我价值。

（二）行为主义理论

1. 斯金纳

行为学派认为个体的学习是"刺激"与"反应"的过程，主要是探讨人、环境、刺激相互之间的关系以解释人的学习行为。美国学者斯金纳是其中重要的代表人物，斯金纳吸收巴甫洛夫的古典制约理论，自创了著名的操作行为理论。斯金纳操作性条件反射强调塑造、强化与消退、及时强化等原则。

强化作用是塑造行为的基础，利用强化技术，控制行为反应，能够塑造出一个所期望的儿童行为。而强化分为正强化和负强化，强化要运用强化物来进行行为的塑造。所以，强化物又分为正强化物以及负强化物。强化物就是那些能够提高特定反应的可能性，或使特定反应的概率增加的任何事物或事件。正强化物是指个体做出某种行为或反应，随后或同时得到某种奖励，从而使行为或反应强度、概率或速度增加的过程。这里的某种奖励就是正强化物，如：鼓励、食物等；相反，当有机体自发作出某种反应之后，随即排除或避免了某种讨厌刺激或不愉快情境，从而使此类反应在以后的类似情境中发生的概率增加，这种操作即为负强化。这里的某种刺激就是负强化物，如：挨骂、威胁等。

强化在行为发展过程中起着重要的作用，行为不强化就会消退，即得不到强化的行为是易于消退的。并且，在强化过程中一定要及时强化，教育者要及时强化希望在儿童身上看到的行为。

2. 班杜拉

在行为取向的理论中，另一位重要的学者是班杜拉。他认为人类行为的发生，是内在历程和外在情境复杂交互作用的结果，其理论特别强调个人认知对行为的重要影响。班杜拉的交互决定论中主张个人、行为、环境三者之间，任何两项都是有交互作用存在的。

（三）人本主义理论

人本主义心理学派认为，精神分析学派和行为主义学派把心理学建立在精神病患者的病态心理研究和对动物行为的研究上，忽略了人与动物的根本区别，贬低了人的意识和性格的价值。因此，人本主义取向心理学强调研究者应关心人的价值和尊严，探究健康的人格。

1. 马斯洛

马斯洛是美国人本主义学家，他所提出的需要层次理论，广泛地被运用于解释行为科学。需要层次理论认为人类的行为是被一系列可以带给生命意义和满足的内在需要所激发的，而且这些需要持续地将个人置于一种有所不足的缺乏状态。这些需求从低级需要到高级需要共有五种，前两项是基本需要，后三项为成长需要。

2. 罗杰斯

罗杰斯认为影响人格发展的重要因素有正向的关怀、条件式的评价过程等。罗杰斯认为人们都希望得到他人的爱、接纳、温暖、肯定和尊重，得到正向的他人关怀才能发展出正向的自我关怀。

（四）认知发展理论

认知心理学派在儿童认知发展领域中被广为学习与应用的是皮亚杰的认知发展论。皮亚杰根据他长期对于儿童的观察与研究，认为儿童的认知发展是依照感知运动期、前运算期、具体运算期和形式运算期四个时期循序发展而来的。任何人的成长都需要经历此四个时期，其成长的快慢可能因为个人或文化的背景不同而有差异，但四个时期的发展顺序是不会改变的。其中，皮亚杰提出两个重要概念：同化和顺应。同化是指个体将外界刺激纳入到已有的经验中，是个体获得新经验的过程。顺应是指个体不能利用原有经验接受和解释新的刺激情境时，个体就会对自身已有经验图式作出相应改变，以适应新的情境。

1. 感知运动期（0—2岁）：婴幼儿能够将自己和物体区分开来，知道自己是行动的发出者。皮亚杰根据不同特点将感知运动期细化为六个分阶段。

（1）第一阶段：反射练习期（0—1个月）

皮亚杰认为婴幼儿第一个月基本处于反射阶段，新生儿有练习和重复反射的行为。婴儿出生后以先天的无条件反射适应环境，这些无条件反射是遗传决定的，主要有吸吮反射、吞咽反射、握持反射、拥抱反射及哭叫、视听等动作。通过反复练习，这些先天的反射得到发展和协调，发展与协调意味着同化与顺应的作用。例如：皮亚杰通过仔细观察发现，母乳喂养的婴儿如果同时给予奶瓶喂养，会出现拒绝母乳喂养或吸母乳时较为烦躁的现象。这是因为吸吮橡皮奶头与吸吮母亲乳头的口腔运动是不同的，吸吮橡皮奶头较省力。从中可以看出婴儿在适应环境中的智力增长：想吸省力的奶瓶而不愿吸费力的母乳。

（2）第二阶段：初级循环反应（2—4个月）

此阶段感觉动作认知结构代替反射，婴儿开始能控制反应。循环反应是指动作（如伸舌头或吮吸拇指）持续重复好几次，这些反应的出现不需要外界物体作用；过了这个阶段后，这些初级循环反应在量上会有所增加，看起来更加容易，不再那么费劲。通过重复练习，婴儿会学会新技能。比如，某个婴儿很偶然地接触到了一个玩具，这个玩具出现音乐，他就可能继续做这个动作。经过重复地挥击动作，胳膊的活动变得更加准确，手眼协调能力也得到了提高。

这个阶段的婴儿很好奇。当别人模仿他们时，他们也开始模仿别人的行为和发音。例如，婴儿发出一种声音，然后成人模仿其发出的声音，那么这个婴儿就会重复发出这些声音。皮亚杰认为这是婴儿在同化行为模式，并开始形成动作的结构，反射运动在向智慧行动过渡，因为此时的婴儿模仿并不是真正的模仿，而是把这种动作当作一种学习的方法。

这一阶段的第三个典型特征是婴儿协调和整体收获，他们现在知道可以用不同的模式来探索事物。例如，婴儿会转过头去看那些发出有趣声音的物体；当听到母亲的声音时，也同样想去看；会去够取有趣的物体进行探索。虽然有的探索还仍然是用嘴进行的，但是婴儿在与环境的相互适应过程中，顺应作用已发生，动作表现不完全是简单的反射动作。

（3）第三阶段：次级循环反应（4—8个月）

在这个阶段，婴儿变得更加有目的性，他们一次又一次地重复做那些有趣的动作。为了探索物体，婴儿不再是为了动作行为本身，而是会观察将发生什么，次级循环反应开始了。婴儿摇拨浪鼓，鼓发出声音，他们就会重复摇鼓。如果给婴儿一个新玩具，这个婴儿会试验他所有可能的图式：吮吸、拍打、抓取、扔、摇等。如果他对这几个图式中的某个感兴趣，就会重复这个图式。

从4个月开始，婴儿在视觉与抓握动作之间形成了协调，以后儿童经常用手触摸、摆弄周围的物体。婴儿的活动开始涉及对物体的影响，物体受到影响后又反过来进一步引起婴儿对它的动作。这样，就通过动作与动作结果造成的影响使婴儿对客体发生了循环联系，最后便出现了为达到某一目的而产生相应的动作。例如：一个多彩的响铃，响铃摇动发出声响引起婴儿目光寻找或追踪。这样的活动重复数次后，婴儿就会主动用手去抓或是用脚去踢挂在摇篮上的响铃。显而易见，婴儿已从偶然地、无目地摇动玩具过渡到了有目的地反复摇动玩具，智慧动作开始萌芽，但这一阶段，目的与手段的分化尚不完全、不明确。

（4）第四阶段：二级图式的协调阶段（8—12个月）

这一阶段的婴儿表现出真正的"手段—目的"行为，明白了要想得到自己想要的东西应该怎么办，知道达到特殊目的的解决方法、程序等，如：婴幼儿会举起他的胳膊，表示想让成人抱抱他。在这个阶段后期，简单的单词会出现。

婴儿8个月左右时发生的转换的特征是从先前的偶然发现变为有目的的行为。这个阶段的婴儿还获得了"客体永久性"概念，即当物体从婴儿视野中消失时，他知道这并非客体不存在了，而是"藏"在某个地方。

这一时期婴儿动作目的与手段已经分化，智慧动作出现，如：拉成人的手、把手移向自己够不着的玩具方向、要成人揭开盖着玩具的布等。这表明婴儿在做出这些动作之前已有取得物体的意向。随着这类动作的增多，婴儿用抓、推、敲、打等多种动作来认识事物，表现出对新的环境的适应，婴儿的行动开始符合智慧活动的要求。不过这一阶段的婴儿只会运用同化格式中已有的动作格式，还不会创造或发现新的动作顺应世界。

（5）第五阶段：三级循环反应（12—18个月）

通过积极尝试，幼儿学习全新的做事方式，这是重复导致的变化，这是个奇妙的尝试阶段。幼儿利用探索材料来解决问题。在此三级循环反应阶段，幼儿重复动作，通过改变他们的行为，观察会发生什么事情。在这个阶段，幼儿建立全新的图式。走动的能力给他们提供了新的学习领域。随着记忆力的提高，幼儿能够通过看进行学习；随着语言的获得，他们开始问问题。婴儿第12个月时转换的标志是从只是有目的的行为发展到更有系统性的探索和对客体永久性更加成熟的理解，如盒子经常比新玩具更能吸引他们。

（6）第六阶段：思维的开始（18—24个月）

这是一个介于感觉运动阶段和运算阶段之间的过渡阶段，是符号表征阶段。现在，幼儿能够在他们的头脑中解决问题，而不用通过实际的外部问题解决，他们也会模仿一些自己看不见的姿势，如挤脸的面部表情，即使没有看见物体被藏起来的过程也会去寻找它。

从第18个月时不断发展的记忆技能允许幼儿回忆并利用过去的经历来解决现在的问题。

2. 前运期时期（2—7岁）：语言能力进步快速，能使用许多新字。此阶段的幼儿只能以自我为中心的观点看事物，认为别人的喜好、观点和自己的一样。

3. 具体运算期（7—12岁）：发展出角色扮演的能力，可以谅解他人不同的观点，能借具体事物进行抽象思考。

4. 形式运算期（12岁以上）：青少年能使用高度纯粹抽象的符号概念或假设词语来进行推理，如无限、正义等。

不同取向的理论提供了不同角度的系统性论点，观察者若能熟悉这些理论，就可以从更多的角度来解析婴幼儿行为的意义。

观察者通过观察，熟悉与掌握婴幼儿行为观察的方法和实施过程，借助理论多角度解析婴幼儿行为的意义，更透彻地了解婴幼儿的发展状况和各种需求，有效指导与提升日常的教育教学工作。

本 章 小 结

在这一章中，主要介绍了婴幼儿行为观察记录后的分析与解释，包括分析的定义、意义、方法、原则和过程及一些注意事项。

作为一名专业观察者，要了解婴幼儿行为背后的意义，需要对记录内容进行深入分析，分析解释时要依据客观事实，保持客观性。同时，也要熟练掌握与运用婴幼儿行为发展特征及婴幼儿心理发展理论，为分析与评价提供理论支撑。

本章通过讨论分析观察记录的原始资料，了解观察分析的过程、手段和方法。观察记录的方法可以分为两大类，即质的观察法和量的观察法，与此相对应的分析资料的方法也可分为两类，即质的分析方法和量的分析方法。这两种分析方法在具体操作上是不同的，相比之下，质的分析方法更为复杂。质的分析工作是在复杂的行为中找出与主题有关系的重点行为，并且用简明的语句摘要和登录出来，然后，才可以对行为进行解释。而量的分析方式，因为在设计记录表格的时候已经对观察的脉络进行了分析，所以对记录资料的分析也就有所不同，只需要对记录资料进行量化及统计，就能得出相应的结论，但无论是质的方法还是量的方法，在分析过程中，都有一些共同的步骤。另外，资料的分析并没有一套完全固定的、适用于所有情境的规则和程序，意义的阐释既是一门科学，也是一门艺术，不可机械地、按照固定的一套程序来进行。

延 伸 学 习

 拓展阅读

解　读

在对儿童进行充分观察后，教师接下来通常会问：为什么儿童去做那些事？是因为这个孩子"被宠坏了"吗？是因为他有一个对他疼爱有加的或者爱搭不理的母亲、祖母、哥哥或姐姐吗？是因为他感觉自己能力不足或是过分自信吗……同儿童朝夕相处，为他们做了很多事情，同他们一起经历了很多，教师自然想设想一下他们行为背后的原因。

正确解读孩子的行为对一个孩子的成长和幸福关系重大。任何的解读都不能仅仅是试

探性的，不能一出现新的情况就随时变更，而是必须同背景信息有着确定性的联系。

行为背后的原因纷繁复杂，所以教师需要了解儿童的身体状况，需要理解身体、情感与智能状态之间的关联；需要评估对于特定年龄的儿童来说，其行为的期待受哪些因素的影响；需要了解在主流文化和许多非主流文化中，儿童是如何成长和学习的；需要了解是否每个社区都推崇同样类型的行为，是否每个家庭的期待都与社区的期望一致，社区的标准和价值观念在家长与儿童的行为中发挥怎样的作用，以及有什么样的社会观点传递到了儿童身上。教师还必须能够识别哪些具体的事件和压力对儿童造成了影响。

解读时还涉及情感，即教师自身的情感。进行解读时，能够将自己放在儿童的位置上吗？能够摆脱成年人的思维定势吗？是否应该对喜欢和不喜欢、同意和不同意的事物作出回应？在寻找儿童的缺点的时候，是否在同家长一争高下？当说到儿童在学校中取得了出色的进步时，是否只是给自己加油打气？

除非谨慎从事，否则在解读行为的原因时很容易误入歧途。是否能验证所做出的每一项陈述？预言和猜测是否言之有据？儿童发展的重要性是否超过正确性本身？

下面是一位教师对观察和记录的过程所做的评论：

做一名观察者并不容易。在做记录的同时，你也在直接或间接地对你的所见所闻做出回应。我们无法摆脱人之常情。这就是为什么你与所观察的儿童开始变得亲密起来。他们能感受到你对他们做出的回应，并反过来做出相应的回应。

同一种行为发生在不同的儿童身上时可能具有不同的意义。出于愤怒、恐惧、厌恶、嫉妒、恐慌或反抗心理，儿童可能会摔摔打打，也可能会缄口不言。我们必须学会研究儿童的一般情况，以便能够回答关于我们所关注的个别儿童的问题。同时我们也必须研究个别儿童的具体情况，以便拓展对一般情况的理解。每个个体都是独特的，每个个体都希望其独特的自我得到他人的理解，这一点也如我们本人一样。让我们公正地对待所教的儿童，尊重他们独特的个性和他们所继承的文化特色。如果想要理解他们，我们就要学会准确地收集证据，从中寻找我们所需的线索。要认识这些线索，我们必须借助关于行为的知识和对于儿童在社会中的角色的了解。

学习活动

如果可能的话，对一名婴儿或者幼儿进行一个上午或者下午的观察。
1. 观察他们如何让成人知道他们的需要，如寻求帮助、共同合作等。
2. 若用事件取样法记录，应如何进行分析？
3. 如何应用量化的方法去记录分析？

复习与思考

1. 常见的观察资料有哪几种呈现方式？如何进行资料管理？可以运用哪些小技巧？

2. 请说出观察记录解释的意义。

3. 请说出一位观察者在解释观察结果时，应如何避免主观性的谬误。

4. 找到一位可以观察的婴幼儿及情境，进行观察记录的练习：

（1）运用质性的观察记录法记录婴幼儿的行为，并练习将观察资料进行整理。

（2）运用量化的观察记录法记录婴幼儿的行为，并练习将观察资料进行整理。

（3）对观察记录的结果进行解释和分析。

5. 婴幼儿行为的观察记录对教师来说有哪些价值？对家长来说有哪些价值？对婴幼儿来说又有哪些价值？

6. 婴幼儿行为观察记录可以应用在哪些地方？

第五章 婴幼儿能力发展观察案例

学习目标

本章主要呈现婴幼儿能力发展的相关案例，比如婴幼儿认知发展、婴幼儿语言发展、婴幼儿动作发展、婴幼儿情绪发展，目的是让教师进一步了解婴幼儿能力发展的观察记录方法。在此基础上，熟悉不同记录方法在婴幼儿各方面能力发展中的使用，针对不同的能力发展选择恰当的记录方法。在这过程中，以案例分析的形式展现了记录婴幼儿能力发展的过程，教师可以学习通过理论来解释分析婴幼儿相关能力的发展趋势及特点，为婴幼儿教育指导提供策略，为观察记录婴幼儿能力发展实践打下基础。通过本章节的学习，你将：

1. 掌握婴幼儿认知发展观察案例的记录方法。
2. 掌握婴幼儿语言发展观察案例的记录方法。
3. 掌握婴幼儿动作发展观察案例的记录方法。
4. 掌握婴幼儿情绪发展观察案例的记录方法。

第一节 婴幼儿认知发展观察案例

婴幼儿的认知是一个复杂的心理活动或者心理过程，它包括感知觉、注意力、记忆力和思维能力等心理因素，是人对客观世界的认识活动。通过对婴幼儿认知发展各个心理因素进行观察与记录，可以清晰地了解婴幼儿认知发展水平，以采取适宜措施与策略，促进婴幼儿认知能力的发展。

一、婴幼儿感知觉观察

婴幼儿感知觉的发展经历了由己及彼、由表及里、由偏到全和由浅入深的过程。

由己到彼：在早期，婴幼儿处于自我中心阶段，随着生活经验的积累，逐渐认识到客体和自己，但是思维上仍然是以自我为中心。到了学前后期，才会慢慢去自我中心化，知道自己和他人的不同。

由表及里：婴幼儿对事物的认知最初只限于表面现象，也就是首先认识外部形状、颜色、材质等特征，随着年龄的增长，才会逐渐认识到其内在的本质属性。

由偏到全：婴幼儿对事物的认知往往只限于某个方面，而忽略其他方面，造成对事物以偏概全的现象。随着年龄的增长，婴幼儿才会逐渐形成整体的认知。

由浅入深：对分类概念的习得也是由简单到全面的认识，慢慢地由浅入深，逐步形成类属的概念。

观察案例一

观察目的：了解婴儿感知觉的发展情况

观察对象：洋洋（28天）

观察时间：2016年7月10日上午9:00—9:30

观察地点：家中卧室

观察方法：轶事记录法

观察内容：

洋洋28天的时候，正躺在自己的小床上，眼睛一眨不眨地盯着面前转动的彩色床铃看。这时，隔壁的王奶奶过来玩，不停地夸洋洋长得又帅又可爱。这时候，洋洋开始转头盯着王奶奶看，洋洋奶奶说："你看,他在听你说话呢。"王奶奶说："他现在还看不到东西呢。"奶奶回答说："怎么会看不到东西呢？要不怎么会一直盯着你？"一会儿，洋洋突然哭起来。妈妈急忙走过来，看了一下洋洋的小屁股，原来是尿布湿了，赶紧拿来干尿布给洋洋换上。

分析与解释：

1. 0—3个月的婴儿视觉发展水平比较低，但对颜色比较鲜亮的物体有偏好。洋洋快满月了，视觉已经慢慢发展起来，虽然还看不清事物的具体细节，但是已经可以看到物体的大体轮廓，并能将视线准确地集中在一个事物上，而且表现出对色彩的关注，彩色的床铃最为鲜艳，因此比较能够吸引洋洋的注意力。

佐证记录：眼睛一眨不眨地盯着面前转动的彩色床铃看。

2. 婴儿出生就有听觉，具备听觉定位能力，能够判断声音发生的方向和位置。洋洋表现出对成人谈话声音的敏锐性，并可以精确定位听到的声音，所以当王奶奶说话的时候，洋洋就转头朝向王奶奶的方向看，已经可以初步判断声源。

佐证记录：王奶奶夸洋洋长得又帅又可爱，这时候的洋洋开始转头盯着王奶奶看。

3. 婴儿出生后一般会对温度、湿度和疼痛等刺激很敏感。案例中当尿布潮湿时，洋洋就表现出不舒服的感觉，并用哭声表达出来，正是对湿度刺激的表现。

佐证记录：洋洋突然哭喊起来，原来是尿布湿了。

指导与对策：

1. 多提供视觉的刺激，促进婴儿视觉的发展。0—3个月的婴儿，开始对黑白颜色感兴趣，可以先给他看黑白颜色的色卡，之后慢慢过渡到彩色色卡，每天给婴儿不同距离地看几分钟，以促进视觉发展。还可以在婴儿周围悬挂色彩鲜艳的玩具，如气球、床铃、摇铃等，刺激婴儿关注，从而促进视觉发展。

2. 和婴儿玩亲子游戏，促进感知觉发展。平时可以多和婴儿玩感知觉的亲子游戏，比如：拿着摇铃在婴儿耳边发出声音，刺激婴儿随着声音转头，寻找声源。还可以拿着小球在婴儿身体上或面部滚动，促进触觉的发展。

3. 多和婴儿沟通交流。婴儿最初对人的面部很感兴趣，多凑近婴儿和他说话或唱歌，吸引他的注意力，以便他能够专注聆听父母的声音，观察父母的表情，增进亲子感情，同时促进婴儿听觉和视觉的发展。

4. 给婴儿做抚触，促进触觉发育。每天选择适宜的时间给婴儿做抚触，可以促进他身体触觉的发展。宝宝在感受抚触的愉悦时，还可以提高婴儿免疫力，刺激神经系统的发育。

观察案例二

观察目的：了解婴儿感知觉的发展情况

观察对象：兜兜（5个月）

观察时间：2016年9月17日上午9:00—9:30

观察地点：公园

观察方法：轶事记录法

观察内容：

秋高气爽，爸爸妈妈带着兜兜去逛公园。公园里有好多小朋友在放风筝、骑小车、滑滑梯、玩沙子……兜兜坐在小推车里，睁大眼睛，一会儿转头看看这边，一会儿转头看看那边。妈妈把兜兜从小推车里抱出来，坐在长椅上。这时，一位阿姨牵着一个三四岁的小姑娘路过，小姑娘看到兜兜，停下了脚步，走到了兜兜面前，用小手指碰了碰兜兜的小手，回头对妈妈说："小弟弟好可爱啊！"兜兜妈妈举起兜兜的小手向小姑娘摆了摆手，说："小姐姐好，我叫兜兜，谢谢夸奖，你也好漂亮。"兜兜回头看了看妈妈，又看了看小姐姐，小手小脚挥舞着，笑得很开心。

分析与解释：

1. 5个月的婴儿视觉有了进一步发展。兜兜已经5个月了，他的视觉已经发展得很好了，可以看到很远的地方，也可以灵活地通过转身、转头等动作来观察周围的新鲜事物。

佐证记录：兜兜坐在小推车里，睁大眼睛，一会儿转头看看这边，一会儿转头看看那边。

2. 婴儿能够将语言与事物建立一些简单的联系。兜兜听力进一步发展，已经能够将语言与事物建立一些简单的联系，比如：知道自己就是兜兜；妈妈喊兜兜时，兜兜就会看妈妈。

佐证记录：兜兜妈妈举起兜兜的小手说："小姐姐好，我叫兜兜。"兜兜回头看了看妈妈。

指导与对策：

1. 提供适宜的玩具，促进感知觉的发展。发展视觉的玩具，如色彩鲜艳的脸谱、图片、小动物、动物造型之类的玩具；发展听力的玩具，如小摇铃、拨浪鼓、八音盒、风铃等能发出悦耳动听的声音的玩具；发展触觉能力的玩具，可提供不同质地的玩具，如绒毛娃娃、丝织品做的小玩具、床头玩具、积木、海滩玩的球等。

2. 加强亲子互动，提升自我意识。6个月以前的婴儿，视线会随着镜子的移动而移动，当他看到镜子中的自己时，会认为是个"小伙伴"，从而对这个小伙伴产生亲昵友爱的反应，这是对他人、对周围环境的产生信任感和安全感的体现。父母经常和婴儿互动，叫他的名字，五六个月大的婴儿可以慢慢知道一些名字所代表的物体，这个时期可以经常和婴儿聊天，告诉他一些物体的名字、颜色、形状等，还可以经常叫喊他的名字，让他慢慢认识自己。

3. 多带婴儿出去接触大自然的事物。经常带婴儿出去看看大自然，接触新鲜的事物，给婴儿更多感知觉的刺激，有助于促进其感知觉的发展。

观察案例三

观察目的：了解婴儿感知觉的发展情况

观察对象：小艾（8个半月）

观察时间：2017年1月23日上午10:00—10:30

观察地点：家中客厅

观察方法：轶事记录法

观察内容：

中午，妈妈把小艾放到爬行垫上，让她自己玩，然后去厨房准备午饭。小艾的爬行垫上放了很多玩具，各种颜色、形状、材料的都有。小艾很喜欢玩自己的玩具，一会儿拿起拨浪鼓摇两下，一会儿来回推着小汽车在地上跑，一会儿又捏一捏小球，听到小球的响声就来回转着看，然后放到嘴里转着咬。妈妈不时地探头看看小艾，看到小艾玩得很开心，便放心地继续做饭。这时候，妈妈往垃圾桶里扔了些菜叶，发出了响声，小艾便快速地转身朝垃圾桶爬去。当她马上要摸到垃圾桶时，妈妈大声叫起来："小艾，不要碰，那是垃圾桶。脏！"听到妈妈的叫声，小艾停下来，看了看妈妈，在原地不动，等了几秒钟，又开始向垃圾桶爬，妈妈再次喊："小艾，不是告诉你了嘛，那是垃圾桶，不要碰！"这时候的小艾听到了妈妈的批评，一下子哭了起来，趴在那里不敢再动。

分析与解释：

1. 8个月的婴儿感知觉发展更加成熟。随着月龄的增长，小艾的各种能力都得到了很大的提高，尤其是感知觉更加成熟，喜欢研究不同质地和功能的玩具。如：发现摇动拨浪鼓会发出声音，就会不停地摇；发现小车一推就走，就会来回推；发现小球一捏就响，就会观察为什么会响。

佐证记录：小艾一会儿拿起拨浪鼓摇两下，一会儿来回推着小汽车在地上跑，一会儿又捏一捏小球，听到小球的响声就来回转着看。

2. 0—1岁的婴幼儿处于口腔期，用嘴巴探索物体性质。0—1岁的婴幼儿最先是用嘴巴来探索世界的，拿到什么东西都要先用嘴巴进行认知。

佐证记录：小艾一会儿拿起拨浪鼓摇两下，一会儿来回推着小汽车在地上跑，一会儿又捏一捏小球，听到小球的响声就来回转着看，然后放到嘴里咬。

3. 8个月的婴儿听觉能力也更加灵敏。小艾逐渐对周围环境开始感兴趣，喜欢探索新鲜事物，听觉能力也更加灵敏，可以听到声音并迅速进行声源定位，然后寻找声源。例如，听到妈妈扔垃圾的声音，便要爬去一看究竟。

佐证记录：妈妈往垃圾桶里扔了些菜叶，发出了声音，小艾便快速地转身朝垃圾桶爬去。

4. 能辨别他人说话的语气。小艾听到了妈妈的喊叫声，便停止了爬行。其实，此时的小艾还不能够理解具体语言代表的意义，但是她可以理解妈妈说话的语气——是批评而不是表扬。所以，当她再次听到妈妈的喊叫声之后，便哭了。

佐证记录：小艾听到了妈妈的批评，一下子哭了起来，趴在那里不敢再动。

指导与对策：

1. 提供机会帮助婴儿探索因果关系。6个月之后的婴儿，喜欢探索事物的因果关系，因此家长可以为婴儿提供各种各样不同材质、形状、颜色的玩具，以满足婴儿的探索欲望，帮助其探索因果关系。

2. 注意玩具物体等的卫生，时常进行消毒清洁。0—1岁的婴儿最先是用嘴巴来探索世界的，拿到什么东西都要先用嘴巴尝一尝。对于这种行为，家长不需要过多阻止，要满足婴儿的探索欲望，但是要注意为婴儿经常接触到的玩具物体消毒清洁。

3. 在表述制止行为时，家长语气需坚定。8个月之后的婴儿可以分辨成人的语气，如果婴儿出现一些需要被制止的行为时，家长要用坚定的语气告诉婴儿"不可以"，让他理解什么事情可以做、什么事情不可以做。

二、婴幼儿注意力观察

0—3个月的婴儿只有无意注意，听觉注意强于视觉注意，注意时间为几秒钟；4—6个月时注意范围有所扩大，偏爱复杂的视觉对象，出现对刺激的习惯化；7—9个月时注意对象扩展，自身经验在注意中起到一定作用；10—12个月时注意时间开始变长，可以一直注视某一样物品超过10秒钟。12个月后婴幼儿注意方面表现为对事物表象的认知，当看到与表象有巨大差异的事物时，会产生关注。如：玩具人脸上嘴和鼻子对调等。19—30个月时有意注意逐渐成为主导，集中注意时间达到8—12分钟。31—36个月时有意注意进一步发展，注意时间延长至20—30分钟，注意转移和分配能力提高。

观察案例一

观察目的：了解5个月婴儿的视觉注意偏好

观察对象：乐乐（5个月11天，男）

观察时间：2017年1月23日

观察地点：家中

观察方法：事件取样法（提前准备观察表中的材料）

观察内容：

表5-1　4—6个月婴儿视觉注意偏好观察表

类别	婴儿注意时间		
脸的图片	母亲的脸（21秒）	动物的脸（10秒）	娃娃的脸（19秒）
与儿童需要相关或无关的物品	奶瓶（10秒）	玩具（14秒）	大人的杯子（8秒）
抽象与具体	抽象线条图片（3秒）	小狗图片（6秒）	小狗毛绒玩具（11秒）
运动与否	直线运动的球（10秒）	跳动的球（15秒）	静止的球（5秒）

注：括号内填写注视时间，如15秒。

分析与解释：

1. 婴儿对人脸更感兴趣，其中对母亲的脸最感兴趣。同时婴儿对自己熟悉和相关的物品也很感兴趣。

佐证记录：看母亲的脸的时间最长，其次是娃娃的脸，最后是动物的脸。自己喜欢或常用的物品注意时间更长。

2. 婴儿 5 个月时更偏好具体物品，眼睛会跟随运动的物品移动，更偏好运动的事物。

佐证记录：看玩具的时间最长，其次是玩具图片，最后是抽象线条。对运动事物注意时间更长。

指导与对策：

婴儿的视觉注意较上一个月龄段已经有了发展，相对于以前，他们更加喜欢有意义的物体形象，如：喜欢具象的物品多过于抽象的线条，人的脸尤其能引起他们的注意。这个月龄段注意保持的时间也变长了，所以能"端详"一会儿了。

观察案例二

观察目的：了解 14 个月幼儿的注意力发展情况

观察对象：昊昊（14 个月 20 天，男）

观察时间：2016 年 12 月 23 日

观察地点：家中

观察方法：轶事记录法

观察内容：

昊昊将蜡笔盒中 7 种颜色的笔倒出来，并放在自己的绘画本上。他右手先拿起绿色的蜡笔，用拇指、食指和中指握住后，开始画圈，线条相重合的较多，约 4 圈。他看了一会儿自己的作品，放下绿色笔拿起橙色笔在空白处画圈，比刚才的圈多画 2 圈。妈妈说："宝宝画的什么呀？"昊昊说："熊大。"妈妈说："噢，真有趣，你给妈妈说说哪里是熊大的眼睛呀？"昊昊很正式地指着一个圈说："这个。"整个过程约进行了 5 分钟。

分析与解释：

1. **注意力发展**：13—18 个月的幼儿的注意力更持久，注视时间可超过 15 秒。语言发展制约注意的发展，而且会影响注意的内容和引起注意的方式。对语词的注意使幼儿去注意相应的物品，可以将注意力集中到成人用词表达的对象上。

佐证记录：妈妈说："噢，真有趣，你给妈妈说说哪里是熊大的眼睛呀？"昊昊很正式地指着一个圈说："这个。"

2. **动作及注意偏好**：14 个月的幼儿能握住彩笔开始画出线条和圆圈，且对自己偏好的颜色注意力更集中。

佐证记录：用拇指、食指和中指握住蜡笔画圈，昊昊更喜欢绿色和橙色的蜡笔。

3. 对于有兴趣的事物，1 岁半的幼儿能集中注意 5—8 分钟。

佐证记录：坚持画了约 5 分钟。

指导与对策：

1. 婴幼儿的注意力受语言发展的影响，幼儿 1 岁以后能说出单音重叠词，对成人的言语指令出现相应的反应，因此家长应与幼儿多进行交流以及适当的提问，以增加语言刺激。

2. 婴幼儿 1 岁左右开始对图书、故事、电视等感兴趣，家长在幼儿专注于一件事的时候要有耐心地陪伴，避免打断幼儿。

3. 家长可以告诉幼儿某个物品的名称，让他去注意这个物品，练习听觉注意与视觉注意的结合。

三、婴幼儿记忆力观察

儿童最早的记忆是运动记忆，在出生后 2 周左右出现。学前儿童身体动作的发展和运动记忆密切相关。在出生后 6 个月左右，情绪记忆出现。年幼的儿童很容易记住那些富有情绪色彩（愉快或不愉快）的事情，如听儿歌或童话故事时往往容易记住最有感情的那些句子，而且保持得特别长久。形象记忆出现在 6—12 个月，如婴儿能分辨出母亲和其他人、认识熟悉的玩具等，都是形象记忆的表现。最晚的是逻辑记忆，在 1 岁左右出现，与学前儿童语言中枢的发展密切相连。

胎儿及新生儿的记忆，从其再现形式看都属于再认。婴儿期的记忆仍主要是再认形式，明显的再认出现在 6 个月左右。这时，婴儿开始"认生"，只愿意亲近妈妈及经常接触的人，当陌生人走近时反而会感到不安。

1—2 岁时逐渐出现再认，再认先于回忆发生，是因为两者的活动机制不同。再认依靠的是感知，回忆依靠的是表象。感知是婴幼儿出生后就已经具有或开始发展的，感知刺激可以立即引起记忆痕迹的恢复；而表象则在 1.5—2 岁时才开始形成，并且需要幼儿在头脑中进行搜索。随着语言能力的发展与表象的形成，1—2 岁幼儿记忆的发展主要表现为回忆的发展，即具备了有意识地回忆以往事件的能力。

观察案例一

观察目的：了解9个月婴儿的记忆力发展情况

观察对象：茜茜（9个月）

观察时间：2017年2月3日晚

观察地点：家中

观察方法：轶事记录法

观察内容：

妈妈与茜茜面对面坐在垫子上。茜茜正在摆弄积木，妈妈说："茜茜，巧虎在哪里？"茜茜立刻将头转向巧虎玩具，并用右手食指指了指巧虎。妈妈说："茜茜记得好清楚哦，帮妈妈把紫色球球拿过来好吗？"茜茜四处望了望，发现了左侧有紫色球球，于是爬过去，用左手去够，拿在手里约3秒钟，球掉了下来，茜茜看着球滚远，爬过去追球，再拿起来用两只手捏了捏，然后故意将球丢到了地上。

图 5-1 自主游戏中小肌肉的发展

分析与解释：

1. 9个月的婴儿能记住之前玩过的玩具。茜茜9个月已经可以记住事物的颜色，对经常玩的玩具的位置记得较清楚，能按成人的引导准确指认或拿到玩具。

佐证记录：立刻将头转向巧虎玩具，并用右手食指指了指……爬过去，左手去够。

2. 婴儿可用手不断抓握与放开、用目光追随运动的物体或人。

佐证记录：看着球滚远……再拿起来用两只手捏了捏，然后故意将球丢到了地上。

指导与对策：

婴幼儿8个月后有一定的记忆能力，而且能听懂成人的指令，家长可以通过家中的玩具与他们进行记忆小游戏，询问他们喜欢的玩具在哪里，让他们去回忆。

观察案例二

观察目的：了解 9 个月婴儿记忆力发展情况

观察对象：茜茜（9 个月，女）

观察时间：2017 年 1 月 23 日

观察地点：家中

观察方法：轶事记录法

观察内容：

茜茜从 8 个月开始可以用右手去够读过的绘本，9 个月开始能从书架上取下比较感兴趣的绘本，并能指认出她和妈妈经常一起读的绘本中的图画，如：会自己用左手食指指图画中的小狐狸。这时的茜茜对洞洞书和立体书最感兴趣，她可以两手配合着一页一页地翻书，有时会回看是否翻多了页；看洞洞书时会用左手食指抠洞洞，而且乐此不疲。

图 5-2 自主阅读，自主探索

分析与解释：

1. 9个月的婴儿能记住之前读过的书。茜茜9个月已经可以记住曾经看过的书，对经常看到或自己感兴趣的图画能指认出来。此时的婴儿长时记忆保持时间延长，搜寻物体的能力增强，而且出现大量模仿动作。

佐证记录：用右手去够读过的绘本，用左手食指指图画中的小狐狸。

2. 9个月的婴儿能自主探索绘本，如洞洞书、立体书等。茜茜9个月已经可以记住事物的颜色，对经常玩的玩具的位置记得较清楚，能按成人的引导准确指认或拿到玩具。

佐证记录：可以两手配合着一页一页地翻书，有时会回看是否翻多了页……会用左手食指抠洞洞。

指导与对策：

1. 家长可有意识地教婴儿一些知识和动作，如：操作玩具、认识周围的物体和人物、学唱歌、认字、跳舞及一些基本的生活常识等，增强他的记忆能力。需要注意的是，不管教什么东西，都必须在婴儿情绪饱满的时候，要重视"寓教于乐"，把学习当成一种游戏，激发兴趣，使婴儿在玩的过程中潜移默化进行学习。

2. 9个月后的婴儿能模仿成人声音了，家长可以面对他们清楚地表达一些词语，因为此时婴儿的形象记忆已出现，可以记住更直观的表情和发音口型。

四、婴幼儿思维能力观察

思维是人类认识事物进而发现其本质规律的基础，思维的过程包括分析、综合、比较、分类、抽象、概括等。婴幼儿在4—6个月时已经有了一定的分类能力，但是这种分类并不是意义性分类，而是基于知觉水平上根据事物表面信息对事物加以区分。虽然这种分类水平与真正的分类有差距，但却是延续一生的分类方式，因为成人在对自己不熟悉的领域进行分类时也会用到此种分类方式。对事物的概括化认知是思维发展的标志，所以前分类的发展也表明了前思维的发展。

儿童学习数数是从口头数数开始的，计数能力发展的顺序是：先口头数数，然后按物点数，再到说出总数。30个月前的婴幼儿只是处在口头数数水平上，即按自然数的顺序，像背儿歌一样背出，实际上并不能正确地用以表示物体的数量。

观察目的：了解婴幼儿的数学概念掌握和分类能力发展情况
观察对象：小晴（2岁11个月，女）
观察时间：2016年4月23日
观察地点：早教机构
观察方法：轶事记录法
观察内容：

妈妈和晴晴坐在桌子前,妈妈拿出两个积木,问道:"晴晴,你看这两个积木哪个大,哪个小?"晴晴用右手把两个积木平行放在一起,然后说:"这个大。"妈妈说:"真棒。"然后把篮子里的积木全放到桌子上,妈妈说:"像妈妈这样把红色的积木放在一起。"晴晴看了看妈妈手里的积木,然后点着头,将红色的积木挑出来放在了一起,她看着妈妈笑了一下,然后继续将蓝色与黄色的积木也摆到了一起。

分析与解释:
1. 3岁左右可以对形状、颜色进行分类。
佐证记录:将红色的积木挑出来放在了一起,她看着妈妈笑了一下,然后继续将蓝色与黄色的积木也摆到了一起。
2. 3岁可以比较同类东西的轻重,长短,大小,高低,有量的大、小和长、短的概念。
佐证记录:用右手把两个积木平行放在一起,然后说:"这个大。"妈妈说:"真棒。"

指导与对策:
1. 学习数数,培养宝宝对数的感受能力。

这一阶段的数数指导,家长的任务是像唱儿歌一样,教宝宝唱数,可以充分利用宝宝活动的机会,如捡玩具、走楼梯、拍手等,有意识地让宝宝跟着你一起唱数。在这个基础上,一般在31—36个月,家长可以慢慢教会宝宝口数1—10,即按顺序口头说出自然数,宝宝只能像说顺口溜一样有序口数1—10就可以了。在数数的基础上,家长可以尝试把3以内的实物数量与数字相对应让宝宝知道数字代表一定的数量,在感知游戏或日常生活中向宝宝描述熟悉的事物时使用数量、方位等词汇,数数时语言应有节律。

2. 家长可以和孩子玩锻炼思维能力的亲子游戏如形状、颜色的认识和分类等。

认知形状的例子如方方和圆圆,来感知"方"与"圆"的特征,萌发分类意识。如家长可以分别给宝宝出示方形和圆形实物或图卡,和宝宝一起指认哪些东西是方方的,哪些东西是圆圆的;引导宝宝学说"方方的"或"圆圆的";和宝宝一起玩"找方方和圆圆"的游戏。家长带着宝宝在家里寻找方方的物品和圆圆的物品,每找到一件物品,都让宝宝说"方方的"或"圆圆的";把方形和圆形的大纸铺在地上,和宝宝一起把方形物品(或实物图卡)放在方形纸上,把圆形物品(或实物图卡)放在圆形纸上,指导语:"我们把方形物品放在方形纸上,你来试试,好吗?"

第二节 婴幼儿语言发展观察案例

0—3岁是婴幼儿语言发展的关键期,对其今后的言语发展有着里程碑式的意义。随着婴幼儿生理发育的逐渐成熟,通过不断与周围环境的互动交往而习得语言。婴儿在出生那一刻起发出的啼哭声就是他们最初的语言,在周围语言环境的影响下,慢慢学会倾听他人所说的语言,并对所听到内容作出相应的反应,学会发出断断续续的音节,用声音和成人进行语言互动,直到学会语音、词语、简单的句子。在婴幼儿语言萌发的关键期中,婴幼儿语言的发展情况会受到生理器官的成熟及周围环境的多重影响,因此不同阶段和环境下的婴幼儿发展情况也存在着明显的个体差异。

将婴幼儿从牙牙学语到能说出完整句子的过程记录下来是一件非常有趣并且有意义的事。通过观察和记录,可以逐渐了解到婴幼儿语言学习的整个过程。

一、婴幼儿言语知觉的观察

观察案例一

观察目的:了解婴幼儿言语知觉的发展情况
观察对象:龙龙(2个月)
观察时间:2016年10月
观察地点:月子中心
观察方法:轶事记录法
观察内容:

龙龙躺在月子中心提供的为婴幼儿专设的小床中,爸爸、妈妈和哥哥一起站在床边看着他。当哥哥逗他玩的时候,他会看着哥哥咧开嘴笑;哥哥做出难过的表情,龙龙也会立刻收回笑脸,仔细地盯着哥哥的脸看。爸爸讲话的时候,龙龙会转过头看爸爸,当妈妈在床的另一侧和龙龙说话时,他又将头转向妈妈那一边。可是每当哥哥混在爸爸妈妈中间和龙龙说话时,龙龙不会把头转向哥哥。

分析与解释:

1. 言语知觉。这个年龄段的婴儿正处于言语知觉发育的初期,听觉最先发展。此时,婴儿往往已经可以分辨人声和其他声音,甚至可以分辨男声和女声,也能判断声音传来的方向,因此龙龙可以区分爸爸妈妈的声音,并在他们讲话的过程中找到他们的声音来源,将头转向他们。

佐证记录:爸爸讲话的时候,龙龙会转过头看爸爸,当妈妈在床的另一侧和龙龙说话时,他则又将头转向妈妈那一边。

2. 对不同话语声的感知能力不同。2个月大的龙龙显然更熟悉爸爸和妈妈的声音。在龙龙的日常生活中,爸爸妈妈经常会跑到床边和他讲话,而4岁的哥哥由于每天要去幼儿园,只有周末才会到月子中心来看弟弟。因此,对于龙龙来说,爸爸、妈妈的声音更容易辨识,而哥哥的声音由于较少接触，所以对哥哥声音的感知能力比较弱。

佐证记录：可是每当哥哥混在爸爸妈妈中间和龙龙说话时，龙龙不会把头转向哥哥。

3. 婴儿的交际倾向。前语言交际能力是每个婴儿在出生不久就具备的能力。新生儿在一周以后往往就能学会用不同的哭声来表达自己的需求。到两三个月时，婴儿会对成人的逗弄和语言刺激以微笑作为回应，有时也会以肢体上的动作和反应来作为回应，向周围的成人表达交流的渴望，积极地和成人进行互动。

佐证记录：当哥哥逗他玩的时候，他会看着哥哥咧开嘴笑；哥哥做出难过的表情，龙龙也会立刻收回笑脸，仔细地盯着哥哥的脸看。

指导与对策：

1. 听觉游戏。可经常和婴儿玩锻炼听觉的游戏。例如：可以多使用会发出声音的玩具和婴幼儿进行互动，尝试在各个方位用不同能发出声响的东西发出声音，看看婴儿会不会追踪音源，识别声音发出的方向。也可以利用家里的录音机，把家庭成员的声音录下来，让婴儿熟悉每一位家庭成员的声音。

2. 亲子对话。这个阶段的婴儿处于前语言交际阶段，家长和婴幼儿之间的交流沟通对于这个阶段的婴儿来说格外重要，所以建议家长多和婴儿说说话，并在婴儿发出声音时及时予以回应。

观察案例二

观察目的：了解婴幼儿言语知觉的发展情况

观察对象：小光（3个月）

观察时间：2017年1月5日

观察地点：家中

观察方法：轶事记录法

观察内容：

今天，小光5岁的表哥来家里做客。哥哥模仿蜘蛛侠伸手弹射蜘蛛网的动作，并在小光面前发出"biu-biu"的声音，小光的注意力完完全全被表哥吸引了，目不转睛地盯着看，然后学着哥哥的样子，连续地发出"bo-bu"的声音，表情也显得非常的兴奋。在表哥离开以后，小光还是会时不时地发出这种声音。

分析与解释：

1. 前语言交际。婴幼儿前语言交际现象从出生后不久就已经开始了，对周围成人的逗弄和刺激会做出简单的回应，如微笑、注视、发出简单的音节等，而且可以对不同的刺激做出不同的反应。

佐证记录：小光的注意力完完全全被表哥吸引了，目不转睛地盯着看。

2. 通过主动模仿来学习语言。婴幼儿在语言发展的敏感期对周围的环境非常敏感，在强烈学话动机的驱使下，他人的语言成为婴幼儿学习语言的对象。婴幼儿往往会根据自己的能力和兴趣去选择模仿的对象和内容，大多数情况下，他们会选择身边接触较多的成人和同伴的语言进行模仿。

佐证记录：表哥模仿蜘蛛侠的声音成功地吸引了小光的兴趣。

指导与对策：

1. 多与婴幼儿进行身体接触和面对面交流。亲密的身体接触，如拥抱、抚摸、亲吻等动作，可以增进婴幼儿和家长之间的感情，并形成安全感。面对面地交流能让婴幼儿逐步建立将语言和动作联系起来的反应能力，增加婴幼儿进行言语模仿的机会，促进婴幼儿的人际交往能力。

2. 使用多种语音和声音来刺激婴幼儿。为3个月之前的婴幼儿提供不同的声音刺激，有助于促进婴幼儿听力的迅速发展。婴幼儿许多非自控性发音往往都是在与成人互动性刺激下产生，说明外界的刺激对婴幼儿言语的发展有着重要的影响。在这一阶段，成人应尽量选择简单的音节和词汇，反复和婴幼儿进行交流。

二、婴幼儿言语理解观察

观察案例一

观察目的：了解婴幼儿言语理解的发展情况

观察对象：安琪（8个月）

观察时间：2017年2月

观察地点：家中

观察方法：轶事记录法

观察内容：

8个月大的安琪已经开始试着"讲话"了，嘴里总是会发出哼唧哼唧的声音，在想找妈妈的时候能发出"ma-mu-ma"的声音。每当妈妈叫安琪的名字时，她都会把头转向妈妈，有时会发出声音作为回应。当安琪想触摸危险物品的时候，妈妈都会对她说"不许碰"，这时她会乖乖地把手缩回来并观察妈妈的表情。当妈妈说"把那个娃娃给妈妈"时，安琪也会乖乖地把手中的玩具递给妈妈。

分析与解释：

1. 言语理解。7—9个月的婴幼儿处于言语知觉发展和语音发展的阶段，也就是言语发展的萌芽阶段。发音变得逐步清晰起来，在成人的不断刺激下，能慢慢理解成人语言的含义。8个月大的安琪已经意识到了自己名字的发音，并在听到这个发音时作出及时的回应。她已经可以将一些物品名称的发音和周围所存在的实体对应上，区分开"妈妈""安琪""娃娃"这些名字。

佐证记录：8个月大的安琪在想找妈妈的时候会发出"ma-mu-ma"的声音，每当妈妈叫安琪的名字时，她都会把头转向妈妈，有时会发出声音作为回应。

2. 言语发音。7—9个月大的婴幼儿正处于言语发音的连续音阶段，处于这个阶段的婴幼儿喜欢重复同一个发音，随着发音连续性的增加，会经常发出连续重复的音节。

佐证记录：8个月大的安琪已经开始试着"讲话"了，嘴里总是会发出哼唧哼唧的声音，在想找妈妈的时候能发出"ma-mu-ma"的声音。

3. 言语交际。这个阶段的婴幼儿处于认识和学习交际规则的阶段，可以听懂简单的指令，并在尝试理解指令内涵的基础上做出一系列反应，如"不许""拿"之类的简单的动词。

佐证记录：当安琪想触摸危险物品的时候，妈妈都会对她说"不许碰"，这时她会乖乖地把手缩回来并观察妈妈的表情。当妈妈说"把那个娃娃给妈妈"时，安琪也会乖乖地把手中的玩具递给妈妈。

指导与对策：

1. 言语理解的观察评估。可将一个会发出声音的物品藏到婴幼儿看不到的地方，用语言来引导婴幼儿去寻找声源，观察婴幼儿是否能辨别不同的声音，并四下寻找。

2. 观察婴幼儿的语言和人物对应的能力。观察婴幼儿是否能在引导下，看着爸爸妈妈的脸庞叫出"爸爸"和"妈妈"。用手指着爸爸妈妈或者指着爸爸妈妈的照片，问宝宝："这是谁？"观察婴幼儿是否能听辨指令，并作出反应。

3. 婴幼儿言语交际的观察评估。可以和婴幼儿玩一些指令游戏，例如：妈妈对宝宝说："把那个玩具递给爸爸。"观察婴幼儿是否能明白指令并执行。

4. 激发婴幼儿说话的意愿。语言经验对婴幼儿来说是发展口语的直接途径，婴幼儿只有在接收足够多语言信息的情况下才能产生言语知觉和模仿发音。因此，应多用一些发音简单的词汇和句子与婴幼儿进行交流，给予婴幼儿足够的耐心。

观察案例二

观察目的：了解婴幼儿言语理解的发展情况

观察对象：洋洋（19个月）

观察时间：2017年3月23日

观察地点：花园中

观察方法：轶事记录法

观察内容：

今天天气非常好，妈妈带着洋洋到家门口的小花园里去欣赏各种各样的花朵，感受春天的气息。在花园散步的过程中，洋洋一会儿走，一会儿让妈妈抱，看到长在高处漂亮的花就张开双臂让妈妈抱，妈妈就会把洋洋抱起来让他离花近一些。妈妈问洋洋："这么多花，好不好看？"洋洋回答："不好看。"妈妈又说："不好看？我觉得挺好看。你看得这么认真，好看吗？"洋洋又说道："好看。"妈妈接着问："你喜欢吗？"洋洋回答："你喜欢。"妈妈问："谁喜欢？"洋洋终于说道："我喜欢。"

分析与解释：

1. 对成人语言的模仿。婴幼儿从9个月左右就开始了对成人语言的简单模仿行为，1—2岁的婴幼儿正处在语言模仿的敏感期，喜欢模仿听到的声音和词汇，但往往由于成人使用的句子过长，在初步了解成人语言的基础上，婴幼儿只能记住并且尝试重复成人所说句子的后几个字。本案例中，洋洋不是无法理解妈妈所说的内容，而是最开始将注意力集中在了语言的模仿上而不是理解上。

　　佐证记录：妈妈问洋洋："这么多花，好不好看？"洋洋回答："不好看。"妈妈又说："不好看？我觉得挺好看。你看得这么认真，好看吗？"洋洋又说道："好看。"妈妈接着问道"你喜欢吗？"洋洋回答："你喜欢。"

2. 自我意识的发展。通过婴幼儿语言的表达能力来断定婴幼儿自我意识的发展水平往往是一个简单而有效的方法。判断一名婴幼儿是否建立了自我意识可以通过他对"我"这个字的使用来观察，婴幼儿若能在正确的语境下使用"我"，则表明该婴幼儿的自我意识已经初步建立。

　　佐证记录：妈妈接着问道"你喜欢吗？"洋洋回答："你喜欢。"妈妈问："谁喜欢？"洋洋终于说道："我喜欢。"

指导与对策：

1. 为婴幼儿创设良好的语言环境。婴幼儿处在语言模仿的敏感期，对语言的模仿往往不具选择性，由于家长与婴幼儿接触最为频繁，所以婴幼儿对家长言语的模仿最为常见。因此，家长应时刻注意自己的言语行为，为孩子营造良好的语言环境，不要为了迎合婴幼儿的"小儿语"或者是单纯觉得有趣，而使用不正确的发音和语法。

2. 随着婴幼儿年龄的增长，成人与婴幼儿沟通的方式也应随之改变。在婴幼儿小的时候，成人喜欢使用叠词来和婴幼儿沟通，如：吃饭饭、喝奶奶、拉臭臭等。之前使用这些词汇是方便婴幼儿模仿和理解，但随着婴幼儿年龄的增长和语言能力的不断发展，成人与婴幼儿之间的沟通方法也应该发生变化，逐步地向与正常成人沟通的方法过渡，这样才能让婴幼儿的语言能力得到发展和提高，更快地适应正常的语言交流。

三、婴幼儿言语表达的观察

观察案例一

观察目的：了解婴幼儿言语表达能力的发展情况

观察对象：小宁（30个月）

观察时间：2015年4月

观察地点：早教机构

观察方法：轶事记录法

观察内容：

小宁和往常一样来到了早期阅读教室听老师讲故事，今天讲的是大恐龙的故事。小宁好像非常喜欢绘本书上的恐龙，小手不停地指着图片，断断续续地给妈妈讲："大龙……妈妈，没有我。"妈妈回答："你也想去找大恐龙玩吗？"小宁点点头说："它没吃饭了，跟宁宁玩。"小宁一页一页指着绘本给妈妈讲故事，妈妈认真地看着他手指的内容，听他滔滔不绝地说个不停。期间，妈妈回头和别的家长讲话，小宁还会非常不满地拍拍妈妈，让妈妈回头看他。整个过程中，小宁还时不时地哼两句老师上课教的儿歌，看上去心情不错。

分析与解释：

1. 词汇量激增，对新接触到的词很感兴趣。3岁左右的幼儿喜欢听故事、看绘本，能理解简单的故事情节，一个故事喜欢重复听很多遍。这一阶段幼儿的词汇量往往是2岁时的几倍，因此幼儿会不断地使用新词，为以后的语言发展打下基础。

佐证记录：小宁和往常一样来到了早期阅读教室听老师讲故事，今天讲的是大恐龙的故事。小宁好像非常喜欢绘本书上的恐龙，小手不停地指着图片。……听他滔滔不绝地说个不停。

2. 表达不连贯，易出现"破句"。这一阶段的幼儿使用的语言越来越丰富，句子也逐渐趋于完整、符合的句子，但要想把这些新学到的词连接成完整的句子对这个阶段的幼儿来说仍是一个不小的挑战。在这个过程中，幼儿的思维速度经常超越了语言速度，虽然想表达的东西很多，却不知道选择什么样的词或者句子，由此导致幼儿经常重复某一个单词或者句子，看起来有些类似于口吃现象，但这些都属于正常的表现。

佐证记录：小宁断断续续地给妈妈讲："大龙……妈妈，没有我。"妈妈回答："你也想去找大恐龙玩吗？"小宁点点头说："它没吃饭了，跟宁宁玩。"

指导与对策：

1. 参与早期阅读活动。适当地带幼儿参与有目的、有规划的早期阅读活动，可以帮助幼儿获得最佳的阅读效果。亲子阅读和集体阅读都会增加孩子阅读的兴趣,感受读带来的快乐。

2. 积极引导幼儿对故事进行复述。婴幼儿喜欢反复听同一个故事,文学作品里的语言、情节、人物等都会对婴幼儿产生正面的教育效果。复述是婴幼儿加深对已学到知识印象的一个重要的手段,在复述的过程中,婴幼儿会回顾故事中的语言,再现故事中的情节,加深对故事本身的理解,使语言、思维和记忆力都得到发展。这个阶段的婴幼儿往往无法完整地重现整个故事,但是一个词,一个句子,甚至一个喜欢的情节,婴幼儿都可以反复地进行复述。

观察案例二

观察目的:了解婴幼儿言语表达能力的发展情况

观察对象:曼曼(3岁)、欣欣(2岁零4个月)

观察时间:2016年7月23日上午

观察地点:早教中心自由探索区域

观察方法:轶事记录法

观察内容:

曼曼和欣欣之前素未谋面,她俩一起坐在一个海绵积木房子里,两人挨得非常近,时不时会产生肢体接触,但是两人一直一言不发持续了很长时间。终于,曼曼用手拽了一下欣欣的衣角,说:"你是不是我的朋友?"只见欣欣转过头去仍然沉浸在自己的世界里,抚摸着海绵积木,不说话。没过多久,曼曼又问了一句,结果还是一样。这时,老师走了过来,曼曼跟老师说:"她不跟我说话。"老师跟欣欣说:"曼曼在跟你说话,你应该回应她。"这时,欣欣眼睛里充满泪水,小声地说:"是。"老师对曼曼说:"欣欣愿意跟你做朋友,你们可以共同玩耍,一起分享。"曼曼把头转向欣欣:"欣欣,我们一起玩玩具吧!"欣欣回头,把手中的玩具掷向曼曼,终于笑了,"那一起玩吧!"

分析与解释:

1. 语言能力的发展与社交能力的发展相辅相成。随着年龄不断增长,婴幼儿语言交流的场所从家庭延伸到教育场所,语境和交流者也发生了改变,交朋友对幼儿来说变成一件非常重要的事情。通过对幼儿同伴交往过程的观察可以发现,语言能力正是在这个过程中得到飞速发展。案例中的曼曼和欣欣对语言社交的方式方法了解甚少,曼曼刚刚学会向身边的同伴表达自身诉求。在这种情况中,成人不应过多地干预幼儿之间的同伴交往,但可以进行适应的指导,让她们顺利进行交流和沟通。

佐证记录：老师对欣欣说："曼曼在跟你说话，你应该回应她。"

2. 通过与同伴的自然交往来学习新词。语言的学习和人际交往能力的发展通常是在一定的语言环境和场景下进行的。在日常语言环境中，同伴之间的交谈往往更容易促进幼儿社交能力和语言能力的发展，可以帮助他们学习到新的词汇并尝试理解词汇的含义。

佐证记录：曼曼用手拽了一下欣欣的衣角，说："你是不是我的朋友？"只见欣欣转过头去仍然沉浸在自己的世界里，抚摸着海绵积木，不说话。

指导与对策：

1. 在与婴幼儿交流互动的过程中，尽量使用正确的语词语句，给到婴幼儿正确的示范。当他们观察周围环境的时候应加以言语的解释和说明，以加深他们对词语意义的深刻理解。

2. 为婴幼儿创设使用语言的环境，鼓励他们大胆使用与练习已习得的词汇和句子。婴幼儿在日常生活中可以积累到大量的词汇和句子，但是这些新学到的语言若不能及时地学以致用，巩固练习，则会逐渐被婴幼儿遗忘。所以，作为家长和老师，应该多为婴幼儿创设适宜的语言环境，如：去户外描述风景，多与同龄或者年龄稍大一些的小伙伴互动交流等。

第三节　婴幼儿动作发展观察案例

动作发展是人能动地适应环境和社会并与之相互作用的结果，动作的发展与人的智力、行为和健康发展的关系十分密切。对于0—3岁婴幼儿的发展来说，动作的发展是很重要的一个方面，常被人们作为测定婴幼儿心理发展水平的一项重要指标。

动作发展包括躯体和四肢的发展。一般将婴幼儿的动作发展分为粗大动作的发展和精细动作的发展。其中粗大动作，又叫大肌肉动作，是大肌肉或大肌肉群所组成的随意动作，常伴有强有力的大肌肉收缩、全身运动神经的活动以及肌肉活动的能量消耗。粗大动作主要包括颈部、躯干和四肢等大肌肉幅度较大的动作，决定着婴幼儿的抬头、翻身、坐、爬、站立、行走、跳跃、四肢活动以及躯体协调平衡等各种运动能力。精细动作，又叫小肌肉动作，是由小肌肉所组成的随意动作，一系列小肌肉动作构成了协调的小肌肉运动技能。精细动作主要是指手的动作，以及手眼协调，包括抓握、把弄、握笔、搭积木、书写、绘画和劳作等技能技巧。

观察案例一

观察目的：了解婴幼儿的肢体动作发展情况

观察对象：轩轩（9个月）

观察时间：2016年10月5日下午6:25—6:35

观察地点：家中浴室

观察方法：轶事记录法

观察内容：

妈妈将轩轩平放在床上给他脱衣服，对他说："我们要准备洗澡了，先把小衣服脱掉，好吗？"轩轩微笑着看着妈妈。妈妈在给轩轩解衣服上的扣子时，轩轩很安静地躺着，但是等到解完扣子，准备脱的时候，轩轩开始动来动去，并想翻身。这时候，妈妈给了他一个彩色的手摇铃，这吸引了他的注意力，拿着手摇铃在面前玩，先是两只手抱着放嘴里尝了一下，然后用右手拿着摇了几下。妈妈将轩轩的衣服和纸尿裤脱完后，抱起他向浴室走去，轩轩的手摇铃掉在了床上。到了浴室，妈妈将轩轩放进浴盆。轩轩坐在浴盆里，看到水里漂着的小乌龟洗澡玩具，便用左手手指拿起来递到了右手，接着放在了嘴里。之后转身跪坐起来，双手抓着浴盆的边沿，一条腿站了起来，接着又支撑着另一条腿站了起来。妈妈让他坐下，并给了他一本洗澡书。轩轩两手抱着书放进了嘴里，使劲咬了几下，然后翻了几页，就扔到了水里，东看西看地找其他东西。突然，他看到了旁边凳子上放着的小鸭子，刚想去够，这时候奶奶进来了，一边叫着轩轩，一边伸出双手，轩轩转向奶奶一边，张开双臂开心地笑着，接着被奶奶抱进了卧室。

分析与解释：

1. 能够对语言作出反应，可以和成人很好地互动。轩轩已经9个月了，能够对语言作出反应，和成人有着很好的互动，妈妈温柔地对他说话，他会微笑着给予回应，奶奶叫他，他也会抬起胳膊来配合。

佐证记录：妈妈将轩轩平放在床上给他脱衣服，和他说话，轩轩微笑着看着妈妈。

2. 8个月的婴儿开始发展手指尖的触觉辨识能力，对口腔的触觉依赖逐渐降低。这时候的轩轩仍然对彩色的可以发出声响的东西感兴趣，当妈妈递给他彩色的手摇铃，他开心地拿在手里玩起来。0—1岁的婴儿仍然处在口腔期，拿到东西会先在嘴里尝一尝，然后用手去把玩、用眼睛去观察，所以手指尖的触觉辨识能力开始发展，对口腔的触觉依赖则逐渐降低。

佐证记录：轩轩拿着手摇铃在面前玩，先是两只手抱着放嘴里尝了一下，然后用右手拿着摇了几下。

3. 精细动作逐渐发展，手腕以及手指肌肉动作开始变得灵活。

佐证记录：轩轩可以拿着手摇铃自己摇、手指会去翻书、可以弯曲手指抓住玩具，并从一只手换到另一只手。

4. 粗大动作进一步发展。轩轩可以坐而不倒，并且可以扶着浴盆来保持身体平衡，从而站立起来，说明轩轩的四肢协调运动能力有了很大的发展。

佐证记录：轩轩能够熟练翻身，并且可以扶着东西站立起来。

5. 理解他人的行为，与亲人建立了较亲密的关系。

佐证记录：奶奶进来了，一边叫着轩轩，一边伸出双手，轩轩转向奶奶一边，张开双臂开心地笑着。

指导与对策：

1. 多和婴儿互动交流，促使婴儿对日常行为的理解和模仿。8 个月之后的婴儿和成人的互动会更好，这个时期成人要注意经常和婴儿沟通交流，慢慢让他理解日常的常见行为，也可以慢慢引导他模仿成人的行为，比如拍手、挥手再见等。

2. 提供机会促进婴儿精细动作发展。成人可以给婴儿提供锻炼小肌肉发展的玩具，或者玩一些亲子游戏，比如捏豆豆、拿瓶盖、吃饼干等，从而锻炼精细动作的发展。

3. 促进爬行、扶站的大动作发展。8 个月之后婴儿的大动作发展主要是爬行和扶站，因此可以通过亲子游戏，锻炼爬行和发展扶站的技能。比如：让婴儿俯卧，在前方放一个玩具逗引他向前爬；扶着婴儿的手帮助其站立，也可以让他扶着沙发站立，为学步做准备。

观察案例二

观察目的：了解婴幼儿肢体动作的发展情况

观察对象：豆豆（4 个月）

观察时间：2016 年 11 月 6 日上午 8:15—8:30

观察地点：家中床上

观察方法：轶事记录法

观察内容：

早上，妈妈将豆豆平躺着放在床上换纸尿裤。穿好之后，豆豆突然将身体转向右侧，然后用头顶着床带动上身半趴在床上，右臂压在身下，左臂在空中挥舞，右腿着床，左腿在空中借力踢蹬，踢蹬几次后翻了过去趴在了床上，然后借助上身力量抬起头，抽出右侧手臂，用两臂支撑起

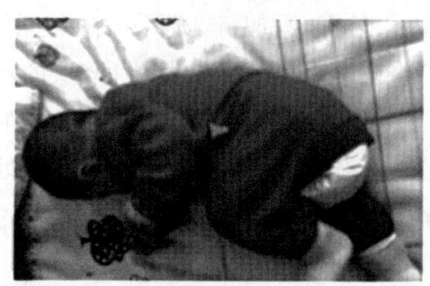

图 5-3 婴儿练习自主翻身

上身，头抬得高高的。过一会儿，两手交叠，开始低下头啃食自己的小手，看到妈妈在看他时，冲妈妈笑了起来。

分析与解释：

1. 4—5 个月婴儿头颈力量加强，四肢力量增强。4—5 个月的婴儿可以自己抬起头，并自由活动头部，趴着时双手能支撑胸部并抬起头，四肢活动也明显加强，虽然经常无意挥舞，偶尔也会出现有意活动。

佐证记录：豆豆将身体转向右侧，头顶着床带动上身半趴在床上，左腿在空中踢蹬，翻了过去，抬起头，用两臂支撑起上身，头抬得高高的。

2. 4—5个月的婴儿腹部、背部、腿部力量开始逐渐加强，在此基础上开始出现翻身，多数婴儿可独立翻身（从仰卧到俯卧），部分婴儿需在成人帮助下翻身（从仰卧到俯卧）。

佐证记录：豆豆突然将身体转向右侧，然后用头顶着床带动上身半趴在床上，右臂压在身下，左臂在空中挥舞，右腿着床，左腿在空中借力踢蹬，踢蹬几次后翻了过去。

3. 有了快乐情绪的分化。从4个月开始，婴儿会渐渐分化出快乐的情绪，当看到父母时，会睁大眼睛微笑。

佐证记录：豆豆顺利翻过身之后，看到妈妈在看他，冲妈妈笑了起来。

指导与对策：

1. 经常做俯卧练习。俯卧可以锻炼婴儿脖颈以及脊柱的力量，还可以锻炼四肢的力度，使之能慢慢支撑起整个上半身，因此可以经常带婴儿做俯卧练习。

2. 通过亲子游戏，鼓励婴儿做翻身练习。当发现婴儿出现翻身行为后，可以通过亲子游戏，比如在婴儿侧面拿一个玩具逗引它，鼓励婴儿进行翻身练习，来增强四肢的力量。

3. 经常和婴儿沟通交流，微笑对视。婴儿在4个月之后会渐渐产生快乐的情绪，因此成人可以经常和婴儿沟通交流，微笑对视。

观察案例三

观察目的：了解幼儿攀爬动作的发展情况

观察对象：晓松（20个月）

观察时间：2017年1月24日

观察地点：家中

观察方法：频数记录法

观察内容：

表5-2　20个月幼儿攀爬动作观察表

观察目标	观察内容	是否做到
上楼梯	手脚并用爬上楼梯。	√
	用手扶着栏杆或墙壁一阶一阶上楼梯。	×
爬上沙发	可以爬上半米高左右的沙发。	√
	能够独自爬下沙发。	×
独自从椅子上下来	不敢下，需要成人帮忙。	√
	身子转向椅子后背，背着身趴着从椅子上下来。	×
下楼梯	能够扶着楼梯扶手或墙壁一阶一阶下楼梯。	×
	侧着身子，扶着栏杆或墙壁，一阶一阶下楼梯。	√

分析与解释：

1. 运动发育发展相对较慢或者胆子比较小。20个月的幼儿攀爬的技能有所发展，大部分已经能够扶着栏杆上下楼梯以及攀爬一定高度的物体。这个阶段的幼儿可以自己扶着扶手上下楼梯，并且已经具备了独自从沙发或者椅子上爬下来的技能，只不过需要背着身、趴着从椅子上下来。幼儿爬下楼梯或椅子是没有空间感觉的，所以他从物体上下来时，最开始的时候会用手支撑，因为手的空间感觉最好，当手伸下去的时候，可以感知从这一空间到另一空间的距离，这是幼儿建构空间智能的过程。但幼儿还不会左右腿交替向前下楼梯，而是侧着身子，一步一步地下楼梯。这个过程是自然而然发生的，不需要教给幼儿，他可以自己去学习探索。

佐证记录：晓松还无法手扶栏杆或墙壁爬楼梯。

2. 攀爬的能力已经具备了，但仍需进一步发展。晓松可以独自爬上沙发，说明攀爬的能力已经具备了，但只能爬上较矮的事物，所以爬下的技能仍然没有掌握。对于19—24个月的幼儿来说，爬上爬下还需要一个训练的过程。

佐证记录：晓松可以从椅子上爬下来；下楼梯需要扶着栏杆、侧着身子，小心翼翼地一步一个台阶地慢慢下楼梯。

指导与对策：

1. 经常和幼儿进行爬越障碍的游戏锻炼。20个月的幼儿如果攀爬的技能发展相对缓慢，可以通过一些亲子游戏来锻炼，比如拿一个玩具吸引他爬楼梯。

2. 对于幼儿动作技能的发展，要给予鼓励。幼儿如果成功完成某项任务，比如顺利从沙发上爬下来，要及时给予表扬和鼓励，培养他的自信心。

观察案例四

观察目的：幼儿大肢体动作发展的观察评估

观察对象：佳佳（26个月）

观察时间：2017年3月5日上午10:15—10:45

观察地点：公园固定器械区

观察方法：频数记录法

观察内容：

表5-3　26个月幼儿动作发展的观察评估表

观察内容	是	否	备注
可单脚站立。		✓	
身体保持平衡地跑。		✓	跑时摇摇晃晃，快步走。
能自己走过平衡木，并双脚跳下。	✓		
会用手接住大人抛出的球。		✓	
能双脚跳并站稳。	✓		

分析与解释：

1. 能够灵活地站、走、跳以及双脚起跳。2 岁幼儿已经能灵活地站、走、跑、跳以及双脚起跳；使用攀爬和跳跃设施时，踢和扔会比以前更准确，也会更加灵活和稳定。

佐证记录：佳佳可以自己走过平衡木，并双脚跳下，且可以双脚起跳并站稳。

2. 身体平衡掌握尚需发展。2 岁的幼儿多数能够独自单腿站立 2 秒钟以上，如果身体平衡掌握得比较好，重心较稳，还可以单腿站立。但佳佳还处于 18—24 个月的幼儿水平，在这个方面发展得稍微缓慢些。

佐证记录：佳佳还无法单脚站立，且跑时摇摇晃晃，处于快步走的阶段，无法保持平衡。

3. 手眼协调和肢体的配合能力稍差。2 岁幼儿已经可以和肢体动作很好地配合，完成投掷和抛的动作，但是佳佳还无法接住大人抛出的球，说明手眼协调和肢体的配合能力稍差，还需要进一步关注。

佐证记录：佳佳还不会用手接住大人抛出的球。

指导与对策：

1. 利用游戏的趣味性，促进幼儿平衡能力的发展。鼓励幼儿练习单脚站的技能，通过亲子游戏的方式增加练习的趣味性。还可以让幼儿走平衡木，练习平衡能力，如：在家里画一条直线练习走平衡，在一个点上站立不动等。

2. 练习手眼协调和肢体的配合能力。选择稳步走、跑步、攀登楼梯、跳跃、单脚站立、抛物、旋转等与动作发展相关的游戏进行训练。

观察案例五

观察目的：了解幼儿手眼协调动作的发展情况

观察对象：飞飞（13 个月）

观察时间：2017 年 5 月 12 日上午 10:15—10:30

观察地点：家中客厅

观察方法：轶事记录法

观察内容：

飞飞正围着家中客厅的茶几小心翼翼地迈步走着，突然看到了茶几上放着一个牙签盒，便小心翼翼地走了过去，伸手够了一下，没够着，又提了提脚，左手使劲扒着茶几，伸长右臂去够，终于够到，高兴地拿在手里摇了起来，听到有声音发出，便摇得越来越起劲，结果牙签从小孔里掉了出来，飞飞发现摇动牙签盒可以掉出东西，便又使劲摇，结果陆续有四根牙签掉在了地上。飞飞慢慢蹲下，坐在了地上，左手捡起一根牙签，横着把牙签放在盖子上，试着把牙签从小孔里插进去，但是没放进去，又把牙签竖过来试了试。只见拿着牙签的左手左右晃动着，始终对不准牙签盒的小孔，飞飞就把牙签盒放在了地上，右手接过左手的牙签，竖着慢慢把牙签对准小孔，插了进去。面部出现了微笑的表情，接着又陆续捡起了地上的其他三根，依次插进了牙签盒，高兴地继续晃动起来。

分析与解释：

1. 喜欢发声的物体，探索因果关系。这时候的飞飞仍然对可以发出声响的东西感兴趣，当发现牙签盒通过摇动可以发出声音，而且摇动后牙签从小孔中钻出，便继续摇动进一步探索因果关系。

佐证记录：高兴地拿在手里摇了起来，听到有声音发出，便摇得越来越起劲，结果牙签从小孔里掉了出来，飞飞发现摇动牙签盒可以掉出东西，便又使劲摇，结果陆续有四根牙签掉到了地上。

2. 精细动作逐渐发展，手眼协调性逐渐增强。

佐证记录：左手捡起一根牙签，横着把牙签放在盖子上，试着把牙签从小孔里插进去，但是没放进去，又把牙签竖过来试了试。只见拿着牙签的左手左右晃动着，始终对不准牙签盒的小孔，飞飞就把牙签盒放在了地上，右手接过左手的牙签，竖着慢慢把牙签对准小孔，插了进去。

指导与对策：

1. 通过亲子游戏促进婴儿手部精细动作发展

平时，成人可以设计一些亲子游戏来促进婴幼儿精细动作的发展，比如捏豆豆、拿瓶盖、吃饼干等，并练习将细小物体放入盒子里，从而锻炼手部精细动作。

2. 从日常生活细节出发，锻炼手眼协调能力

对于 1 岁以上的婴幼儿，可以训练其生活自理能力，帮助成人做一些简单的家务，比如自己拿勺子吃饭、刷牙、丢垃圾等，锻炼其手眼协调能力，发展一系列小肌肉动作。

第四节　婴幼儿情绪发展观察案例

婴幼儿情绪的发展往往与认知和意志的发展密切相关，0—3 岁婴幼儿情绪的发展为以后的情绪表达和情绪管理奠定了基础，对今后的性格和社交能力发展都产生着重要的影响。对情绪发展的轨迹进行观察和记录，有助于更好地了解婴幼儿情绪发展状况，及时发现婴幼儿行为异常，为后续的教育指导提供有效依据。

一、婴幼儿积极情绪观察

观察目的：了解婴幼儿积极情绪的发展情况
观察对象：雯雯（3个月）
观察时间：2016年11月3日上午
观察地点：家中
观察方法：轶事记录法
观察内容：

3个月大的雯雯每次在吃完奶或是身体感到舒适的时候脸上都会露出幸福的微笑，眼睛左看看，右看看，时刻打量着周围的环境，又好像在找些什么，不时挥舞着自己的小胳膊，伸伸自己的小腿儿。今天当妈妈抱起她时，她会盯住妈妈的脸认真地上下打量，没过一会儿，雯雯就"嘿嘿嘿"地大笑起来。妈妈看雯雯心情不错，于是又给雯雯唱了一首儿歌，雯雯笑得更开心了，全家人也被雯雯突如其来的笑声引得哈哈大笑。妈妈想要离开的时候雯雯总是会哭闹一阵，但这时往往一个安慰奶嘴就能让她安静下来。

分析与解释：

1. 非社会性微笑。细心的父母可以发现，月龄较小的婴儿脸上经常挂着心满意足的微笑，其实这种微笑往往与外界的接触和刺激无关，是神经的正常反应，通常被称为非社会性微笑。本次记录的事件正是雯雯从无意识微笑向有意识微笑转变的案例。2个月左右的婴儿对人的脸部产生了极大的兴趣，容易被周围人发出的声音和做出的表情吸引，而突然开怀大笑。与此同时，处在这个阶段的婴儿也能逐渐地意识到自己的笑容也会让周围的人开心。

佐证记录：3个月大的雯雯每次在吃完奶或是身体感到舒适的时候脸上都会露出幸福的微笑。

2. 安全感的产生。3个月大的婴儿对妈妈的依赖很深，在妈妈表现出要离开的行为时，宝宝就会产生分离焦虑的情绪。婴儿喜欢用吸吮自己的小手等自我安慰的手段来增加自己的安全感，从而缓解焦虑的情绪。

佐证记录：妈妈想要离开的时候雯雯总是会哭闹一阵，但这时往往一个安慰奶嘴就能让她安静下来。

指导与对策：

1. 和婴儿建立良好互动。这个阶段的婴儿对外界的刺激十分明显，成人的逗弄可以成功地吸引他们的注意力，并让他们感到开心，以微笑或点头作为回应。另外，轻柔的抚触、温柔的拍打都能让婴儿产生愉悦的情绪，建立与成人之间良好的依恋关系。

2. 学会聆听婴幼儿的哭声。哭声在婴幼儿早期情绪发展的过程中是非常重要的一项观察内容，新生儿无法使用语言表达自己的需求，哭是表达情感和需求的唯一途径。在婴儿哭的时候，成人应该及时赶到他们身边，检查是什么原因让他们产生不舒服的感觉，并尝试分辨不同哭声的含义。

二、婴幼儿消极情绪的观察

观察目的：了解婴幼儿消极情绪的发展情况
观察对象：王梓轩（12个月）
观察时间：2016年3月20日
观察地点：家中客厅
观察方法：轶事记录法
观察内容：

轩轩是个爱笑的孩子，来家里的客人都喜欢逗他，他也会表现出很开心的样子。今天，家里来了一位陌生的叔叔，当这位叔叔想靠近轩轩时，轩轩把头偏向了妈妈一侧，小手握紧了妈妈的衣角，表现出害怕的样子。叔叔给轩轩带来了玩具汽车，刚刚递到轩轩面前，他就用手把玩具打到了地上。玩具"嘭"的一声砸到地板上，轩轩也大哭了起来。轩轩对叔叔表现出的亲近行为非常反感，怎么逗他也不笑，一直抓着妈妈不放。随后，妈妈把轩轩带回卧室休息，他对新的玩具看也不看，回到房间玩起了以前的玩具。

分析与解释：

1. 恐惧情绪的发展和陌生人焦虑。12个月的婴幼儿已经能开始分辨熟悉的面孔和陌生的面孔，他们开始对不同的人产生不同的情绪。在熟悉的家人面前更愿意微笑，而在陌生人面前开始警惕起来，对陌生的人、陌生的环境，甚至陌生的物品都产生了恐惧的情绪。有时候，巨大的声响也会引发婴幼儿的恐惧心理，从而导致哭闹行为的产生。婴幼儿恐惧情绪的产生可以帮助他们预见周围存在的风险，是婴幼儿成长中必要的、正常的反应。然而，恐惧情绪过于激烈或持续时间过长，则会对婴幼儿性格的发展与形成产生不利影响。

佐证记录：今天家里来了一位陌生的叔叔，当这位叔叔想靠近轩轩时，轩轩把头偏向了妈妈一侧，小手握紧了妈妈的衣角，表现出害怕的样子。叔叔给轩轩带来了玩具汽车，刚刚递到轩轩面前，他就用手把玩具打到了地上。玩具"嘭"的一声砸到地板上，轩轩也大哭了起来。

2. 愤怒情绪的产生。愤怒的情绪往往是由不愉快情绪引发而来的，不愉快的情绪得不到及时的解决就会进一步升级，转化为愤怒的情绪。由于婴幼儿情绪发展存在个体差异，每个婴幼儿愤怒情绪的表达也各不相同，有的会哭闹，有的则会不理人。

佐证记录：轩轩对叔叔表现出的亲近行为也非常反感，怎么逗他也不笑，一直抓着妈妈不放。随后，妈妈把轩轩带回卧室休息，可是轩轩对新的玩具看也不看，回到房间玩起了以前的玩具。

指导与对策：

应对婴幼儿的恐惧表现出理解，用事实向婴幼儿证明有些事情害怕是没有必要的。尤其需要注意，平时不要使用恐吓的方式教育孩子，要给婴幼儿做出良好的榜样，培养积极向上乐观的情绪。

三、婴幼儿复杂情绪的发展情况观察

观察目的：了解婴幼儿复杂情绪的发展情况

观察对象：芊芊（34个月）

观察时间：2017年3月

观察地点：家中

观察方法：轶事记录法

观察内容：

芊芊最近非常喜欢模仿，总是喜欢重复模仿电视广告里的某个动作和语言，每次她模仿这个广告的时候都会扭动着自己的小腰，神采飞扬地冒出几句广告词，家里人看后都觉得非常可爱。于是，每次家里来了新的客人，奶奶总是让芊芊表演一遍这个广告，大家都会面带笑容地夸奖芊芊，夸她聪明可爱，每次被夸奖以后，芊芊都显得很兴奋。待下次有客人来的时候，芊芊甚至在奶奶提出要求之前就主动开始表演。有一次，客人带了一个4岁的小哥哥过来，哥哥为大家唱了一首儿歌，大家都纷纷鼓掌并表扬了哥哥，芊芊却显得有一些不开心，甚至有些生气。而后，哥哥摆弄了两下芊芊的玩具，芊芊立刻伸出小手试图把玩具抢夺回来，嘴里还发出不满意的略带哭腔的哼哼的声音。

分析与解释：

1. 对他人情绪的预判。随着婴幼儿社会经验的积累和社会交往能力的不断提高，婴幼儿已经逐渐能预知到自己的行为会对别人的情绪产生影响。婴幼儿会发现在顺从的时候，成人会展示出积极的情绪，反之，则会出现消极的情绪。与此同时，他们会对成年人的语言更加敏感，渴望得到成年人的称赞和夸奖，这种称赞有时候也会成为婴幼儿的行为动机。

佐证记录：每次家里来了新的客人，奶奶总是让芊芊表演一遍这个广告，大家都会面带笑容地夸奖芊芊，夸她聪明可爱，每次被夸奖以后，芊芊都显得很兴奋。待下次有客人来的时候，芊芊甚至在奶奶提出要求之前已主动开始表演。

2. 嫉妒的表现。对婴幼儿来讲，嫉妒是一种正常却不健康的心理状态。出现早期的嫉妒情绪是婴幼儿处于自我保护和自尊心意识增强的一种表现，更多的是在寻求周围成年人的关注，嫉妒也有积极的一面，可以使周围人加强对婴幼儿的关注。4个月左右的婴儿已经产生了嫉妒情绪，在妈妈抱别的孩子时会发生哭闹、蹬腿等表现不满情绪的行为，2岁左右的幼儿自我意识已经逐渐发育完善，嫉妒的情绪会变得更为复杂。

佐证记录：有一次，客人带了一个4岁的小哥哥过来，哥哥为大家唱了一首儿歌，大家都纷纷鼓掌并表扬了哥哥，芊芊却显得有一些不开心，甚至有些生气。而后，哥哥摆弄了两下芊芊的玩具，芊芊立刻伸出小手试图把玩具抢夺回来，嘴里还发出不满意的略带哭腔的哼哼的声音。

指导与对策：

1. 让婴幼儿良好的表现欲得到充分发挥。婴幼儿渴望得到周围成年人的称赞和表扬，他们通过周围人的夸奖来获得对自己行为的肯定和认同。在婴幼儿有良好表现的时候，对婴幼儿采取适当的表扬有助于增强他们的自信心、上进心，使其获得愉快的情绪体验。

2. 掌握正确称赞婴幼儿的方法，让婴幼儿适度展示自我。婴幼儿喜欢通过表现自己来获取周围人的关注和称赞，但过度的表现欲也会对婴幼儿今后的同伴交往和个性发展产生不利影响。对于表现欲过强的婴幼儿，可以用布置任务的方式来代替婴幼儿在他人面前表现自己，让完成任务时获得的喜悦感和成就感代替得到简单表扬的满足感。在表扬婴幼儿时也要注意方式和方法，表扬孩子付出的努力而不是结果，这样让婴幼儿在得到情绪上的满足的同时，既培养了婴幼儿开阔的心胸，也让他们学会了替他人着想。

本 章 小 结

在这一章中，主要介绍了婴幼儿的能力发展的相关观察案例，包括婴幼儿的认知发展、婴幼儿语言发展、婴幼儿动作发展、婴幼儿情绪发展。

婴幼儿的认知发展包括感知觉的发展、注意力的发展、记忆力的发展以及思维能力的发展；婴幼儿语言的发展包括婴幼儿言语知觉、言语理解、言语表达能力；婴幼儿动作发展包括精细动作的发展以及大肌肉的动作发展；婴幼儿的情绪发展包括一些积极情绪和消极情绪，例如微笑、恐惧等。

为了通过婴幼儿的行为表现来探析婴幼儿能力发展状况，我们可以采用不同的观察方法。1. 轶事记录法：通过生活中的轶事记录，发现婴幼儿相关能力的特点及表现；2. 运用行为检核表法以及等级评定法能够找到一个衡量标准，判断婴幼儿能力的发展水平。

在婴幼儿时期，培养婴幼儿各个方面的能力是非常重要的。家长和教师应当抓住每一种能力的培养要点及方法，通过日常观察和专业观察，正确判断婴幼儿能力发展水平，给予正确的指导和策略，为婴幼儿的未来生活做准备。

延 伸 学 习

拓展阅读

埃里克森人格发展阶段理论（婴幼儿阶段）

埃里克森是美国现代著名的精神分析理论家。他认为，个体发展是持续一生的，而不是在成年早期就结束了的。他提出了著名的心理社会性发展阶段理论，认为在心理发展的每一阶段，个体都会面临着一个需要解决的心理社会问题，该问题引起个体心理发展的矛盾与危机。如果个体能顺利解决每一阶段所面临的矛盾与危机，就会对个体心理发展产生积极影响；相反，则会产生消极影响。

为帮助婴幼儿顺利度过人生的阶段，形成良好的人格特征，成人应重视早期和谐亲密的亲子关系的建立，尊重孩子、为孩子提供独立做事机会、鼓励孩子与他人交往、让孩子体验成功，进而培养其自信、独立的心理品质。通过创设适宜的家庭环境和家园共育，让孩子在游戏中发展创新精神与能力。

1. 婴儿期（0—1.5岁）：基本信任和不信任的心理冲突

此时不要认为婴儿是一个不懂事的小动物，只要吃饱不哭就行，这就大错特错了。此时是基本信任和不信任的心理冲突期，因为这期间孩子开始认识人了，当孩子哭或饿时，父母是否出现则是建立信任感的重要前提。信任在人格中形成了"希望"这一品质，它起着增强自我力量的作用。具有信任感的儿童敢于希望，富于理想，具有强烈的未来定向。反之则不敢希望，时时担忧自己的需要得不到满足。埃里克森把"希望"定义为："对自己愿望的可实现性的持久信念，反抗黑暗势力、标志生命诞生的怒吼。"

2. 儿童早期（1.5—3岁）：自主与害羞（或怀疑）的冲突

这一时期，儿童掌握了大量的技能，如，爬、走、说话等。更重要的是他们学会了怎样坚持或放弃，也就是说儿童开始"有意志"地决定做什么或不做什么。这时候父母与子女的冲突很激烈，也就是第一个反抗期的出现，一方面父母必须承担起控制儿童行为使之符合社会规范的任务，即养成良好的习惯，如训练儿童大小便，使他们对肮脏的随地大小便感到羞耻，训练他们按时吃饭，节约粮食等；另一方面儿童开始了自主感，他们坚持自己的进食、排泄方式，所以训练良好的习惯不是一件容易的事。这时孩子会反复应用"我""我们""不"来反抗外界控制，而父母决不能听之任之、放任自流，这将不利于儿童的社会化。反之，若过分严厉，又会伤害儿童自主感和自我控制能力。如果父母对儿童的保护或惩罚

不当，儿童就会产生怀疑，并感到害羞。因此，把握住"度"的问题，才有利于在儿童人格内部形成意志品质。埃里克森把意志定义为："不顾不可避免的害羞和怀疑心理而坚定地自由选择或自我抑制的决心。"

 学习活动

1. 录制一段0—3岁婴幼儿生活案例，运用实况详录法，进行婴幼儿感知觉发展记录，并对观察内容进行分析记录。

2. 为家长制作一份精美的婴幼儿能力发展指导手册（手绘或者打印）。

复习与思考

1. 总结婴幼儿认知发展各项能力的发展特点。
2. 除了轶事记录法和行为检核法以外，婴幼儿语言发展的观察还能够通过什么方法？
3. 思考培养婴幼儿情绪调节的相关方法。

第六章　婴幼儿日常生活观察案例

学习目标

0—3岁是儿童生活自理能力初步形成的关键期，应当抓住这一时期让婴幼儿做一些力所能及的事，培养其简单的生活自理能力。婴幼儿生活自理能力的形成，有助于培养婴幼儿的责任感、自信心，以及自己处理问题的能力，对婴幼儿今后的生活也会产生深远的意义。

本章将从婴幼儿日常生活入手，结合不同观察方法，呈现多种观察案例，具体包括婴幼儿进餐、如厕、睡眠、穿脱衣物等。由于观察内容的特殊性，本章将以观察方法作为主线进行案例分析。通过本章学习，你将：

1. 掌握婴幼儿进餐行为观察案例的记录方法。
2. 掌握婴幼儿如厕行为观察案例的记录方法。
3. 掌握婴幼儿穿脱衣物行为观察案例的记录方法。
4. 掌握婴幼儿睡眠行为观察案例的记录方法。

第一节　婴幼儿的进餐行为观察案例

进餐是一项具有生物意义和社会意义的行为，婴幼儿的进餐行为不仅影响到婴幼儿的身体健康和正常发展，而且还往往和他们是否具有压力和焦虑密切相关，所以进餐行为能够反映婴幼儿的身心发展水平及性格特征。婴幼儿的进餐行为可能受到就餐环境、喂养人的习惯等的影响，可以通过不同的方法来对婴幼儿进餐行为进行观察。

一、轶事记录法

观察案例一

观察目的：婴幼儿的进餐行为观察

观察对象：莹莹（32个月）

观察时间：2015年9月26日中午

观察地点：家中餐厅

观察内容：

午餐时间到了，莹莹还是坐在自己的小椅子上，跟爸爸妈妈一起吃午餐。但是，莹莹的脸上看不到一丝快乐，每次只将很少的饭菜放进嘴里，慢慢嚼。

莹莹总是把自己的嘴巴塞得满满的，却很长时间也没有咽下去；同时，莹莹还把自己不爱吃的胡萝卜扔到桌子上。妈妈批评了莹莹一句："快点吃，吃饭不要这么磨蹭。"莹莹就盯着胡萝卜，不说话。

就在这时，爸爸打开了电视，边看电视边吃饭，莹莹的目光也随即转移到了电视上，眼睛盯着电视一动不动，停下了吃饭的动作。

紧接着，妈妈开始用小勺喂莹莹。妈妈一边喂，莹莹一边张开嘴巴，但眼睛却还是盯着电视。当吃完最后一口时，莹莹马上开心地跑开，到电视前面观看电视。

分析与解释：

在对婴幼儿的进餐行为进行观察时要对进餐环境、婴幼儿对进餐环境的反应、婴幼儿的食量、吃东西的态度、社交情况、进餐后的行为等进行观察。

1. 进餐环境。婴幼儿的进餐环境能够影响婴幼儿的进餐行为，比如：客厅中的电视开着，就会导致婴幼儿吃饭时被电视吸引。

佐证记录：莹莹吃饭的时候，爸爸打开了电视。

2. 婴幼儿的食量。从婴幼儿的食量能够看出来婴幼儿的厌食是生理原因还是心理原因。如果只是偶尔或者对少数食物的厌食，说明婴幼儿的厌食可能是由于对食物不感兴趣造成的；如果婴幼儿对所有的食物都表现厌恶，那就说明婴幼儿可能有比较严重的厌食行为。

佐证记录：莹莹的食量较少。

3. 吃东西的态度。婴幼儿吃东西的态度反映了婴幼儿的进餐习惯。从进餐的情况来看，莹莹存在挑食现象，并且由于妈妈的批评，反而强化了莹莹的厌食情绪。此外，莹莹的饭菜在嘴里停留时间过长，反映出进餐欲望弱和咀嚼习惯差的问题。莹莹爸爸打开电视，分散了莹莹的进食注意力，莹莹会觉得既然大人可以看电视，自己也可以，这样不利于培养婴幼儿正确的进餐习惯。

佐证记录：莹莹总是把食物留在口中。

指导与对策：

针对于上述案例，莹莹的家长应当在进餐前、进餐时以及进餐后在进餐行为上对莹莹进行积极引导，帮助莹莹建立良好的进餐习惯。

1. 进餐前。教导婴幼儿轻拉小椅子，稳稳坐进去，身体不摇也不晃。小脚并拢，坐在椅子前；为婴幼儿提供毛巾、垃圾桶，让婴幼儿自己处理吃剩的果皮、骨头，并引导婴幼儿自主归置好这些东西在桌上的位置。在上述案例中，没有进行进餐前的描述，但是莹莹还是跟往常一样坐在自己的小凳子上。莹莹的家长可以训练莹莹在进餐前好的行为习惯。

2. 进餐中。教导婴幼儿身体紧靠桌沿，一手扶着碗，一手拿餐具；及时将掉在桌上、身上、地上的饭菜扔进垃圾桶；汤水打翻时，要及时避让，衣服不弄脏，再取工具来清理。进餐时，父母尤其不应该打开电视分散婴幼儿的注意力。在上述案例中，由于电视对莹莹注意力的分散，更是导致莹莹不具有良好进餐行为的原因。

3. 进餐后。进餐结束后，先是站起身，再将椅子推入桌，接着再去拿盘子；用抹布清洁桌面时，应一手拿抹布，一手拿碗，弯下身轻轻擦拭脏东西至桌子边缘；手中有盘子，走路要小心，将餐具、毛巾等放到指定处。在上述案例中，进餐结束后，莹莹直接跑走，父母此时应当树立莹莹良好的行为习惯，比如叫她回来，收拾好自己的碗筷，将自己的小凳子推进去等。

观察案例二

观察目的：婴幼儿的进餐行为观察

观察对象：涛涛（36个月）

观察时间：2015年10月11日中午

观察地点：早教机构食堂

观察内容：

今天午餐，孩子喝的汤是西红柿豆腐汤。涛涛已经吃完饭菜，因为今天的菜里有肉圆，肉是涛涛的最爱。涛涛此时正用小勺拨弄着汤碗里的西红柿，拨弄了好一会，涛涛还是没有将汤舀进嘴里。老师走过去对涛涛说："涛涛今天本领好大，饭菜这么快就吃完了，赶快把汤喝完，就能得第一名了。"涛涛抬头看着老师说："吃饱了，汤不喝了。"想到涛涛外婆之前说的涛涛在家和妈妈一样不吃西红柿和青菜的情况，老师对涛涛说："是不是不喜欢吃西红柿？那么这样吧，老师帮帮忙，把西红柿拿掉，我们涛涛把豆腐和汤吃完。""好的。在家时，奶奶也帮我把西红柿和青菜拿掉。"

老师帮涛涛去掉了汤里的西红柿，随后又舀了一勺汤送进涛涛的口中。汤刚进口，涛涛露出想要呕吐的样子，老师赶紧说："咽下去，涛涛以后就可以少生病。"听到老师的话，涛涛赶紧咽了下去。"涛涛，汤是什么味道？"涛涛看着老师不吭声。"有点酸。"坐在涛涛旁边的丽丽开口说。"是呀，有点酸，可是蛮好喝的，对吧？"老师对丽丽说。"对的，很好喝的。""涛涛，味道还可以吧？涛涛以前没吃过，喝喝就习惯了，老师也最喜欢喝西红柿汤了。"

在老师的鼓动和帮助下，涛涛终于将汤喝完了。

分析与解释：

1. 大人的"榜样"作用。由于家人有挑食的习惯，婴幼儿产生了模仿学习。

佐证记录：涛涛妈在家中进餐时也是非常挑食的。

2. 家长过分迁就。家长的过分迁就造成孩子进餐困难。

佐证记录：家人对涛涛比较溺爱，当涛涛排斥自己不喜欢吃的东西时，怕涛涛呕吐或吵闹，于是迁就他。

指导和对策：

1. 将食物拼搭成趣味图案，吸引婴幼儿的注意。有时候婴幼儿爱吃一个食物，是因为受到它们外表的吸引。如果婴幼儿不爱吃蔬菜水果，不妨尝试将蔬菜或水果摆成好看的图案，或者婴幼儿最近喜欢的动画形象。

2. 让婴幼儿参与到食物的制作过程中。幼儿园经常会举办一些亲子活动，让家长和孩子一起动手制作美食，家长会发现，在家各种挑食的孩子居然把饭吃光了。这是因为食物是孩子自己动手制作的，他们很有成就感，吃起来自然就香了。而且让孩子一起制作美食，还可以提高孩子的动手能力。

3. 养成饭前不吃零食的习惯。现在很多婴幼儿经常吃零食，影响了正常饮食。所以一定要让婴幼儿养成饭前不吃零食的好习惯。当然如果实在饿了，不妨给他们少量吃一些水果、全麦饼干等比较健康的食物。

4. 父母的榜样示范作用。父母是孩子最好的老师，很多孩子都会不自觉地模仿父母的动作。所以，想让孩子多吃蔬菜和水果，父母平时也得多吃。很多孩子看父母吃得很香，他们就会不自觉地想吃。

二、行为检核法及等级评定法

观察目的：婴幼儿的进餐行为观察

观察对象：托班幼儿（28个月—33个月）

观察时间：2016 年 9 月

观察地点：早教机构

观察内容：

在正式观察记录之前，观察者对这三个班的幼儿进行了家庭喂养方式的访谈调查，调查结果如下：

托一班：6 名幼儿独立进餐，4 名幼儿家喂养。

托二班：5 名幼儿独立进餐，5 名幼儿家长喂养。

托三班：9 名幼儿全部为家长喂养。

表 6-1　托班幼儿进餐情况检查记录表

班级	餐次	饭菜分配量			幼儿食量			教师反映			饭菜剩余情况			教师建议
		多	适中	少	好	一般	不好	好	一般	不好	已回收	未回收	无	
托一	早餐		✓			✓		✓					✓	
	中餐		✓		✓			✓				1		
	晚餐		✓			✓		✓					✓	
托二	早餐		✓			✓			✓				✓	
	中餐	✓			✓				✓			2		
	晚餐		✓			✓		✓				3		
托三	早餐	✓					✓		✓			3		
	中餐		✓				✓			✓		5		
	晚餐	✓				✓				✓		4		

经过一周的观察，发现托一班教师反映较好、饭菜分配量及幼儿食量适中，饭菜仅有一次剩余；托三班教师反映较差、饭菜分配量多、幼儿食量少，饭菜剩余情况多。

分析与解释：

1. 家长教养方式影响婴幼儿进餐行为。经过调查，托三班幼儿全部都是被家长喂养，而托一班幼儿家长则要求幼儿独立进餐。不少家长在对子女的教育中重智力开发，轻行为习惯的培养，绝大多数幼儿在家中的进餐都是由家长来喂的。除此之外，还有部分幼儿在家中养成了许多不良的进餐习惯，如：进餐时思想分散，注意力不集中；常常将饭菜含在嘴中不咽下去，咀嚼吞咽慢，有时还故意将饭菜呕吐在碗内；边吃饭边玩等。有的幼儿虽然能独立进餐，但习惯不好，满桌满地都是饭粒、菜羹，在进餐速度上也存在很大差别，幼儿挑食现象也较普遍。

佐证记录：表 6-1。

2. 晚餐用餐情况明显好于午餐用餐情况。由于幼儿上午在幼儿园吃点心，距离午餐时间比较短，所以在吃午饭的时候浪费现象严重。

佐证记录：表 6-1。

指导与对策：

1. 及时调查、了解幼儿的偏食情况。通过调查了解，及时分析幼儿偏食习惯形成的原因，如：家长从未提供或很少提供某种食物；身体原因，如脾胃不和等；生活习惯；情绪不稳定等。

2. 因人而异，实施不同的教育方法。

榜样示范法。根据幼儿"喜模仿""爱表扬"的特点，可利用集体氛围的渲染，为他们树立榜样。

"打预防针"的方法。有些幼儿对某种食物高兴时能吃一些，不高兴就少吃或不吃。针对这类幼儿，可在饭前做一些愉快安静的游戏，通过游戏让他们知道今天吃的是一种营养特别丰富的食物，多吃会长高、长聪明。当幼儿的情绪被调动起来，相互比着吃，往往会吃得很香。

逐渐加量的方法。有些幼儿从小就不吃某种食物，因此要他一下子改过来是不太可能，也不太现实的。针对这类幼儿，可以采用"逐渐加量"的方法，每次尝试增加一点点。

物质鼓励法。对偏食、剩饭的幼儿，哪怕是一点点进步，都应给予鼓励，如小红花、小贴画、小卡片等，调动幼儿的积极性，促使幼儿改正偏食和剩饭的不良习惯。

第二节　婴幼儿如厕行为观察案例

和进餐一样，如厕也是婴幼儿日常生活中一件非常重要的事情。本节主要运用行为检核法和轶事记录法对婴幼儿如厕行为进行记录。

一、行为检核法

观察目的：婴幼儿如厕行为观察

观察对象：小班婴幼儿 12 名（32—38 个月）

观察时间：2015 年 4 月 15 日

观察地点：幼儿园—教室

观察内容：

由于幼儿在吃点心前总是用跑的方式去上厕所，所以决定利用观察表的方式，对幼儿如厕行为进行检核观察，从而探讨幼儿用跑的方式如厕的原因。

表 6-2　吃点心前如厕情况检查记录表

序号	跑的次数	原因							如何处理						被观察者的反应		
		尿急	和同伴比赛	受同伴影响跟着跑	习惯行为	在活动室坐太久，想活动一下	想抢先回活动室	其他	口头劝解	及时制止	请他最后走	请同伴等他一起走	成人带他一起走	其他	立刻改过	依然故我	变本加厉
1	1						1		1						1		
2	1			1					1						1		
3	2		1	1							1		1				1
4	1			1					1							1	
5	1			1					1						1		
6	1			1					1						1		
7	1			1					1						1		
8	1				1				1						1		
9	1			1						1						1	
10	1			1					1						1		
11	2			1			1			1	1						1
12	1			1						1			1			1	
合计	14	0	1	10	1	0	2	0	7	4	1	1	1	0	7	3	2

注：当婴幼儿发生以上行为后，在表格中写"1"。

这是一个关于婴幼儿吃点心前用跑的方式去上厕所的行为检核观察表，教师利用检核表的方式来观察婴幼儿如厕行为并分析背后的行为原因。通过一段时间的观察，教师发现婴幼儿用跑的方式上厕所的原因多是受到同伴影响，通过教师的劝解引导的处理方式，大多数婴幼儿能自觉改正自己的行为。

分析与解释：

1. 婴幼儿如厕行为缺乏规则意识。小班幼儿由于刚入园，没有形成比较强烈的规则意识，容易受到同伴的影响。此外，很多婴幼儿为了抢先回到活动室拿到喜欢吃的点心也会采用跑的方式上厕所。

佐证记录：从观察结果来看，由于受到同伴影响而去如厕的婴幼儿有10人次，经过教师的劝解引导，回到座位有7人次。

2. 采取劝解引导的方式对婴幼儿进行行为改正。用语言进行引导，能使婴幼儿更容易接受。

佐证记录：从观察结果来看，由于受到同伴影响而去如厕的婴幼儿有 10 人次，经过教师的劝解引导，回到座位有 7 人次。

指导与对策：

1. 端正婴幼儿的如厕动机。

2. 训练如厕的年龄适当。一般情况下，婴幼儿在 3 岁左右可以进行如厕训练，但由于每个婴幼儿的情况不同，并不是所有婴幼儿到 3 岁时都能准备好接受如厕训练，可以等他们准备好了再进行。

3. 积极强化如厕训练。婴幼儿 3 岁以后，成人需要采取一些办法帮他们做一些积极强化的如厕训练，并给予不断的鼓励。

4. 耐心对待如厕训练。训练婴幼儿如厕的时候一定要有耐心，不要太过着急。

二、轶事记录法

观察目的：婴幼儿如厕行为观察

观察对象：小花（24 个月）

观察时间：2015 年 8 月 13 日

观察地点：家中

观察内容：

"2 岁的小花，也该到了自己学会坐马桶上厕所的年纪了！"脑中浮现如此想法的小花妈妈开始试着把宝宝的尿布撤除。没想到，一不穿尿布，小花就开始走到哪尿到哪；硬拉小花坐在马桶上，换来的只有"妈妈你为什么要逼我"的愁容。就这样僵持了大半天，因为屁屁毫无动静，母女俩只好无奈离开厕所。不料，一恢复自由，小花就又尿了……

分析与解释：

1. 婴幼儿承受如厕心理压力。一般来说，满 2 周岁时，婴幼儿能够控制自己的大小便，白天保持干净；2 岁半时，他们上厕所时能够拉下裤子，但在提裤子时有些困难，需要成人的帮助才能完成，晚上也能保持干净；3 岁时，大多数婴幼儿晚上不尿床，但是有些男孩子仍会尿床。其实，排便作为人体新陈代谢的一种重要途径，对身体健康起着重要的作用。个体大小便的异常情况都是人体健康受损的警示信号。如果婴幼儿尚不具备与年龄相一致的如厕行为，或体现出如厕行为能力的倒退，可能是由于如厕行为习惯养成不完全或承受着暂时的心理压力。

佐证记录：当妈妈离开，小花放松的时候便能够如厕，而妈妈在时则无法如厕。

2. 婴幼儿无法及时排泄的原因。

（1）从婴幼儿如厕的行为习惯来看

托小班的婴幼儿由于在家多使用坐式马桶，而在早教机构中多提供蹲式便池，因此容易造成如厕行为不适的问题；家长的过多包办还使很多孩子便后清洁能力不足；稍大的婴幼儿基本能独立如厕，但多由于贪玩而憋尿，部分孩子还不会正确使用便纸甚至浪费便纸。

（2）从婴幼儿心理压力来看

托小班的婴幼儿，由于对早教机构的环境尚不熟悉，所以多伴有紧张压力感；对于稍大的婴幼儿来说，他们的自我意识进一步萌发，更关注他人对自己的看法。成人对于尿裤子问题的过分关注，将会加重婴幼儿的心理负担，使孩子逃避如厕问题。

指导与对策：

1. 选择婴幼儿喜欢、使用舒服的便盆。
2. 婴幼儿控制大小便的顺序先是能控制大便，然后才能控制小便，最后是夜间能够控制小便。
3. 采用婴幼儿较容易理解的语言和动作指导婴幼儿"表达"大小便需求。
4. 针对上厕所害怕的婴幼儿，可以带他一起跟便便说"再见"，然后一起按下冲水钮。
5. 千万不要让婴幼儿在如厕时吃东西或者玩玩具等，这样很容易造成婴幼儿便秘。

第三节　婴幼儿穿脱衣物行为观察案例

穿脱衣物是婴幼儿应当具备的生活自理能力，通过对婴幼儿穿脱衣物的行为进行观察，能够反映出婴幼儿生活自理能力以及婴幼儿身心发展水平。本节将从案例入手，进行婴幼儿穿脱衣物行为解析，对于婴幼儿穿脱衣物行为的观察，主要通过轶事记录法进行。

一、婴幼儿穿衣行为观察

观察目的：婴幼儿穿衣情况观察

观察对象：佳佳（29个月）

观察时间：2016年10月18日早

观察地点：家中卧室

观察方法：轶事记录法

观察内容：

场景一

早晨，佳佳醒来了，妈妈教她穿衣服。佳佳穿衣服时，妈妈坐在旁边，给佳佳摆好位置。妈妈把佳佳的手往袖子里一塞，然后说："呀，看不见宝宝的手了！"佳佳就一直笑。妈妈又问："摸到妈妈的手了吗？"佳佳边笑边抓住妈妈的手，紧接着妈妈又换了只手，佳佳就将衣服穿好了。佳佳非常开心。

场景二

第二天早晨，佳佳起床了，妈妈又开始教佳佳自己穿衣服。妈妈给佳佳摆好衣服的位置，一边穿一边说："伸左手，换右手。"让佳佳依照描述来做。穿完衣服后，妈妈还亲了亲佳佳，夸奖她做得真好，佳佳开心极了。

分析与解释：

2岁的婴幼儿需要成人的指导和鼓励。从埃里克森的精神分析理论来说，2岁的婴幼儿正处于培养其自主性的关键时期。

佐证记录：佳佳非常渴望自己进行一些独立的动作，所以在母亲的指导下，佳佳愿意按照妈妈说的去做。

指导与对策：

成人结合游戏让幼儿学习，会有事半功倍的效果；还可利用亲一亲等方式鼓励幼儿学习，增强他们的自信心，促进其能力的发展。

二、婴幼儿脱衣行为观察

观察目的：婴幼儿脱衣情况观察

观察对象：咪咪（28个月）

观察时间：2017年3月13日早

观察地点：幼儿园盥洗室

观察方法：轶事记录法

观察内容：

在老师的指导下，托一班的小朋友们都来到了盥洗室上厕所。丽丽很快脱掉了裤子开始小便。咪咪不说话，在旁边站着，用手拨拉着裤子。老师看见了，走过去，让咪咪脱掉裤子小便，咪咪无辜的眼神看着老师，一点一点往下拽。直到老师走过去，协助她脱掉了裤子，咪咪顿时变得开心起来，小便完，咪咪还是用同样的方式等待老师帮助她穿裤子。

分析与解释：

1. 托班婴幼儿脱衣不到位。婴幼儿衣物整理不到位，主要由于托班婴幼儿手部力量不足，协调性差，脱衣物对他们来说有一定的难度。

佐证记录：咪咪无法自己独立完成脱衣物。

2. 托班婴幼儿自理能力差。在上述案例中，咪咪自理能力差很有可能是由于成人的过度包办而导致婴幼儿缺失自理能力。老师还应该联系家长，家园配合培养婴幼儿的自理能力。

佐证记录：咪咪用撒娇的方式等待老师的协助。

指导与对策：

培养婴幼儿的穿脱习惯应注意以下原则：

1. 培养婴幼儿穿戴整齐和爱整洁的好习惯。教婴幼儿穿戴衣物时，衣裤要扯平，外衣要扣好，系好鞋带，戴正帽子。脱下的衣裤鞋袜要按顺序整齐地放在固定的地方。

2. 要根据婴幼儿的年龄特点，逐渐培养婴幼儿穿戴衣物的能力。

3. 要给婴幼儿仔细讲解每一个动作。如：脱衣，要先把着婴幼儿的手放在背后，使孩子一只手拉住另一只袖子往下拉，另一只手往上抽，解扣子，右手手指按住扣子，从扣眼里往下按，左手往下拉衣服。

4. 穿脱习惯的培养要循序渐进。12—14个月的婴幼儿能抓起帽子戴在头上，但过1—2个月才能戴正。婴幼儿在学穿鞋时开始分不清左右，穿袜时不会扯后脚跟。因此要仔细、耐心、循序渐进。同时应先做示范动作，然后让婴幼儿自己练习，并给婴幼儿讲解衣物的名称、颜色及各种穿衣的动作，以提高婴幼儿独立穿衣的兴趣，及早掌握与穿衣有关的语言和技能。

第四节　婴幼儿睡眠行为观察案例

睡眠对婴幼儿的生长发育有重要影响作用，而且睡眠行为受到各种各样因素的影响。可以通过事件取样法以及轶事记录法对婴幼儿睡眠行为进行观察。

一、事件取样法

观察目的：婴幼儿的午睡情况观察

观察对象：洁洁（36个月）、坤坤（37个月）

观察时间：2015年11月25日

观察地点：幼儿园

观察内容：

洁洁是一个乖巧听话的孩子，各方面能力都不错，就是每次午睡时非常难入睡。有时，老师陪在她旁边摸摸她的头，拍拍她的身体，看着她闭上眼睛一动不动了，以为睡着了，结果老师一走开，她马上又睁开眼睛。洁洁的身体不好，她妈妈也总是为她的午睡烦恼。

表6-3　洁洁午睡观察记录

午睡状况	周一	周二	周三	周四	周五	入睡率
	没入睡	没入睡	没入睡	没入睡	没入睡	
午睡中出现的行为	开始玩辫子，提醒后躺着不动。	躺着不动，老师靠近，闭眼。	老师陪伴，身体不动，当中小便1次。	前90分钟闭上眼睛身体不动，后30分钟玩被角。	躺着不动，老师靠近，闭眼。	0%

坤坤也是一位中午不睡觉的小朋友。每次躺下不到10分钟，他就开始叫："老师，我要解小便。"老师说："睡觉前每个小朋友都小便过了，怎么你又要去？""老师，我憋不住了！"于是，老师就让他去了。不到20分钟，他又说："老师，我要小便。"这一回，老师没让他去，他整个中午都没有睡着。

表6-4　坤坤午睡观察记录

午睡状况	周一	周二	周三	周四	周五	入睡率
	没入睡	入睡	没入睡	没入睡	没入睡	
午睡中出现的行为	前30分钟睁眼不动；后面开始不停动，当中小便1次，喊要小便3次。	不断提醒下入睡，当中小便1次。	躺着玩手指，老师靠近，闭眼。	躺着玩手指，老师靠近，闭眼。	躺着玩手指，老师靠近，闭眼。	20%

分析与解释：

1. 幼儿不愿意睡觉的表现方式各不相同，主要有以下几种表现：

（1）安静型。自己玩或躺着不影响别人。

（2）吵闹型。自己一个人玩，发出声响影响别人。

（3）寻求关注型。不断制造声音，吸引老师的注意。

佐证记录：洁洁为安静型幼儿，坤坤为寻求关注型幼儿。

2. 影响婴幼儿睡眠状态原因——作息时间不规律。有的婴幼儿因为不规律的作息时间而影响到午睡质量，所以成人应该针对婴幼儿的个体差异，采取相应的措施，从而提升婴幼儿的心理安全感，提高睡眠质量。

佐证记录：经与家长沟通发现，由于坤坤在幼儿园没有睡着，回家后晚上便早早睡觉，有时家中有事又会很晚睡觉,因此形成不良循环。

3. 有的幼儿比较敏感,成人或周围事物的变动或发出声响也会影响午睡。

佐证记录:洁洁是比较敏感的婴幼儿,老师一说话或一走动,她就会睁开眼睛。

指导与对策:

1. 做好婴幼儿午睡前的准备工作。
2. 创设良好的午睡环境。
3. 考虑婴幼儿睡眠需要的个体差异,弹性化安排午睡时间。
4. 针对不同的难入睡原因,采取不同的指导方法。
5. 家园密切配合,培养婴幼儿良好的午睡习惯。

二、轶事记录法

观察目的:婴幼儿的午睡情况观察

观察对象:小宝(36个月)

观察时间:2016年3月13日

观察地点:早教机构

观察内容:

午睡时,孩子们都把鞋脱掉放在床下摆好,然后才躺下睡觉,但小宝在每次睡觉时,把鞋脱得东一只、西一只,而且趁老师稍不注意时就把手伸到床下玩起鞋来,这样既不整齐又不卫生,起床后更是经常找不到鞋子。

今天,老师看到小宝又在玩鞋,于是老师走过去用哀叹的语调说:"小宝的鞋可真可怜。到中午休息的时候了,还这样被小宝当成玩具玩。"小宝不好意思地看着老师,老师又说:"小宝,咱们把鞋子摆好让它们舒舒服服睡上一觉好吗?"小宝回答说:"那好吧,我把你们摆好睡觉吧!"

分析与解释:

1. 婴幼儿还未完全建立良好的睡眠习惯。

佐证记录:小宝睡觉前随处乱扔自己的鞋。

2. 婴幼儿的睡眠习惯需要正确引导。幼儿期是行为习惯形成的关键时期,成人应以鼓励、引导的方式帮婴幼儿建立良好的行为习惯。

佐证记录:老师走过去用哀叹的语调说:"小宝的鞋可真可怜。到中午休息的时候了,还这样被小宝当成玩具玩。"小宝不好意思地看着老师,老师又说:"小宝,咱们把鞋子摆好让它们舒舒服服睡上一觉好吗?"这时小宝回答说:"那好吧,我把你们摆好睡觉吧!"

指导与对策：

帮助婴幼儿养成好习惯：

1. 入睡准备：平缓、享受的活动，如在孩子睡觉熄灯前洗个澡，讲个故事；建议入睡前活动不在床上。

2. 识别孩子睡觉信号：会揉眼睛、拉耳朵、发呆，这时帮助其入睡，他（她）会很容易也很快入睡，避免哭吵后再哄睡。

3. 入睡过程在床上完成：当孩子困乏但还清醒的状态下把他放在床上，一旦学会自己独立入睡，晚上自然醒来时他也同样可以学会重新入睡。

4. 鼓励夜间睡眠：晚上把光线开到最暗，避免晚上和孩子玩耍；白天则要多逗引宝宝玩，鼓励白天进食。

5. 鼓励使用过渡物品：从依赖成人帮助入睡过渡到独立入睡，不强迫。

6. 培养良好的睡眠作息：良好规律进食进餐习惯有利于良好睡眠作息，而不恰当地缩短白天睡眠时间，会使孩子感到过度疲乏，反而影响夜间睡眠质量。

本 章 小 结

在这一章中，主要介绍了婴幼儿的生活能力观察案例，包括婴幼儿进餐行为、如厕行为、穿脱衣物行为以及睡眠行为。

对于不同行为，可以采取不同的观察方法，如：可以运用轶事记录法、行为检核法、等级评定法观察婴幼儿的进餐行为；运用轶事记录法和行为检核法进行如厕行为观察；运用轶事记录法记录穿脱衣物行为；运用轶事记录法和事件取样法对睡眠行为进行观察。本章在阐述每个生活案例的同时，还介绍了培养该能力的相关方法以供借鉴。

延 伸 学 习

 拓展阅读

0—3 岁婴幼儿 27 项生活自理能力养成法

一、0—3 个月婴幼儿的生活自理能力

能力1：吸吮

对婴幼儿而言，吸吮能力是一项必备的技能，他们正是通过吸吮反射来摄取维持生存所必需的养分。如果吸吮能力不佳，不仅营养摄取受到限制，原始口腔欲望也无法得到满足，还可能对情绪及行为发展造成障碍，并且影响日后的吞咽、咀嚼与说话能力。

二、4—6 个月婴幼儿的生活自理能力

能力2：伸手抓握奶瓶

请不要小看婴幼儿伸手抓握奶瓶的意义，在生理上，这不仅表示他已具有"吸吮"与"双手可碰在一起"的能力，在心理上更有助于培养注意力。当婴幼儿会伸手帮忙拿奶瓶时，可以说是正式踏出自我照顾的第一步。

培养建议

每当婴幼儿要喝奶时，不要急着把奶瓶塞在婴幼儿口中，可先拿着奶瓶让他看几秒，同时对他说："喝奶的时间到啦，看，这就是你的奶瓶。"然后慢慢将奶瓶移到婴幼儿的唇边，让他可以感觉到。此时，只要婴幼儿出现看奶瓶的动作，就可以开始喂食。

刚一开始，婴幼儿可能无法抓住奶瓶，此时可帮他把手放在奶瓶上，为日后自己扶住奶瓶做好准备。奶瓶要有温温的感觉，婴幼儿才会喜欢把手放上去。在喂食时不要把婴幼儿的双手挡住，这样他才能将一只手或双手放在奶瓶上。

如果婴幼儿能够把手放到奶瓶上，就可以进行下一步的练习。成人只握住奶瓶底部，留下中间位置让婴幼儿去抓握，再视状况调整奶瓶角度。有时婴幼儿拒绝去抓握奶瓶，表示他们还存在依赖心理，成人可适时帮忙扶住奶瓶，让婴幼儿有被支持的感觉。

如果婴幼儿一直不喜欢抓握奶瓶，则可以给奶瓶套上一些不同材质的东西，如小袜子或运动用的护手圈，激发婴幼儿想要触摸的欲望，同时增加不同的触觉体验。

能力3：接受用汤匙喂食

相比天生的吸吮能力来说，吞咽能力必须依靠后天的学习而获得。吞咽能力不仅影响到营养摄取及口腔发育，也关系到胃肠道消化功能和说话能力。因此，在婴幼儿能够添加辅食时，就可开始练习用汤匙喂食。

培养建议

成人与婴幼儿面对面，让盛有果泥的汤匙出现在婴幼儿的视线内（可靠近婴幼儿唇边），同时发出一些声音，以嗅觉、视觉与味觉吸引婴幼儿的注意。然后，做出张开嘴巴吞入食物的动作（表情可以夸张一点），激发婴幼儿模仿的兴趣。

在喂食时，先将汤匙平放在婴幼儿舌头上轻轻按一下，再把汤匙拿出，此时应鼓励婴幼儿做出合唇动作，以利用上唇把食物从汤匙上抿下来。刚开始婴幼儿可能会用舌头推出汤匙或去吸汤匙中的食物，成人一定要有耐心，陪着婴幼儿多多练习。

如果婴幼儿无法顺利使用汤匙进食，成人可利用玩偶玩喂食游戏，用夸张的表情和声音示范吞入食物的动作，让婴幼儿因感觉有趣而愿意尝试。如果婴幼儿的口腔感觉过于敏感，可在喂食前先按摩其双颊及唇边肌肉。如果婴幼儿的合唇动作不佳，在进食时可用食指与中指轻压其上下唇，以帮助合唇。

三、7—12个月婴幼儿的生活自理能力

能力4：自己拿住奶瓶进食

原本只是像配角一样扶住奶瓶的婴幼儿，现在已经能够像主角一样，依靠自己的力量拿住奶瓶，甚至能主动调整奶瓶的倾斜度。当然，即便婴幼儿已经具有自己拿奶瓶的能力，但是在婴幼儿喝奶时，成人最好仍陪在旁边，以避免发生呛奶等意外。

培养建议

如果婴幼儿还不能自己拿奶瓶，成人可采取如下措施：

1. 在喂食时，先帮忙扶着奶瓶，顺势拉着婴幼儿的手扶住奶瓶，再慢慢移动自己的手至奶瓶底部。

2. 注意婴幼儿的喝奶姿势，避免呛奶或感染中耳炎。可在婴幼儿头部或上背部放一个枕头或软垫，使婴幼儿头部保持直立。

3. 可以考虑使用比较轻的奶瓶，以便婴幼儿更好地抓握。如果婴幼儿的手臂控制力不佳，则建议改用带有握把的奶瓶。

能力5：吞咽糊状辅食

经过一段时间的汤匙喂食，大多数婴幼儿已经能够用舌头移动食物，并可吞下比较黏稠的食品。此时可以给婴幼儿提供煮得烂一点的粥、捣碎的香蕉、梨子等黏稠度较高的食物，鼓励婴幼儿的唇、舌做出主动进食的动作，甚至可把食物从不同方向的嘴角送入，让婴幼儿用舌头练习"舔"的动作。

培养建议

假如婴幼儿的吞咽动作一直不熟练，成人可采取如下措施：

1. 如果婴幼儿一直吐着舌头将食物顶出，可用小而浅的汤匙向下轻压其舌头的中间部分，并以手指帮婴幼儿把下唇轻轻合上，让他吞下食物。

2. 如果婴幼儿的舌头移动有困难，可用手指或压舌板在婴幼儿的口腔内朝各边轻推，帮助婴幼儿练习移动舌头。

3. 成人使用舌头做出夸张的动作，并且故意让婴幼儿看到，激发其模仿的兴趣。

4. 可鼓励婴幼儿吃手与玩具，因为1岁之内吃手可以帮助口腔动作有更好的发展，而不必担忧因此养成坏习惯。

能力6：自己拿食物吃

随着婴幼儿大小肌肉的发展及手眼协调能力的日益成熟，他自己已经能够拿着固体食物送入口中，这表示婴幼儿开始学习用牙龈咬固体食物。此时不需要牙齿，只是利用舌头把食物顶到嘴巴上方，再通过腭部做出上下咬合的动作，这一连串的动作有助于日后发展出比较成熟的咀嚼动作。

培养建议

为了让婴幼儿尽快拥有自己拿食物吃的能力，成人需要注意以下几点：

1. 可以多提供一些半固体的食物，如小面包、起司片、凝胶状食物、煮得较烂的胡萝卜条或切成条状的香蕉等，这些食物不需要真正的咬合即可溶化，能让婴幼儿轻松获得使用牙龈咬食物的乐趣。

2. 不要提供坚硬、小碎块的食物，如花生、糖果、爆米花等，以免呛到婴幼儿。另外，在婴幼儿躺着、哭闹及移动时，不要让婴幼儿单独进食。

3. 为了让婴幼儿的能力有更好的发展，不要怕他们吃得一团糟。另外，还要留出足够的时间让婴幼儿去咬、吞，千万不要催促。

能力7：拉下头上的帽子

在练习穿衣服之前，"脱"是一个很重要的动作，当婴幼儿能主动拉下帽子时，就表示他有了主动参与的意愿，不再一直处于被动状态。试着在婴幼儿头上戴上帽子，并抱着他照镜子，指着帽子说："宝宝戴帽子。"然后示范把帽子拿开，并说："宝宝摘帽子。"再帮婴幼儿戴上帽子，引导他自行拉下帽子。只要婴幼儿出现了拉扯动作，就算具备了该项能力。

四、13—18个月婴幼儿的生活自理能力

能力8：用学习杯喝水

虽然吸吮是一种天生的反射动作，但是如果练习机会不足，依然可能出现障碍，特别是不足34周的早产儿，更容易因肌肉张力不足而缺乏良好的吸吮能力。所以，在从吸吮奶嘴过渡到用杯子喝水时，更有必要让婴幼儿多多练习。

培养建议

1. 可挑选样式有趣、颜色鲜艳的学习杯，吸引婴幼儿的学习兴趣。

2. 由于拿杯子需要使用到腕力，可挑选有把手的杯子，以方便婴幼儿抓握。

3. 喝水需要抿嘴、吞咽，如果婴幼儿在1岁之后还经常流口水，则表示其嘴巴闭合功能较差，需要多练习抿嘴动作。成人平时可跟婴幼儿玩嘴巴游戏，如发"呣""啊"等声音，以练习张嘴、闭嘴的动作。

4. 要增加嘴部肌肉的张力，可让婴幼儿玩吹乒乓球的游戏，或是多咀嚼一些比较硬的食物。

能力9：用吸管喝水

从用学习杯过渡到用吸管喝水，则是婴幼儿吸吮能力的一大进步。

培养建议

1. 刚开始可用较细且短的吸管来练习，因为细、短的吸管更容易让婴幼儿的口腔肌肉发力，等到熟练之后，再换用粗一点、长一点的吸管。

2. "吹"的动作比较容易学习，但"吸"的动作则相对困难一些。成人可用软包装饮料帮助婴幼儿练习，当婴幼儿无法顺利做出"吸"的动作时，可稍微挤一下饮料盒，这样饮料就被挤到婴幼儿口中，让婴幼儿感受到"吸"的作用。

能力10：自行使用汤匙或叉子

随着婴幼儿的小肌肉发展越来越好，可以放手让他练习自行使用汤匙或叉子进食。

培养建议

1. 可以先提供握柄比较粗、短的汤匙，以方便婴幼儿抓握。刚开始不必纠正婴幼儿的握姿，只要能够做出握汤匙的动作即可。随着婴幼儿的手腕动作越来越灵活，其抓握动作也会逐渐规范起来。

2. 在使用汤匙时，请注意让其他餐具保持稳定，因为婴幼儿刚使用汤匙时，从碗中舀起食物的动作更像"戳"，稍不留意就容易把碗打翻。因此，不妨使用防滑垫或底部加有止滑垫的餐具。

3. 为了让婴幼儿顺利用汤匙舀起食物，可先从泥状或糊状食物开始练习。如果要使用叉子，可将食物切成容易叉取的小块。

能力11：咀嚼半固体食物

随着咀嚼能力的提升，婴幼儿的进食种类也随之增加，这样不但能够获取更加丰富而均衡的营养，还能丰富口腔经验，加速口腔肌肉发育，对日后的语言学习大有帮助。

培养建议

1. 可先让婴幼儿自行拿取入口即可溶化的食物，如牙饼，让他慢慢摸索吃东西的方法。

2. 逐渐提供小块、较软的食物让婴幼儿尝试，即便婴幼儿拒绝尝试，也不要很快放弃该食物，可以试着变换其他的拿取方式，只要婴幼儿愿意尝试，即使用手抓着吃也没关系。

3. 提供多样化食物，鼓励婴幼儿积极尝试，以丰富咀嚼经验，比如含有纤维质的食物。只要婴幼儿能吃上几口，就要及时给予鼓励，这样婴幼儿对于吃东西就有了良好的感受，进而愿意继续尝试。

能力12：表示尿湿了或已经排便

在对婴幼儿进行如厕训练之前，最重要的就是他能够明确表达自己的生理状况，知道什么是尿尿或便便，并主动告诉父母。

培养建议

1. 成人应尽量掌握婴幼儿的排泄状况，可通过婴幼儿的动作（如双脚交叉、扭动）、表情（涨红的脸）来加以判断，把握其排泄规律，准确预测需要换尿布的时间，并在适当时机先询问婴幼儿："你是不是尿尿了？"让他理解尿尿与便便的意思是什么。

2. 在比较准确地掌握婴幼儿的排便规律之后，慢慢把更换尿布的时间提前，引导婴幼儿直接在坐便器上解决大小便，为日后的如厕训练作准备。

能力13：用毛巾擦嘴

养成良好的卫生习惯，是婴幼儿需要建立的生活规范之一。在吃完东西后，可引导婴幼儿主动用毛巾擦嘴，逐渐养成保持自身清洁的好习惯。

培养建议

1. 进食前可在婴幼儿身边准备一条小方巾，以方便随时使用。

2. 吃完之后，不必急着让婴幼儿用毛巾擦嘴，可先让他用舌头舔去嘴边的渍痕，这也是建立本体觉的方式之一。让婴幼儿感受嘴边有残留饭粒，再用舌头灵活地舔去，舌头的活动能力可得到强化，日后学习正确发音也更为顺畅。

3. 刚开始使用毛巾时，父母可轻拉婴幼儿的手拿毛巾，做出擦拭动作，让婴幼儿了解擦嘴巴的意义，慢慢熟练这一动作。

能力14：洗手

早日协助婴幼儿养成勤洗手的习惯，可以降低很多疾病的发生概率。除了教婴幼儿学会洗手之外，也应教导他外出回家后第一件事就是洗手，在饭前、便后或摸过脏东西后也要洗手。

培养建议

1. 爱玩水可说是婴幼儿的天性，可以作为引导婴幼儿学习洗手的一大工具。

2. 事先分解洗手的步骤，一步步教会婴幼儿。比如：先踩在椅子上够到洗手台——拉起衣服袖子——湿手＋打肥皂＋搓手——打开水龙头冲水——擦干手。

3. 在打肥皂时，可顺势教婴幼儿认识手掌、手背、各个指头及指缝。

4. 不论用拧还是用扳的方式打开水龙头，都是一种手指训练，可试着让婴幼儿自己来，以便早日学会独立洗手。

五、19—24个月婴幼儿的生活自理能力

能力15：用汤匙进食

当婴幼儿能自行用汤匙进食时，表示其手腕动作的成熟度已与成人相近，自理能力也已发展到一定的水准。此时对婴幼儿的要求可以高一些，不仅能够使用汤匙，还需要培养一些用餐礼仪，如：吃东西时一手拿餐具，一手扶住碗；吃完才能离开餐桌；食物不能洒落太多等。

培养建议

1. 先带着婴幼儿练习使用汤匙，拉着他的手做出"舀"的动作，并协助其把汤匙中的食物送至口中。

2. 可搭配玩具进行练习，增强婴幼儿的学习动机。让婴幼儿从练习喂玩具娃娃开始，再运用到自己身上。

3. 平常可多玩一些运用到手腕动作的游戏，如铲沙子，可增加手腕活动的灵活度。

4. 创造机会让婴幼儿与其他孩子一起用餐，增强其观察、模仿的意愿，尽快学会使用汤匙进食。

能力16：咀嚼固体食物

婴幼儿的口腔肌肉越来越灵活，加上牙齿的咀嚼能力日益提升，能吃的食物种类越来越丰富，对于均衡摄取各种营养大有帮助。需要注意的是，要随时提醒婴幼儿养成细嚼慢咽的习惯。

培养建议

1. 可提供切成片的苹果或稍微硬一点的饼干，让婴幼儿练习用门牙咬断、用舌往后送并且吞咽，逐渐养成先吞下一口、再吃一口的习惯。

2. 食物不要切得太细，多给婴幼儿提供练习机会，以学习咬断食物。比如肉条、烫过的西芹等切成小段的食品，都是婴幼儿练习咬断食物的好食材。

能力17：在大人协助下练习刷牙

刷牙不仅是良好的卫生习惯，也能让幼儿提升手部运作的能力。虽然婴幼儿此时还不能刷得很好，不过重点在于让婴幼儿接受刷牙。因此，务必要有耐心，持续协助婴幼儿刷牙，直到他养成习惯为止。

培养建议

1. 把牙刷放进口中，刚开始可能会让婴幼儿感觉不舒服，可先以牙刷套套在婴幼儿手指上，让他慢慢接受刷牙。一开始可以不用牙膏，避免造成婴幼儿不适，刷牙后直接用清水漱口即可。

2. 与婴幼儿一起刷牙，让他模仿成人的动作。由于刷牙牵涉手、嘴、眼的协调动作，所以不妨对着镜子练习，以便婴幼儿更好地掌握姿势。

3. 刷牙时先从中间的牙齿刷起，再刷两侧的牙齿。

4. 鼓励婴幼儿自己刷牙很重要，但是碍于其能力不足，刚开始很难真正刷干净，还需要成人协助，因此可以先让婴幼儿自己刷，最后再帮他从前到后完整地刷一次，确保口腔卫生。

能力18：在大人协助下脱外套、裤子及鞋子

在会穿衣裤之前，必须先学会脱衣裤，因为"脱"比"穿"的动作更容易。

培养建议

1. 短袖衣服、短裤比长袖衣服、长裤更容易脱，建议从短裤、短袖衣服开始练习，不论用什么姿势，只要婴幼儿能顺利脱下衣服都可以。

2. 脱衣服需要运用到关节动作，可依照婴幼儿的习惯帮他分解各种动作。以开襟式衣服为例，先解开衣服扣子或拉链，脱之前把衣服往前拉，再把手伸离袖子。成人可适时提供协助，让婴幼儿对脱衣服建立自信心，并提升学习意愿。

3. 脱裤子时，先让婴幼儿站着，协助他把裤子往下拉至大腿处，再让他坐下来，自己把裤子拉到脚踝处，然后把脚伸出裤管。

能力19：在大人协助下穿衣服

从容易穿脱的衣物开始练习，其中开襟式与套头式衣物的穿法不同，开襟式衣物比较容易穿脱，而套头式衣物需等到婴幼儿两三岁时再练习。在开襟式衣物中，背心又比短袖衣物更方便练习。

培养建议

1. 先让婴幼儿分辨衣物的前后与正反面，协助他穿上一边，另外一边则可试着让他自己穿上。

2. 穿裤子时，先让婴幼儿坐着，把脚伸进裤管，再把裤子拉至大腿处，然后起身把裤子往上拉，接着做最后的整理工作。

3. 根据婴幼儿的能力发展，逐步提供难度高一点的衣物加以练习。

4. 要给婴幼儿留出足够的练习时间，不要因为急着出门或由于其他原因而催促婴幼儿，更不要因为婴幼儿穿得不好而责备他，那样会打击其自信心，进而丧失继续学习的动力。

能力20：帮忙做简单家务

不论收拾玩具或做其他家务，成人都应带头做出表率，使婴幼儿有一个好的模仿、学

习对象，提升参与的动机。另外，不要用成人标准去要求婴幼儿，只要婴幼儿愿意做，就应给予鼓励。

培养建议

1. 在收拾玩具之前，要让婴幼儿知道玩具应该放在哪里，玩具的摆放位置最好是固定一处，让婴幼儿有明确的印象。每次玩玩具时，应陪着婴幼儿在固定的地方玩，并陪着他一起收拾。

2. 做其他家务也是一样，成人一边做，一边让婴幼儿在旁边观看，时间一长，婴幼儿也想自己做做看。此时可准备婴幼儿的专属工具，如小抹布，邀请他和成人一起擦桌子，事后给予及时鼓励。

能力21：练习如厕及表达需求

如厕需求需要婴幼儿的括约肌及排泄器官发育成熟后，才能感受到尿意与便意，再加上语言发展成熟，才能明确用语言表达出来。在这个过程中，成人一定要耐心陪伴，千万不可操之过急。

培养建议

1. 先为婴幼儿准备可爱有趣的坐便训练器，在成人上厕所时，可带着他一起进厕所，让他学习大人的动作，事先了解成人怎样如厕。

2. 尽量抓准婴幼儿大小便的频率，感觉婴幼儿差不多要排便的时候，可先询问他是否需要上厕所，然后让他在坐便训练器坐上三五分钟，如果能够顺利排尿排便，一定要加以鼓励，以建立其自信心。

3. 学习如厕的时间最好在夏天，万一弄脏衣裤也方便清洗。

4. 由于男女如厕方式不同，所以父母应共同承担起带子女学习上厕所的责任，让男孩女孩各自学习到合适的如厕方式。

六、25—36个月婴幼儿的生活自理能力

能力22：模仿梳头、刷牙、洗衣等至少3件事情

培养建议

1. 成人平时做这些事情的时候，不论自己梳洗还是帮婴幼儿做，都要尽量让婴幼儿看到，以便他对这些事情产生印象。

2. 当看到婴幼儿不时模仿大人的动作，比如给娃娃梳头、刷牙等时，可在合适的时机（如早上起床后要梳头、吃过食物后要刷牙）主动把梳子、牙刷交到婴幼儿手上，让他对着镜子梳头、刷牙，或是在手洗贴身衣物时，让婴幼儿跟着一起洗自己的小手帕。

3. 刚开始婴幼儿的动作不会太熟练，但是只要他愿意做，就尽量给他创造做的机会。可以把一连串的动作拆解成几个步骤，让婴幼儿从最简单的动作做起。

能力23：上厕所会脱下裤子

上厕所会脱裤子，这是如厕能力的再次提升。

培养建议

1. 成人先示范如何使用双手，将拇指伸进裤子、然后抓住裤子的两侧，最后将裤子脱下。

2. 刚开始练习时，也许婴幼儿一时还不能把裤子脱到屁股底下。如果婴幼儿无法同时使用双手将裤子往下退，那么可先教他将裤子的一边往下退，随后再退另一边，经过重复拉扯，一直到脱下裤子为止。

3. 将裤子退下来后，让婴幼儿坐在小椅子上，或靠着墙以支撑身体，便于脱下裤子。

4. 成人示范如何抬起一只脚，把裤管拉下，然后再换另一只脚，将另一只裤管拉下。

能力24：明确表示要上厕所

培养建议

1. 婴幼儿是否能清楚表达自身的生理状况，与其表达能力有着密切关系，而表达能力需要平日一点一滴地积累。因此，协助婴幼儿拥有一流的表达能力非常重要。

2. 在陪婴幼儿进行如厕训练时，成人一定要有足够的耐心，就算婴幼儿做得不够好，比如刚表达完"要上厕所"的意思，裤子就已经湿了，或是还没有来得及走到厕所就已经尿出来了等，也要加以包容。

3. 不要因为如厕训练而训斥婴幼儿，否则容易让他对如厕一事产生恐惧，进而更难摆脱对尿布的依赖。

4. 成人需要多用心观察，尽量协助婴幼儿掌握好如厕的时间，适时加以提醒，逐渐让婴幼儿知道什么时候上厕所最合适。

能力25：会穿没有鞋带的鞋子

刚开始可以协助婴幼儿把脚伸进鞋子内，留下黏鞋扣的动作给婴幼儿做。然后让婴幼儿自己把脚伸进鞋内，让他体验不同动作的困难程度，再适时告诉他应该如何穿鞋。

培养建议

1. 让婴幼儿坐在小椅子上。

2. 学习分辨左右脚，看哪只脚应该套进哪只鞋。

3. 帮婴幼儿把鞋舌往外翻。

4. 示范如何把脚放进鞋子（先把脚尖穿进鞋内，脚跟再往下踩入鞋内），另一只脚做重复动作，让婴幼儿跟着做一遍。

能力26：熟练使用汤匙

一般来说，2—3岁婴幼儿的大小肌肉已经发展到一定程度，熟练使用汤匙进食应该不成问题。如果此时婴幼儿还是无法熟练使用汤匙，就要多创造机会让婴幼儿练习手腕动作。

培养建议

1. 先让婴幼儿拿铲子任意铲沙。

2. 和婴幼儿比赛，看谁铲沙子铲得比较多。婴幼儿本来就喜欢玩沙子，再加上比赛的刺激心理，玩起来更是乐此不疲，这样就能有效练习手腕动作，进而顺利地使用汤匙进食。

能力27：会解开纽扣

会解开纽扣也是重要的自理能力之一，在学会解开纽扣后，再去学习扣上纽扣的动作。

培养建议

1. 可从大一些的纽扣开始练习。成人可先把纽扣穿过纽扣洞的一半,然后让婴幼儿完成最后的解开动作,等熟练之后,再让婴幼儿独立解纽扣。

2. 先让婴幼儿练习解开布偶衣服上的纽扣,再练习解开自己衣物上的纽扣。

 学习活动

1. 选择一种方法对婴幼儿日常生活的某一个环节进行观察记录,对记录结果进行解释分析,和自己的同伴分享。

2. 用表格归纳罗列婴幼儿日常生活行为各个环节的观察要点及观察方法。

复习与思考

1. 婴幼儿生活自理能力包括哪些?
2. 如何观察婴幼儿进餐行为?
3. 如何观察婴幼儿如厕行为?
4. 如何观察婴幼儿午睡行为?

第七章　婴幼儿游戏活动观察案例

学习目标

认知发展是儿童发展的一个重要方面。从认知发展的角度对游戏进行分类，最早始于瑞士心理学家皮亚杰。他认为儿童的游戏水平受其认知发展水平的影响，并与认知发展阶段相适应。因此依据对儿童认知发展的研究，将儿童的游戏划分为感觉运动游戏、象征性游戏、建构游戏和规则游戏。而对于0—3岁的婴幼儿来说，他们所处的游戏阶段主要是感觉运动游戏、象征性游戏和建构游戏。

本章主要围绕婴幼儿的游戏活动展开，以案例分析的形式展现了记录婴幼儿游戏的过程，旨在熟悉不同记录方法在婴幼儿游戏中的使用，以及如何针对不同的游戏选择恰当的记录方法。通过本章节的学习，你将：

1. 掌握婴幼儿感觉运动游戏的案例记录方法。
2. 掌握婴幼儿象征性游戏的案例记录方法。
3. 掌握婴幼儿建构游戏的案例记录方法。

第一节　婴幼儿感觉运动游戏观察案例

感觉运动游戏也称为练习性游戏或机能性游戏，这类游戏主要是由简单的重复动作组成，是婴幼儿为了获得某种愉快体验而单纯重复某种活动或动作，对新习得或不熟练的动作进行练习的游戏活动形式，如摇铃、扔东西、滚球等。这种游戏发生的动因主要是婴幼儿的感觉运动器官在运用过程中所获得的快感。感觉运动游戏是婴幼儿游戏发展的最初阶段，主要出现在0—2岁的感觉运动阶段，其中1岁之前最多，随着婴幼儿年龄的增长，比例会随之下降。

观察案例一

观察目的：婴儿重复声音探索行为观察

观察对象：明明（9个月）

观察时间：2017年1月7日下午 2:25—2:30

观察地点：家中

观察方法：轶事记录法

观察内容：

明明坐在床上玩，突然碰到了床铃上面的猴子摇铃，这时候床铃摆动起来并发出悦耳的声音。明明于是又用手拉动猴子摇铃，床铃又摆动起来并发出声音，明明兴奋地哈哈笑了起来，张开两个手臂不停地使劲拉动，床铃不断摆动并发出声音，他开心地发出"啊啊"的声音。这个过程持续了2分钟。

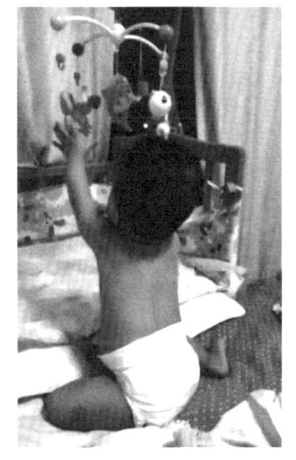

图 7-1 婴儿重复拉动床铃

分析与解释：

1. 出现感知运动游戏，为了获得愉快体验而出现单纯重复性动作。感知运动游戏主要由简单的重复动作组成，婴儿主要是为了感受某种愉快体验而单纯重复某种动作，集中出现在0—2岁期间，尤其是0—1岁最多。9个月的明明因无意中拉动绳子而出现床铃的摆动和悦耳的声音，因此在重复的拉动中体验这种快感。

佐证记录：碰到了床铃上面的猴子摇铃，这时候床铃摆动起来并发出悦耳的声音。明明于是又用手拉了猴子摇铃，床铃又摆动起来并发出声音。这个过程持续了2分钟。

2. 抓握能力、手眼协调能力进一步增强。7—9个月的婴儿手指抓握能力更加灵活，可以用力抓握物体，且手眼协调能力进一步增强，能够判断出手拉动物体后发出的声音来源。明明通过拉动摇铃而引起床铃的摆动以及悦耳的声音，说明其抓握能力以及手眼协调能力进一步增强。

佐证记录：用手拉动猴子摇铃，床铃又摆动起来并发出声音。

指导与对策：

1. 提供小的有声音的玩具，锻炼婴儿抓握能力。7—9个月婴儿的精细动作进一步发展，如：能用整个小手拨弄到小球，能自己拿来一个玩具再取另一个玩具，还会发现玩具的特点而去反复探索。因此，可以选择大小不一、会发出声响的玩具，吸引婴儿关注并锻炼其抓握能力，促进手的灵活性和协调性的发展。

2. 和婴儿玩亲子游戏，帮助其练习手部动作。手部动作属于精细动作，可以促进智力的发展，因此平时可以陪婴儿玩一些关于手部动作的亲子游戏。比如：伸手够物，可以延伸婴儿的视觉活动范围，使他感觉距离、理解距离，发展手眼协调能力。

3. 当婴儿独自探索因果关系时，不要打扰他。6个月之后的婴儿在感知觉发展的基础上，开始探索物体的特性以及通过操作引起的某种因果关系。比如：触碰某物或按某个按钮会发出声音，拍拍敲敲会发出声响，碰小球会滚动等，他会反复去尝试、探索。当婴儿发生这些行为时，注意不要打扰他，只需要静静地在一旁鼓励他、欣赏他。

观察案例二

观察目的：婴儿重复空间探索行为观察

观察对象：嘟嘟（8个月）

观察时间：2016年5月7日上午9:10—9:15

观察地点：家中客厅

观察方法：轶事记录法

观察内容：

嘟嘟正坐在地板上玩小汽车，突然目光转向沙发上的摇铃，于是迅速爬到沙发边上，扶着沙发站了起来，接着双手抓着沙发，左腿抬高，爬上了沙发，右腿也爬了上去，之后坐在沙发上拿起摇铃摇了起来。摇了一会儿，他把摇铃扔到了地上，然后抻着脖子看了看，又将沙发上的口水巾拿起来扔到了地上，又抻着脖子看了看，接着又扔了一张纸。就这样重复扔，重复向地面看。

图 7-2 婴儿反复扔、捡物品

分析与解释：

1. 出现感知运动游戏。婴幼儿在0—2岁会频繁出现感知运动游戏，尤其是0—1岁期间表现最为突出。通过某些重复性的动作，来探索周边的世界，锻炼自己的感知觉。如嘟嘟将沙发上的东西重复扔到地上，说明他很喜欢物体更换位置的这种感觉，这对他来说是一个有趣的发现。

佐证记录：他把摇铃扔到了地上，然后抻着脖子看了看，又将沙发上的口水巾拿起来扔到了地上，又抻着脖子看了看，接着又扔了一张纸。就这样重复地扔，重复向地面看。

2. 能够理解简单的因果关系。婴儿在 6 个月之后开始能够理解简单的因果关系，他们会很喜欢去控制一些物体，期待会出现一定的结果，所以这个时期的婴儿喜欢反复扔东西，喜欢按钮类的玩具等。嘟嘟通过把沙发上的物体扔到地上，体会到了物体从手中飞到不同地方的感觉，从而达到不同的结果。

佐证记录：他把摇铃扔到了地上，又将沙发上的口水巾拿起来扔到了地上，接着又扔了一张纸。就这样重复扔，重复向地面看。

3. 能够很好地控制自己的手。反复扔东西是训练小手肌肉的有效方式，婴儿通过不断反复练习，手部控制能力会更好，然后再从点的动作过渡到线的动作，如自己吃饭、画画等动作。嘟嘟很熟练地抓起不同大小的物体，并顺利扔出去，正是小手肌肉控制能力发展的良好表现。

佐证记录：他把摇铃扔到了地上，又将沙发上的口水巾拿起来扔到了地上，接着又扔了一张纸。就这样重复扔，重复向地面看。

指导与对策：

1. 帮助婴幼儿发展手部控制能力。可以提供大量的游戏机会，让婴幼儿在趣味性的游戏中锻炼自己的小手，发展小手的控制能力。

2. 鼓励婴幼儿探索声音。8—12 个月的婴幼儿喜欢扔东西，探索空间和声音，对于婴幼儿的探索欲望，要积极配合，不要阻止或批评。

3. 提供不同材质的物体，帮助婴幼儿探索不同声音。给婴幼儿提供不同重量、大小、形状和质地的物体让他扔，体会不同物体掉落的快慢、声音大小以及位置的变化特点。

观察案例三

观察目的：了解婴儿模仿行为的发展情况
观察对象：齐齐（2 个月）
观察时间：2016 年 4 月 28 日下午 3:25—3:55
观察地点：家中卧室
观察方法：轶事记录法
观察内容：
妈妈抱着 2 个月的齐齐，冲他伸舌头，这时齐齐也做出了和妈妈一样伸舌头的动作；妈妈又冲他张大嘴巴，发出"啊——"的声音，齐齐也张大了嘴巴。

分析与解释：

1. 会模仿成人。婴儿从出生开始，就通过模仿和成人交流，通过模仿来运动肢体。如：一般出生 8 小时，婴儿就会模仿母亲吐舌头；从第六周开始，就会模仿成人张开嘴巴发出声音等。如：2个月的齐齐会通过模仿妈妈吐舌头以及张开嘴巴，来感知通过模仿进行运动。

佐证记录：妈妈抱着他，接着冲着齐齐伸舌头；这时，齐齐也做出了和妈妈一样伸舌头的动作；妈妈又冲他张大嘴巴，发出"啊——"的声音，齐齐也张大了嘴巴。

指导与对策：

1. 经常进行亲子游戏互动。婴幼儿从出生起就会出现模仿行为，并且他平时喜欢关注成人的表情动作，因此成人可以和婴幼儿主动玩起游戏，多和婴幼儿做丰富的表情动作，激励其模仿行为。

2. 要积极地和婴幼儿互动。当婴幼儿模仿成人的表情、行为时，成人要积极地进行回应，反过来模仿婴幼儿，这样的交流会增进亲子情感。另外，经常和婴幼儿玩照镜子游戏，对着镜子做一些模仿动作，可以加强婴幼儿的自我意识。

3. 对婴幼儿的模仿行为积极鼓励。当婴幼儿出现模仿行为时，要及时进行表扬，如亲一亲、拍一拍、抱一抱等。

观察案例四

观察目的：婴儿重复丢球的游戏观察
观察对象：小雨（9个月）
观察时间：2016年6月3日上午 10:25—10:35
观察地点：家中客厅
观察方法：轶事记录法
观察内容：

小雨坐在地垫上，手里拿着一个刺球，从左手传到右手，又从右手传到左手，盯着小球看了下，接着双手一起捏了捏，小球发出了"吱吱"的声音，他又反复捏了两次。这时，小球掉到了地上，发出了闪闪的亮光，小雨迅速爬过去，捡起小球，发现亮光消失了，就又丢到了地上，小球又发出了亮光，小雨又爬过去捡起小球。就这样，这个动作反复持续了3分钟。

图 7-3 婴儿反复丢球

分析与解释：

1. 能够将物体从一只手传到另一只手。7—9个月的婴儿能够用手摆弄物体并抓住，而且能够将物体从一只手传到另一只手。如：小雨拿到刺球之后，可以在双手之间来回交换，认真观察。

佐证记录：小雨坐在地垫上，手里拿着一个刺球，从左手传到右手，又从右手传到左手，盯着小球看了下。

2. 手的力度进一步增大，并通过用手捏小球，探索声音的发生。7—9个月的婴儿摆弄物体的能力加强，且力度逐渐增大，可以很灵活地抓握物体，并且可以顺利地捏、按等。如：小雨能够熟练地摆弄刺球，并且能够顺利将刺球捏响。

佐证记录：接着双手一起捏了捏，小球发出了"吱吱"的声音，他又反复捏了两次。

3. 出现因果关系的探索。7—12个月的婴幼儿开始懂得因果关系，这标志着婴幼儿智力发展的一个新高度。随着行动能力的增强，婴幼儿渐渐发现自己的动作能够把玩具弄响；拉玩具的一边会带动另一边；甚至为了听到你的大声怪叫，去揪你的头发或者打你的眼镜……一个行为会引起一件事情的发生，婴幼儿渐渐发现和理解了这种简单的因果关系。如：小雨通过丢球，发现球会发出亮光，于是重复进行这一动作，就是在探索这种简单的因果关系。

佐证记录：小球掉到了地上，发出了闪闪的亮光，小雨迅速爬过去，捡起小球，发现亮光消失了，就又丢到地上，小球又发出了亮光，小雨又爬过去捡起小球。就这样，这个动作反复持续了3分钟。

指导与对策：

1. 使用玩具帮助婴幼儿探索因果关系。可以为婴幼儿准备一些有开关的玩具，比如可以拍响、按响、捏响的琴、鼓、球等，供婴幼儿探索因果关系。

2. 通过亲子游戏满足婴幼儿探索欲望。6个月以上的婴幼儿开始关注因果关系，因此成人要帮助婴幼儿理解因果关系，不妨玩一些培养思考能力的互动游戏，来满足婴幼儿探索因果关系的好奇心。

3. 创设适宜探索的安全环境。婴幼儿对于任何物体的探索都要注意安全性，成人必须要为婴幼儿创造一个适合探索的环境，注意安全隐患，并随时针对婴幼儿的探索行为进行观察，把握机会去引导。

观察案例五

观察目的：婴儿重复发声的游戏观察

观察对象：乐乐（6个月）

观察时间：2016年7月7日下午3:25—4:00

观察地点：家中客厅

观察方法：轶事记录法

观察内容：

6个月大的乐乐坐在地垫上玩音乐琴，嘴里突然发出一种"si si"的声音，之后就不停地重复发出这个声音。重复过程中，她一直很开心，还咯咯地笑，挥动手臂。随后，乐乐妈妈开始模仿她。乐乐发出这个声音，妈妈就跟着学她，乐乐认真地看着妈妈发出这个声音，等妈妈停止之后，就又开始发出这个声音，接着妈妈又继续模仿乐乐的发声，乐乐立刻笑了起来然后继续发声，就这样持续了好长时间。

分析与解释：

1. 能够重复性地练习发声。婴儿从4个月开始，发音出现明显的变化，增加了很多重复、连续的音节，这时的发音较多的是对成人的社会性刺激作出反应。如：乐乐重复地发出"si si"的声音，并乐于和妈妈玩互相发音的游戏。

佐证记录：乐乐嘴里突然发出一种"si si"的声音，之后就不停地重复发出这个声音；乐乐发出这个声音，妈妈就跟着学她，乐乐认真地看着妈妈发出这个声音，等妈妈停止之后，就又开始发出这个声音，接着妈妈又继续模仿乐乐的发声。

2. 出现交际规则的雏形。4个月以后的婴儿能比较明确地对成人的声音作出反应，并会对成人的言语逗弄予以连续性的语言应答，使交流顺利进行下去，与此同时，婴儿会觉得愉快，还会用动作来辅助表达自己的意愿。如：乐乐很开心地和妈妈互动交流，发出"si si"的声音，并持续了很长时间。

佐证记录：重复过程中，她一直很开心，还咯咯地笑，挥动手臂。随后，乐乐妈妈开始模仿她。乐乐发出这个声音，妈妈就跟着学她，乐乐认真地看着妈妈发出这个声音，等妈妈停止之后，就又开始发出这个声音，接着妈妈又继续模仿发声，乐乐立刻笑了起来然后继续发声。

指导与对策：

1. 积极关注婴儿的重复性行为。当婴儿出现某种重复性的行为时，成人要给予积极的关注和回应，激励婴儿重复练习，促进其各项技能的发展。

2. 对于婴儿的重复性行为要积极回应。当婴儿出现重复性行为时，成人可以反复模仿婴儿，激发他继续这种重复性的行为，并引导婴儿和自己互动，提高其社会交际技能。

3. 对婴儿的模仿行为积极鼓励。当婴儿出现模仿行为时，要尽快表扬，可以亲一亲、拍一拍、抱一抱等，巩固婴儿的这一技能。

观察记录六

观察目的：幼儿玩益智玩具的游戏观察

观察对象：亮亮（24个月）

观察时间：2017年2月17日上午9:45—10:00

观察地点：家中客厅

观察方法：轶事记录法

观察内容：

亮亮在客厅里玩"打地鼠"的游戏。他先用小锤子把四个小球依次敲下去，小球从小洞里掉到了桌子下面。他来到桌子左边，蹲下用右手抓起掉在地上的红色小球，然后迈着小碎步从桌子左边走到右边，看到地上黄色的小球，用左手抓起，他拿着已经找到的蓝色、黄色、红色的小球来到原来的玩具这里。他用左手把红色和黄色的小球分别放在了红色边框和黄色边框的位置上，但是他放蓝色小球时看了看绿色边框的位置想了想，把蓝色小球放到了蓝色边框的位置。他拍着绿色边框的位置，问："妈妈，这个（小球）哪儿去了？你帮我找找。"妈妈看了一下，对他说："看看你后面有没有。"亮亮向四周看了看，接着趴在地上，仔细地"搜寻"着绿色的小球。他在桌子下面看了看没有，然后撅着屁股趴在地上往后挪了挪，用双手支撑着身体，看了看，好像已经看到小球了。他双手着地爬到了茶几处，看到了绿色的小球，并用右手拿起小球，左手支撑着站起来回到玩具旁边，把绿色的小球放进了绿色边框的空位置。这次，他是用右手的食指把红色的小球重重地按了下去，然后依次用右手食指分别把别的小球都按了下去。看到小球都被按下去，他很开心地给自己鼓起掌来。

分析与解释：

1. 对颜色进行分类。24个月的幼儿已经可以分清红、黄、蓝、绿这些基本颜色。如：亮亮在将小球放回洞中时就很好地表现出对颜色的分类。

　　佐证记录：用左手把红色和黄色的小球分别放在了红色边框和黄色边框的位置上，但是他放蓝色小球时看了看绿色边框的位置想了想，把蓝色小球放到了蓝色边框的位置。

2. 对方位还没有明确的感知，并未能理解前后的概念。对于方位知觉的发展，研究表明：3岁幼儿仅能辨别上下方位，4岁幼儿开始能辨别前后方位，5岁幼儿开始能以自身为中心辨别左右方位，6岁幼儿虽能完全正确地辨别上、下、前、后4个方位，但以自身为中心来判断左、右时仍有困难。许多研究认为左右方位的相对性要到七八岁后方能掌握。案例中的亮亮听到妈妈的指示后并没有马上去自己的身后寻找，而是向四周看了看，然后趴着到处寻找，可以很明显地看出他对方位还没有明确的感知，并未能理解前后的概念。

　　佐证记录：妈妈看了一下，对他说："看看你后面有没有。"亮亮向四周看了看，接着趴在地上，仔细地"搜寻"着绿色的小球。

3. 认识到物体是永恒存在的。在寻找隐藏的物体时，在幼儿的思维中，物体是永恒存在的，即使看不到它。如：绿色的小球找不到了，亮亮趴在地上四处寻找，即说明了亮亮认识到了物体是永恒存在的。

　　佐证记录：亮亮向四周看了看，接着趴在地上，仔细地"搜寻"着绿色的小球。

4. 精细动作更加灵活。2岁幼儿的手指力量也越来越强，手指操纵物体的能力也越来越强，可以非常顺利地拿捏细小的物体，也可以精确地用力按下较大的物体。如：亮亮用食指将小球从洞中按下去,说明他的手指力度发展得很好了。

佐证记录:他是用右手的食指把红色的小球重重地按了下去,然后依次用右手食指分别把别的小球都按了下去。

指导与对策:

1. 增加对物体颜色形状的认知。可多带幼儿认识各种物体的颜色、形状,尤其是给幼儿拿一个物体时,要详细描述,以增加幼儿对这些物体的认知。

2. 通过日常生活,锻炼幼儿精细动作。在日常生活中,可通过自己吃饭、穿衣、拿水杯喝水、帮大人拿东西等细节来锻炼幼儿精细动作的发展。

3. 通过亲子游戏,认识物体永恒性。可以和幼儿玩躲猫猫的游戏,帮助其认识物体的永恒性,还可以故意藏起幼儿喜欢的玩具让他去寻找,但是要注意露出玩具的一角。

观察案例七

观察目的:了解幼儿游戏过程中的动作发展水平

观察对象:瑶瑶(19个月)

观察时间:2016年12月8日下午3:35—4:00

观察地点:家中客厅

观察方法:轶事记录法

观察内容:

瑶瑶吃完饭后,拿着一盒子数字积木放在了沙发上,身体前倾趴在沙发上,接着双手抓着沙发,抬高右腿,双手用劲往上一拉,左腿也蹬上了沙发,然后跪坐在沙发上,从盒子里拿出数字积木在沙发上摆了起来。突然,她看到旁边放着一根红色的绳子,她拿起绳子看了看,然后又拿起一个红色的数字积木穿过绳子,当数字积木很顺利地穿过了绳子后,就又拿了一个红色的积木继续穿起来。穿完了红色的积木,又开始穿黄色的,依次又穿了绿色的、蓝色的。等穿到绳子的顶端,瑶瑶提起绳子,结果数字积木全部掉了下去,她看了看,就又拿着数字积木穿了起来,当穿到绳子的顶端,再一次提起绳子,结果数字积木又全部掉了下去。这时候,瑶瑶叫妈妈过来,说:"数字,在绳子上,掉。"妈妈看了看,笑着对瑶瑶说:"没关系的,妈妈给你系一个大大的结,就不掉了。"妈妈一边说一边给绳子的一端打了一个大大的结,瑶瑶高兴地又开始穿了起来。一会儿,又穿到了绳子的顶端,这次她提起来,数字积木没有掉下去,瑶瑶高兴地拿着一串数字积木挥舞着。之后将数字积木一个一个拿了下来,又开始重新穿。这次还是先穿红色的,穿完又穿绿色的、黄色的、蓝色的。穿到绳子的顶端,又一个一个拿了下来,再次重新穿,就这样反反复复了六次,一直在沙发上玩穿数字积木的游戏。

分析与解释：

1. 精细动作进一步发展，手眼配合得也非常好。将数字积木从绳子一头穿进去实际上是一种穿珠游戏，婴幼儿顺利地将珠子穿过绳子是指尖能力以及手眼协调配合能力发展的结果。婴儿在1岁时，拇指和食指的动作能力发展较好，加之手眼协调也开始发展，瑶瑶能够顺利地将数字积木穿好，并且非常有耐心地把带小眼儿的数字积木一个一个穿成串珠，进一步说明她的独立性不断增强，开始有了自律能力。

佐证记录：她拿起绳子看了看，然后又拿起一个红色的数字积木穿过绳子，数字积木很顺利地穿过了绳子。

2. 视知觉与手眼协调很好地统一。这个时期的婴幼儿喜欢玩颜色归类、玩具排序的游戏，而且乐此不疲。他们通常会将相同颜色的物体放在一起，这也就是视知觉与手眼协调的统一。瑶瑶将数字积木穿进绳子的时候，就是将相同颜色的积木穿在一起，而且是先穿颜色鲜艳的积木，表现出了对某种颜色的偏好。

佐证记录：她拿起绳子看了看，然后又拿起一个红色的数字积木穿过绳子，数字积木很顺利地穿过了绳子；穿完了红色的积木，又开始穿黄色的，依次又穿了绿色的、蓝色的。

3. 能够表达冲突并想办法解决。1岁半的幼儿还意识不到数字积木从绳子的另一端掉下来是什么原因，还不会用打结的方式解决这一问题，只能通过寻求帮助而得到解决，但是他已经意识到了所遇到的困难，而且尝试了两次，说明幼儿已经有了发现矛盾冲突的能力，能够表达冲突并想办法解决。如果在玩的过程中，自己的需要没有得到满足，他们就会向成人表达自己的需要，比如瑶瑶发现遇到的困难无法解决，便寻求妈妈的帮助。

佐证记录：当穿到绳子的顶端，再一次提起绳子，结果数字积木又全部掉了下去。这时候瑶瑶叫妈妈过来，说："数字，在绳子上，掉。"

指导与对策：

1. 提供不同大小物体吸引婴幼儿拿取。婴幼儿的穿珠技能和手部精细动作发展有密切的关系，成人要有意识地引导婴幼儿拿细小的物体，锻炼其小肌肉发展。

2. 提供婴幼儿适宜的串珠玩具。根据婴幼儿精细动作的发展水平，为婴幼儿提供适宜的串珠玩具。当婴幼儿掌握简单的穿珠技能时，如可以将线穿入较大孔的物体内时，可以增加难度，换成小一点孔的物体继续穿；之后再按照不同颜色或形状有规律地穿，引导其精细动作以及认知能力的发展。

观察案例八

观察目的：了解幼儿游戏过程中的动作发展水平
观察对象：果果（21个月）
观察时间：2016年11月4日下午3:25—3:55
观察地点：家中客厅
观察方法：频数记录法

观察内容：

表 7-1　21 个月幼儿穿珠游戏的动作观察记录表

游戏材料	观察内容	评价	
		是	否
扣子 （2 厘米大小）	能否将扣子穿过扣眼。	√	
	穿过扣眼后能否将线拉出。	√	
	在 1 分钟内能穿多少个扣子。	12	
带孔积木 （3 厘米大小）	能否将积木穿过小孔。	√	
	穿过小孔后能否将线拉出。	√	
	在 1 分钟内能穿多少个积木。	16	
珠子 （1 厘米大小）	能否将珠子穿过珠孔。	√	
	穿过珠孔后能否将线拉出。		√
	在 1 分钟内能穿多少个珠子。	0	

分析与解释：

1. 会玩穿珠游戏。不同年龄的婴幼儿玩穿珠游戏的水平不同，适合不同年龄的婴幼儿的珠子大小也不太一样。一般说来，12—14 个月的婴幼儿才能够玩穿珠的游戏，但这时他们只能玩大扣子般大小的珠子，而且要用棍子来穿；14—18 个月的婴幼儿能玩 1 厘米左右大小的珠子，但要用稍硬一点的线来穿，而且只能将线穿进珠子的孔里面，不会将线从珠子的孔里面拉出来；18—24 个月的婴幼儿才会穿针引线，能够玩真正意义上的穿珠游戏。

佐证记录：果果能将扣子和积木穿过孔，并能够将线拉出。

2. 玩不同材料的穿珠游戏时，表现出不同的游戏水平。对于扣子和带孔积木，果果都可以顺利将绳子穿过小孔，而且可以将线拉出来，但是对于比较大的积木来说，穿珠的速度要比小一点的扣子速度更快。当向他提供较小的珠子时，发现他可以将珠子穿过珠孔，但是却很难将线从孔中拉出来，说明其小肌肉发展的水平较低。对于细小的物体，果果明显表现出手指的灵活性较差，手眼协调的能力较弱。一般而言，18—24 个月的婴幼儿已经可以穿针引线，顺利地玩穿珠游戏了，在这一点上说明果果的发展相对缓慢些。

佐证记录：能将扣子和积木穿过孔，并能够将线拉出，而且穿积木要更快一些；但是对于 1 厘米大小的珠子只能穿过珠孔，无法将线拉出。

指导与对策：

1. 提供合适的串珠玩具，逐渐增加串珠的难度。针对幼儿手指灵活性的发展，应合理选择串珠以及串珠用的绳子，提供不同颜色、形状和大小的串珠。开始时应给幼儿选择体积较大、颜色鲜艳、较扁平的串珠，绳子则应选择粗硬的尼龙绳或鞋带等。当婴幼儿掌握了正确的方法和技巧后，再用洞眼小、颜色、形状、大小各异的串珠给幼儿玩，绳子也可细软一些，难度逐渐增加。

2. 教幼儿学会正确的穿珠方法。成人可以把串珠穿成各种玩具，如项链、手镯等，激发幼儿对穿珠的兴趣和动手操作的欲望。当幼儿成功穿线后，要及时给予表扬，即使穿不进去也要积极鼓励。

3. 和幼儿一起玩串珠。随着幼儿手指技巧的进步，成人可以和婴幼儿进行穿珠子比赛。成人要故意穿得慢一点，让幼儿取胜。经过几次练习以后，可以通过计时，看看幼儿在月初、月中和月末每分钟各能穿上几个珠子。除了比速度之外，还可以鼓励幼儿根据珠子的颜色、形状、大小设计"作品"。

第二节　婴幼儿象征性游戏观察案例

象征性游戏指婴幼儿以代替物为中介，在假想的情境中以模仿和想象扮演角色，以物代物、以人代人的表现形式来表现和反映现实生活体验的游戏活动，也称想象游戏、假装游戏。在象征性游戏中，婴幼儿要摆脱对当前实物的知觉，以表象代替实物作思维的支柱进行想象，满足婴幼儿在现实生活中不能实现的愿望和要求。象征性游戏主要出现在2—6岁，角色游戏是其主要表现形式。

观察案例一

观察目的：幼儿象征性游戏观察

观察对象：小海（26个月）

观察时间：2017年3月7日下午3:25—4:00

观察地点：家中客厅

观察方法：轶事记录法

观察内容：

26个月的小海拿着消防玩具车在客厅玩。他在地板上推着消防车四处走，突然撞到了一个小梯子，于是拿起小梯子放到了消防车上，然后坐在地上看了一下消防车，又转身去玩具筐里找了个小人偶。妈妈问他："这个小人是谁呀？""消防员。"小海回答，说着跑到消防车前将小人偶放在上面，然后开心地推着消防车走，一边走一边发出"嘟嘟嘟……让开，让开，我要去救火"的声音，随后走到了墙边，将梯子从消防车上拿下来，然后斜着倚在墙上，又拿着小人偶顺着梯子爬，但是梯子倒了。"哦，不！"小海自言自语，然后捡起梯子又一次斜着倚在墙上，拿小人偶接着爬，但是梯子又倒了。小海转身看着妈妈，说："它总倒。"妈妈看了下，说："用小车挡住。"小海按照妈妈说的做，果然梯子没有再倒了，就又开心地玩了起来。

分析与解释：

1. 会玩象征性游戏，且出现主题和情节。2 岁多的幼儿已经可以玩象征性游戏，其中，角色扮演游戏是主要的表现形式。这是一种假装的或虚构的游戏，一般是幼儿拿着玩偶道具进行扮演。如：小海在玩消防车救火的角色游戏，游戏中已经出现了主题和情节，说明小海已经具备了消防员救火的生活经验，并且可以模仿消防员救火的情形，行为与角色原型的行为保持一致，已经达到了对社会角色的认知水平。

佐证记录：开心地推着消防车走，一边走一边发出"嘟嘟嘟……让开，让开，我要去救火"的声音，随后走到了墙边，将梯子从消防车上拿下来，然后斜着倚在墙上，又拿着小人偶顺着梯子爬。

2. 表征思维初步出现。如：小海能够做到以物代物、以人代人，将一个小人偶看成是消防员，即表征思维初步出现。

佐证记录：妈妈问他："这个小人是谁呀？""消防员。"小海回答。

3. 能述说生活经验。

佐证记录：一边走一边发出"嘟嘟嘟……让开，让开，我要去救火"的声音。

4. 能够表达冲突并想办法解决。婴幼儿在假装的世界里玩的过程中，如果自己的需要没有得到满足，他们就会向成人表达自己的需要。比如：小海玩的时候，梯子总是滑倒，两次尝试都没有解决，于是向妈妈寻求帮助，表达自己的想法。

佐证记录：梯子倒了，小海捡起梯子又一次斜着倚在墙上，拿着小人偶接着爬，但是梯子又倒了。小海转身看着妈妈，说："它总倒。"妈妈看了下，说："用小车挡住。"

指导与对策：

1. 观察幼儿的角色游戏。当幼儿专注于角色游戏时，成人要对幼儿的游戏进行关注，认真观察，了解幼儿游戏的全过程。

2. 丰富游戏材料。可以给幼儿提供多种进行角色游戏的游戏材料，比如各种玩具车、人偶玩具、动植物玩偶以及生活用品等，方便其进行角色游戏，拓展游戏经验。

3. 及时给幼儿提供帮助，适当引导。由于幼儿生活经验有限，手眼协调能力、大动作以及各项技能都需要进一步发展，因此在进行角色游戏时，可能会遇到一些困难，成人要时刻关注幼儿的游戏，及时给幼儿提供帮助和指导。

观察案例二

观察目的：幼儿象征性游戏观察

观察对象：小杰（19 个月）

观察时间：2017 年 3 月 7 日下午 3:25—4:00

观察地点：家中客厅

观察方法：轶事记录法

观察内容：

小杰在玩具箱里翻了好久，最后找到了一块积木，拿在手里认真看了看，接着又放在耳边，发出"喂喂喂"的声音，假装在和别人说话。这时坐在沙发上看书的妈妈听到了小杰的声音，也拿起手机假装在和小杰说话。妈妈问小杰："你在哪里呢？"小杰回答："家。"妈妈又问："你妈妈呢？"小杰看了看妈妈，扔下积木，跑到了妈妈身边，开始拿妈妈的书。

分析与解释：

1. 出现象征行为，会做生活模仿游戏。2岁以后，幼儿的思维从感知运动思维阶段过渡到象征思维阶段，而拟人性是象征思维阶段的一个很重要的特点，大量的象征性游戏开始出现。幼儿喜欢模仿成人真实生活中的活动，能够以更具象征性和想象力的方式进行游戏活动，如假装打电话、假装喝水、假装做饭、假装购物等。他们在游戏中，经常以物代物，以人代人，这些都是象征的表现形式，即象征性游戏。如：小杰把积木当做电话，模仿成人打电话。

佐证记录：小杰在玩具箱里翻了好久，最后找到了一块积木，拿在手里认真看了看，接着又放在耳边，发出"喂喂喂"的声音，假装在和别人说话。

2. 游戏主题简单，缺乏坚持性。2岁多的幼儿刚刚出现象征性游戏的萌芽，玩的一般是非常简单的象征性游戏，主要以模仿日常生活情境为主，所以游戏的主题相对来说比较简单，游戏时间持续较短。另外，这个时期的幼儿坚持性比较差，容易受到其他因素的干扰而中断游戏。例如：小杰在和妈妈玩模仿打电话的游戏时，发现妈妈手上的书，就跑了过去，说明坚持性比较差。

佐证记录：接着又放在耳边，发出"喂喂喂"的声音，假装在和别人说话；小杰看了看妈妈，扔下积木，跑到了妈妈身边，开始拿妈妈的书。

指导与对策：

1. 积极参与幼儿的象征性游戏，及时拓展幼儿的游戏方式和内容。鼓励幼儿玩过家家，当幼儿认真"打电话""做饭"时，要注意时不时地问他："你在哪儿呢？你做的什么菜呀？"并及时称赞："真香啊！"

2. 如果幼儿的游戏过于单调或缺乏目的，要适当引导，配合游戏。成人可以以某种角色参与其中，给予建议和指导。例如：幼儿在给"客人"倒茶时，"客人"可以提醒幼儿想吃"点心"，让幼儿来分点心。

3. 多和幼儿玩互动的模仿游戏，丰富幼儿经验。成人可以经常和幼儿一起操作玩具，引导他进行想象扮演，丰富其日常生活经验。

观察案例三

观察目的：幼儿象征性游戏观察

观察对象：腾腾（34个月）

观察时间：2016年4月9日上午9:30—9:50

观察地点：幼儿园

观察方法：轶事记录法

观察内容：

区域游戏时间，腾腾选择了娃娃家，她从放着许多蔬菜玩具的玩具筐里拿了一个紫色的"茄子"，把它放到切菜板上，又去玩具筐里找了把"菜刀"，然后左手拿着"茄子"，右手拿着"菜刀"，用"菜刀"把"茄子"切成两半，接着又去玩具筐里拿了棵绿色的"白菜"，同样用"菜刀"切成两半，之后去玩具筐里翻了翻，没找到什么东西，又看了看周围，突然向对面的玩具柜走去，拿到一个碗，开心地把切开的"茄子"和"白菜"抓到碗里。然后双手一起端着碗，走到了"微波炉"旁，打开"微波炉"的门，把碗放了进去，关上门，扭了下按钮，露出喜悦的表情。等了一会儿，打开门，把碗取了出来，放到了"餐桌"上。

分析与解释：

1. 处于独自游戏水平，对模仿成人动作或玩具感兴趣，角色意识差。象征性游戏在幼儿2岁左右开始出现，其中角色游戏是最主要的表现形式，但是刚开始幼儿进行的角色游戏主要是独自模仿成人的动作，自身并没有具体的角色扮演意识。如：腾腾就是模仿妈妈在家做饭的动作，操作蔬果玩具。

佐证记录：拿了一个紫色的"茄子"，找了把"菜刀"，用"菜刀"把"茄子"切成两半；又拿了棵绿色的"白菜"，同样用"菜刀"切成两半；开心地把切开的"茄子"和"白菜"抓到了碗里；打开"微波炉"的门，把碗放了进去，关上门，扭了下按钮。

2. 游戏主题单一，情节简单，主要是和玩具发生作用。2岁多的幼儿玩角色游戏，游戏主题比较单一，一般情节都很简单，主要是和玩具发生作用。如：腾腾玩的游戏主题是切菜做饭，情节主要集中于切菜、烤的简单情节，主要是操作玩具。

佐证记录：拿了一个紫色的"茄子"，找了把"菜刀"，用"菜刀"把"茄子"切成两半；又拿了棵绿色的"白菜"，同样用"菜刀"切成两半；开心地把切开的"茄子"和"白菜"抓到了碗里；打开"微波炉"的门，把碗放了进去，关上门，扭了下按钮。

3. 生活经验主要来源于家庭。幼儿在3岁之前，掌握的知识技能都非常有限，因此他们的角色游戏主要来源于家庭的生活经验。如：腾腾在区域游戏一开始，就直接选择进入娃娃家玩切菜的游戏，主要是模仿家中妈妈做饭的场景。

佐证记录：拿了一个紫色的"茄子"，找了把"菜刀"，用"菜刀"把"茄子"切成两半；又拿了棵绿色的"白菜"，同样用"菜刀"切成两半；开心地把切开的"茄子"和"白菜"抓到了碗里；打开"微波炉"的门，把碗放了进去，关上门，扭了下按钮。

指导与对策：

1. 提供适宜的玩具。根据婴幼儿的生活经验为其提供种类少、数量少、且形状相似的成型玩具，满足重复操作玩具的需要。

2. 要注意观察婴幼儿的游戏。观察婴幼儿游戏，首先要诊断缺失，即针对婴幼儿的游戏判断是否具备有价值的游戏因素，如假装和想象、角色扮演、同伴交往、语言交流、角色扮演的坚持性等。

3. 根据游戏情况适时介入游戏。可以以平行游戏的方式介入游戏，也可以角色身份加入游戏，丰富幼儿游戏的情节，明确幼儿游戏的主题。

观察案例四

观察目的：幼儿象征性游戏观察

观察对象：薇薇（20个月）

观察时间：2017年3月7日下午3:25—4:00

观察地点：家中客厅

观察方法：轶事记录法

观察内容：

薇薇坐在沙发上，把自己的娃娃整整齐齐地摆成一排，拿一块毛巾轻轻地盖在娃娃的身上，同时一边自言自语道："宝贝乖，睡觉觉。"之后又拿起了另一个娃娃，左手拿着娃娃，右手拿着梳子，给娃娃梳头发，然后将其放在了其他娃娃的身边，同样盖上了毛巾，自言自语地说："宝贝乖，睡觉觉。"

分析与解释：

1. 处于独自游戏水平，对模仿成人动作或玩具感兴趣，角色意识相对较差。在这个阶段，幼儿往往把生活中的各种动物和物体当作人，把自己的行动经验和思想感情加到小动物或玩具身上，和它们交谈，把它们当作好朋友，但是相对来说角色意识还不强，不能够给自己赋予某种角色。

佐证记录：拿着一块毛巾轻轻地盖在娃娃的身上，同时一边自言自语道："宝贝乖，睡觉觉。"之后又拿起了另外一个娃娃，给娃娃梳头发。

2. 游戏的主要内容是重复操作、摆弄玩具。2岁多幼儿玩的象征性游戏，主要是通过重复操作、摆弄玩具，模仿日常生活行为。如：薇薇模仿妈妈平时的样子哄娃娃睡觉，以及帮娃娃梳头发，即是重复操作、摆弄玩具。

佐证记录：拿着一块毛巾轻轻地盖在娃娃的身上，同时一边自言自语道："宝贝乖，睡觉觉"；给另一个娃娃同样盖上了毛巾，自言自语地说："宝贝乖，睡觉觉。"

3. 游戏主题单一，情节简单，主要是和玩具发生作用。2岁多的幼儿玩象征性游戏时，主题比较单一，情节也很简单，主要是操作玩具。如：薇薇主要是在玩娃娃睡觉和给娃娃梳头的主题，情节很简单，主要是通过操作娃娃玩具，来玩象征性游戏。

佐证记录：拿着一块毛巾轻轻地盖在娃娃的身上，同时一边自言自语道："宝贝乖，睡觉觉"；之后又拿起另外一个娃娃，给娃娃梳头发。

4. 出现符号象征性行为。皮亚杰认为模仿让婴幼儿迈入了符号象征性之门。在这个阶段，幼儿开始模仿不在场的人、物体或事件。皮亚杰认为这种真正的模仿活动给了幼儿发展自身能力的机会。通过学做一些表征他人的动作，幼儿学会了用符号化的方式来表现行为。

佐证记录：拿着一块毛巾轻轻地盖在娃娃的身上，同时一边自言自语道："宝贝乖，睡觉觉"；拿着梳子，给娃娃梳头发。

指导与对策：

1. 帮助幼儿创设环境。可以根据幼儿的游戏兴趣为幼儿提供适量的过家家玩具，因为这个年龄段的幼儿更多的是因为看到相关玩具而想起游戏。如果幼儿喜欢哄娃娃睡觉，成人可以帮助布置娃娃睡觉的小床、枕头、被子等，这些都可以增加幼儿的游戏兴趣。

2. 给幼儿创造机会，帮助幼儿丰富生活经验。应注意在日常生活中，尽量丰富幼儿的生活经验，引导幼儿观察、参与日常生活活动，在过家家中模仿，并有意让幼儿有机会与年龄不同的小朋友游戏。

观察案例五

观察目的：幼儿象征性游戏观察

观察对象：林林（24个月）

观察时间：2016年8月23日下午5:25—5:40

观察地点：家中客厅

观察方法：轶事记录法

观察内容：

爸爸正在给林林洗澡。林林坐在浴盆里，拿着小狗玩具，突然将小狗的嘴在自己胳膊上划了一下，然后发出"啊"的声音，并对爸爸说："爸爸，我被小狗咬了。"爸爸看了看林林的胳膊，然后假装很着急的样子，一边抚摸林林的胳膊，一边安慰林林说："宝宝没事吧，爸爸给你吹吹就不疼了。"说完，便对着林林的胳膊吹了吹，问林林："还疼吗？"林林回答："不疼了。"然后爸爸又假装在处理伤口，还假装给他擦药，林林都很好地配合着。之后，爸爸又假装把那只小狗赶走，林林很开心。就这样，这个过程在林林洗澡的时候重复了三次。

分析与解释：

1. 出现主题性的象征性游戏行为。在象征性游戏中，幼儿可以摆脱对当前实物的直接印象，以表象代替实物作思维的支柱进行想象，并会用语言符号进行思维。如：林林拿着小狗玩具玩，然后假装被小狗咬，而和爸爸玩了一个象征性游戏。

佐证记录：他将小狗的嘴在自己胳膊上划了一下，然后发出"啊"的声音，并对爸爸说："爸爸，我被小狗咬了。"

2. 象征性游戏来源于生活经验。幼儿的象征性游戏主要来源于日常生活经验，反映周围的现实生活。如：林林假装被狗咬这个主题情节就是来源于生活经验的积累，从而引发林林看到小狗玩具而玩起了被狗咬的象征性游戏。

佐证记录：他将小狗的嘴在自己胳膊上划了一下，然后发出"啊"的声音，并对爸爸说："爸爸，我被小狗咬了。"

指导与对策：

1. 积极和幼儿进行游戏互动。若发现幼儿出现象征性行为并主动要求互动时，要注意配合幼儿的想象行为，积极互动，支持游戏主题的进行和情节的发展。

2. 帮助幼儿拓展游戏情节。关注幼儿游戏，在和幼儿玩象征性游戏的过程中，要注意扩展幼儿游戏，丰富游戏情节。

3. 丰富幼儿的生活经验。象征性游戏的出现需要幼儿日常生活经验的积累，因此应多让幼儿接触新鲜事物，丰富幼儿生活经验，拓展象征性游戏的来源。

观察案例六

观察目的：幼儿象征性游戏观察

观察对象：皮皮（30个月）

观察时间：2017年3月7日下午3:25—4:00

观察地点：家中餐厅

观察方法：轶事记录法

观察内容：

妈妈和皮皮一起坐在餐桌旁边，皮皮总是站起来要下去，他一边拍桌子一边喊叫："不吃不吃就不吃。"妈妈劝说："皮皮乖，吃完了妈妈带你出去玩。"皮皮反驳："就不吃。"妈妈没办法，就去拿了个空碗过来，开始假装吃饭。"啊！

这些菜真是太好吃了！"边说边假装抱着碗张大嘴吃饭的样子，然后微笑地看着皮皮。皮皮看着妈妈的样子，眼睛一眨不眨地盯着妈妈假装吃饭的样子。一会儿，皮皮就拿起他的勺子开始吃饭了，同时也配合着妈妈的动作和表情，说："我的饭也很好吃，太好吃了！"一边吃一边看妈妈，直到把碗里的食物都吃完。

分析与解释：

1. 幼儿关注成人的假装游戏，并学着模仿，参与进来一起玩。象征性游戏大约2岁时出现，这时候的幼儿开始喜欢假装游戏，并愿意积极和成人配合一起玩，互动可以让他们达到更好的游戏体验。如：皮皮很喜欢这个假装吃饭的游戏，以至于把吃饭过程变成了一个有趣的过程。

佐证记录：皮皮看着妈妈的样子，眼睛一眨不眨地盯着妈妈假装吃饭的样子。一会儿，皮皮就拿起他的勺子开始吃饭了，同时也配合着妈妈的动作和表情。

2. 自我意识增强，出现叛逆，喜欢和大人对着干。2岁之后的幼儿处于叛逆期，在此期间，自我意识开始慢慢形成，通常会和大人对着干，来确定自己独立的地位。如：皮皮不吃饭，就是叛逆期的一个明显的表现。

佐证记录：妈妈和皮皮一起坐在餐桌旁边，皮皮总是站起来要下去，一边拍桌子一边喊叫："不吃不吃就不吃。"妈妈劝说："皮皮乖，吃完了妈妈带你出去玩。"皮皮反驳："就不吃。"

3. 出现模仿大人的举动。2岁的幼儿喜欢模仿大人的举动，显示自己的能力。此时幼儿的模仿不同于1岁时的模仿，而是一种即时模仿，也就是在成人动作出现时就进行模仿，之后再不断重现模仿的动作，这是他们主动进行社会学习的表现。如：皮皮看到妈妈在假装吃饭，也开始模仿吃饭的动作。

佐证记录：皮皮看着妈妈的样子，眼睛一眨不眨地盯着假装吃饭的妈妈样子。一会儿，皮皮就拿起他的勺子开始吃饭了，同时也配合着妈妈的动作和表情，说："我的饭也很好吃，太好吃了。"

指导与对策：

1. 抓住机会，给婴幼儿创造假装游戏的机会。2岁多的幼儿喜欢模仿，这个阶段要注意把握住婴幼儿的特点，培养想象力和创造力，因此可以主动给幼儿创造假装游戏的机会，让幼儿感受新鲜的刺激。

2. 创设合适的环境。比如：针对幼儿吃饭的问题，可以营造餐厅的氛围，可以主动让幼儿"点菜"，或者制作自己的菜谱。

3. 积极配合幼儿的假装游戏，及时给予反馈和鼓励。

第三节　婴幼儿建构游戏观察案例

建构游戏指幼儿按照一定的计划或目的来组织游戏材料或其他物体，使之呈现出一定的形式或结构的活动，如搭积木、做泥工、插积塑、堆雪人、玩沙、玩泥等。建构游戏大约2岁时发生，并且随年龄发展逐渐增加。

观察案例一

观察目的：幼儿建构游戏观察

观察对象：煜煜（2岁）

观察时间：2016年10月27日上午9:00—9:30

观察地点：幼儿园

观察方法：轶事记录法

观察内容：

煜煜自己跑到积木区玩积木。他从玩具柜上拿了一个大的黄色罗马拱形积木和一个小的黄色罗马拱形积木摆在一起，然后将黄色的长方体与蓝色的长方体依次摆放在两个罗马拱形积木的左边，从玩具柜里拿了一个粉色的正方块儿和一个橘色的小块罗马拱形积木放在蓝色积木的右边，但是在中间空出了一个积木的距离，然后跑到另一边找积木找了很久，最后找了一个绿色的三角形积木放在了蓝色积木和粉色积木之间，刚好可以放进去。完成积木搭建之后，高兴地拍了拍手，自言自语道："彩虹桥完成了。"然后跳过了粉色的正方块儿积木，接着又来回跳了好几次。

分析与解释：

1. 建构水平处在横排、顺接阶段。2岁左右幼儿的建构水平处在横排、顺接阶段，即一块接一块，首尾相接水平放在地板上，变成火车。然后进一步发展成"有间隔的平铺"，即每块积木保持相同的距离，表明他们在空间距离意识上的进步。案例中的煜煜正处在横排、顺接阶段。可以看出，他对积木的兴趣很浓，目前主要以平铺为主，事先也并没有构想，只是一边玩一边随机更换。这个年龄段的幼儿的乐趣更多在于材料的操作过程，这是认知的感觉运动性的延伸。

佐证记录：将一大一小两块黄色罗马拱形积木摆在一起；将黄色和蓝色两块长方体依次摆放在两个罗马拱形积木的左边，将粉色和橘色积木摆放在蓝色积木的右边。

2. 建构目的不明确。2岁幼儿玩建构游戏时，建构目的性很不明确，往往是先做后想，随时改变主意，可以一个挨一个地拼接到很长，在搭建的时候，有了情景意识，便根据意识进行搭建。

佐证记录：完成积木搭建之后，高兴地拍了拍手，自言自语道："彩虹桥完成了。"

3. 慢慢掌握空间距离的比较。2岁幼儿通常不会在意积木的形状，一开始，他们或许不能清楚地说出自己在做什么，但是在不断摸索、比较中，幼儿渐渐内化：靠近、分开、高、矮、长、短……然后还会比较哪一块长、哪一块短，这便是测量的开始。

佐证记录：在中间空出了一个积木的距离，找了很久，最后找了一个绿色的三角形积木放在了蓝色积木和粉色积木之间，刚好可以放进去，这其中就有了距离长短的比较。

4. 增强自信心，获得良好情绪体验。煜煜成功地摆出了"彩虹桥"，非常开心地跳来跳去。从中可以明显看出，他在游戏中得到了愉快的情感体验，增强了自信心，满足了成就感。

佐证记录：完成积木之后，高兴地拍了拍手。然后跳过了粉色的正方块儿积木，接着又来回跳了好几次。

图 7-4　幼儿搭建"彩虹桥"

指导与对策：

1. 选择幼儿喜欢的、形象的事物作为建构材料。在建构游戏中，幼儿必须通过直接动手操作，通过自己的建筑和构造活动来反映对周围生活的认识和感受。也正是这种亲手操作的造型活动可以使幼儿的活动要求得到满足，给幼儿带来愉悦的情感体验。因此，为幼儿提供足够数量和各种颜色、形状的建构玩具。

2. 适时指导幼儿的建构游戏。当幼儿独自进行建构游戏时，应先观察，不要打扰他，等他探索完，再适时进行指导。

3. 循序渐进，逐步提高幼儿建构水平。幼儿不同的智力发展水平会表现出不同的建构游戏水平。如：幼儿一开始往往是对单一建构材料的摆弄，然后是对多个建构材料的堆放、排列、叠高，再最后是围合、简单的造型。在建构游戏中，要不断充实、增加游戏内容，启发幼儿新的建构思路，从而使建构游戏顺利地开展。

观察案例二

观察目的：幼儿建构游戏观察

观察对象：浩浩（20个月）

观察时间：2017年3月22日上午10:30—11:00

观察地点：家中客厅

观察方法：轶事记录法

观察内容：

姐姐坐在客厅的地垫上玩雪花片，浩浩在一旁玩小汽车。一会儿，浩浩走到姐姐旁边坐下来，看着地上散落的各种颜色的雪花片，开始用右手一个一个地捡起来，放到左手，浩浩只捡红颜色的雪花片。一会儿的工夫，左手就开始放不下了，慢慢地掉下几片，浩浩又把掉下来的雪花片重新捡起来，就这样边捡边掉。姐姐在用雪花片插一朵花，发现红色的雪花片没了，就去浩浩的手上拿，浩浩躲开姐姐的手，不给她。于是姐姐说："来，给姐姐，和姐姐一起插花，姐姐教你。"浩浩听到后很高兴，就伸出左手把雪花片给姐姐，姐姐拿了两片雪花片，交叉着对准插孔处插进去，对浩浩说："这样插上"。浩浩也拿了两片雪花片，学着姐姐的样子，但是两片雪花片因水平地拿着插，怎么都插不上。尝试了几次后，浩浩看到姐姐放在地上的"花"，拿起来后把雪花片一片一片地拆下来。

分析与解释：

1. 精细动作和手眼协调能力尚不灵活。浩浩的建构行为处在对结构材料拼搭接插还不准确的程度，这是由于20个月的浩浩手眼还不够协调，小肌肉的精细动作发展还不够，而且双手配合不好、用力方向不对，从而导致无法将两片雪花片拼插在一起。

    佐证记录：浩浩也拿了两片雪花片，学着姐姐的样子，但是两片雪花片因水平地拿着插，怎么都插不上。

2. 建构水平处于搬移和摆弄积木阶段，探索物体性质。浩浩自己随意搬移和摆弄雪花片，这些在大人眼中看似无聊的举动，实际上是他正在认识、探索新事物：觉得它硬硬的、平平的、很多颜色……虽然幼儿无法说出名称，也不理解拼插，但是他能在每次玩的过程中，都觉察到玩具的特色。

    佐证记录：开始用右手一个一个地捡起来，又把掉下来的雪花片重新捡起来，就这样边捡边掉。

3. 对特定颜色有了明显的喜好，且对颜色进行分类。

    佐证记录：浩浩只捡红色的雪花片。

4. 处于独自游戏水平。20个月的幼儿在游戏过程中没有很多的主动与人合作和沟通，更多的是跟从别人，仍然处在独自游戏水平。如：浩浩并没有与姐姐一起拼插雪花片，而是一个人独自玩着捡雪花片的游戏，即使姐姐尝试着和他一起玩，但是由于无法拼插雪花片，又独自一个人玩着拆雪花片的游戏。

佐证记录：浩浩看着地上散落的各种颜色的雪花片，开始用右手一个一个地捡起来；拿起来后把雪花片一片一片地拆下来。

指导与对策：

1. 鼓励幼儿和小朋友接触。鼓励幼儿和其他小朋友一起玩耍，让幼儿关注其他小朋友的动作行为，相互问候，玩玩具，做游戏，促进幼儿社会性发展。

2. 通过亲子游戏锻炼婴幼儿精细动作，并及时回应。玩具和游戏是婴幼儿最喜欢的伙伴，经常和婴幼儿玩亲子游戏，如捡豆豆、撕纸、翻书等，有助于锻炼婴幼儿小肌肉的灵活性。当婴幼儿独立完成某项精细动作后，要及时给予掌声和表扬，鼓励其继续玩耍。

3. 创设富有情节的情境，导入游戏。针对婴幼儿喜欢重复摆弄玩具的特点，可以通过创设故事情境、提供结构材料等引发幼儿的游戏愿望，促使幼儿较快地进入游戏状态。

4. 为幼儿提供自由、互助的建构环境。建构游戏的过程就是幼儿动手动脑，创造性地、自由地再现物质形象的过程。成人应提供自由、互助的建构环境，在建构的过程中，以同伴的身份，平行地介入游戏，让幼儿在轻松、自由的活动中完成作品。

观察案例三

观察目的：了解幼儿建构游戏发展水平

观察对象：豪豪（30个月）

观察时间：2017年3月4日上午9:15—9:45

观察地点：家中客厅

观察方法：轶事记录法

观察内容：

豪豪坐在地垫上，旁边散落着几块积木，他先用右手拿起一块红色方形积木，看了看，然后传到左手，又用右手拿了一块绿色方形积木，拿着两块积木互相敲了几下，接着将红色方形积木放在地上，然后将绿色积木放在红色积木上面，又在旁边拿了块黄色的长方形积木放在最上面。突然，积木倒了，豪豪开心地哈哈大笑起来。接着，他又开始搭积木。这次他把绿色积木放在了最下面，把红色积木放在中间，上面又放了一个黄色积木，但是这次没有倒。豪豪看了看，等了一会儿，便自己用手把积木推倒，只听哗啦一阵声音，豪豪又开心地笑了起来。就这样，豪豪重复玩了好几次。

分析与解释：

1. 建构游戏发展水平处于垒高与平铺阶段。2—3 岁的幼儿在玩积木时很少意识到积木是用来搭建的，而只是用积木来玩耍，将积木拿在手上把玩，有时拿着积木敲敲打打，还会把不同形状的积木胡乱堆积在一起，然后故意推倒。

佐证记录：豪豪拿着两块积木互相敲了几下；把绿色积木放在了最下面，把红色积木放在中间，上面又放了一块黄色积木，用手把积木推倒。

2. 喜欢重复。2—3 岁的幼儿在玩建构游戏时，喜欢根据一个情节重复游戏，而且乐此不疲。

佐证记录：豪豪重复玩了好几次。

指导与对策：

1. 引导幼儿认识建构材料。给幼儿提供各种颜色、形状和材质的积木，供幼儿把玩、触摸，引导幼儿认识积木、插积塑等建构材料，引起幼儿运用材料进行建构游戏的兴趣。鼓励幼儿在操作中探索学习建构技法，并独立建构形状简单的物体。还可以有意识地搭简单的物体让幼儿看，向他们提供模仿的机会。

2. 和幼儿一起玩积木，促使幼儿模仿。婴幼儿喜欢模仿，因此和他们一起玩积木时，可让他们先观察模仿，再鼓励他们拼搭。此外，在婴幼儿搭建积木过程中，要注意多对婴幼儿的搭建作品进行表扬。

3. 丰富幼儿建构经验。可以和幼儿一起观察各种建筑物的形状，给他们看高大建筑物图片，如高塔类图片，丰富其建构经验，鼓励其拼搭出来。

本 章 小 结

本章主要围绕婴幼儿的游戏活动来展开，根据皮亚杰认知理论可以将游戏划分为感觉运动游戏、象征性游戏、建构游戏和规则游戏，对于 0—3 岁的婴幼儿来说，涉及的主要游戏类型是感觉运动游戏、象征性游戏和建构游戏。本章主要以案例分析的形式展现了记录婴幼儿游戏的过程，分别从观察目的、观察对象、观察时间、观察地点、观察方法、观察内容以及分析与解释和指导与对策等方面对婴幼儿的感觉运动游戏、象征性游戏和建构游戏进行观察记录。

感觉运动游戏主要出现在新生婴儿的日常活动中，通过轶事记录法的观察，能够了解婴幼儿的肌肉发展以及骨骼发展能力；象征性游戏、建构游戏能力反映幼儿创造能力的发展，可以利用轶事记录法关注婴幼儿的创造能力的发展。对于婴幼儿游戏的观察涉及婴幼儿发展的各个方面，需要幼儿教师具有敏感的观察捕捉能力。

延伸学习

 拓展阅读

教师语言在幼儿游戏指导中的运用

幼儿游戏的实践表明，教师介入指导游戏可以提升游戏质量和游戏水平，充分发挥游戏的教育价值，促进儿童多方面的发展。

教师在幼儿游戏中所使用的语言是非常丰富的，而不同语言在游戏中所起的作用也是一样的。根据提问目的和方式的不同，可以将教师的语言分为七类。

1. 询问式语言。比如，"家里除了爸爸妈妈以外，还有谁？"询问式语言一般以疑问句的形式出现。教师借助询问式语言把幼儿面临的问题情境描述出来，把需要解决的问题摆在幼儿面前，让他们思考并寻找解决途径，起到促进游戏情节发展的作用。

2. 建议式语言。教师在观察的过程中，当发现幼儿在游戏中情节发展停滞不前或出现困难时，给予的不是直接的指导，而是采用建议的方式，比如，当发现一个幼儿试图把娃娃放在堆满东西的桌上而不方便摆弄玩具时，教师可以建议："我觉得如果放在旁边会更好。"

3. 澄清式语言。幼儿的游戏是对现实生活的反映，但幼儿年龄小，对事物的理解可能存在偏差，有时候由于不太理解社会规则，或者模仿了社会中的一些不良现象，在游戏中表现出一些不符合规则的游戏行为。据此，教师就可以引导幼儿讨论，澄清幼儿对事情的认识，从而形成正确的观念。

4. 鼓励式语言。鼓励式语言是教师通过鼓励或表扬的方式，激励幼儿把游戏行为继续进行下去或走向深入。

5. 邀请式语言。幼儿的发展水平是不一样的，性格也是有差异的。比如，有的幼儿偏内向，或者社会性发展水平较差，不知道如何加入同伴游戏，总是一个人玩耍，很少会主动发起交往，或者在游戏中往往处于配角。这时教师可以运用邀请的方式："我们一起去超市买东西吧！"使他们体验到参与游戏的乐趣，并逐渐学会如何加入到别人的游戏中，如何与他人展开交往。

6. 角色式语言。教师以角色身份参与到游戏中，促进游戏情节更为丰富和深入地开展。需要注意的是教师在扮演角色和参与游戏时应自然，不要露出"导演"的痕迹。

7. 指令式语言。当幼儿在游戏中严重违反规则或做出一些危险举动时，教师要立即通过明确的指令性语言制止其行为，比如，"不能这样""赶紧停下来"等等。

（资料来源：丁海东．学前游戏论［M］．济南：山东人民出版社，2001）

学习活动

对 2—3 岁婴幼儿的建构游戏进行观察，并根据观察目的设计观察记录表，对观察记录进行整理分析后，在班级中进行讨论与交流。

复习与思考

1. 在象征性游戏中，可以观察记录婴幼儿哪些方面的能力发展？
2. 可以从哪些游戏活动中观察了解婴幼儿精细动作的发展？

第八章　婴幼儿社会性发展观察案例

学习目标

社会性发展是指婴幼儿从一个自然人，逐渐掌握社会的道德行为规范与社会行为技能，成长为一个社会人。婴幼儿逐渐步入社会的过程，是在个体与父母、老师以及同伴的相互作用、相互影响的过程中实现的。社会性发展是婴幼儿健全发展的重要组成部分，促进婴幼儿社会性发展已经成为现代教育的最重要目标。因此，培养婴幼儿的社会交往能力，促进婴幼儿社会性发展是非常重要的。本章主要围绕婴幼儿的社会性发展入手，对婴幼儿亲子互动行为、师幼互动行为以及婴幼儿同伴交往进行了观察，旨在进一步了解婴幼儿社会性发展的观察记录方法。在此基础上，熟悉不同记录方法在婴幼儿社会性发展中的使用，针对不同的社会性发展选择恰当的记录方法。通过本章节的学习，你将：

1. 掌握婴幼儿亲子互动行为观察案例的记录方法。
2. 掌握师幼互动行为观察案例的记录方法。
3. 掌握婴幼儿同伴交往观察案例的记录方法。

第一节　婴幼儿亲子互动行为观察案例

良好的亲子关系的建立对人的一生至关重要，是婴幼儿未来各种社会性交往的前提条件和基础。婴幼儿的亲子互动主要表现在依恋关系上。依恋是婴幼儿与主要抚养者之间的最初的社会性连接，是情感社会化的主要标志，具体表现如微笑、咿呀学语、哭叫、注视、拥抱等，多是指向母亲的，当他们饥饿、寒冷、疲倦、厌烦或疼痛时首先要做的往往是寻找依恋对象。婴幼儿依恋发展主要有四个阶段。无差别阶段（0—3个月）：外显的行为（如微笑、抓握等）是满足生理需要的手段，是依恋的萌芽。选择阶段（3—6个月）：熟悉与陌生成员的反应。特殊情感联结阶段（6—24个月）：对母亲或主要养育者的依恋的形成，这个时候爸爸的角色主要是幼儿的游戏对象。目标调整的伙伴关系阶段（25—36个月以后）：依恋对象转向老师和同伴，如寻求老师的注意和赞许，与同伴交往呈现丰富性与不稳定性。

观察案例一

观察目的：了解婴幼儿亲子互动行为特点

观察对象：乐乐（8个月）

观察时间：2017年1月23日

观察地点：家中

观察方法：轶事记录法

观察内容：

爸爸对乐乐说："来，今天我们玩骑大马游戏。"爸爸蹲下身，面对着乐乐，将乐乐双手抱起来，举过头顶，然后放在自己双肩上。此时的乐乐开始由疑惑到大笑，开心地在爸爸肩膀上颤动，爸爸双手拉住乐乐的双手说："举高高，骑大马咯！"

图8-1 父亲参与亲子游戏

分析与解释：

1. 8个月的婴儿有深度知觉，对高度既有恐惧也有新鲜感，但是爸爸开心的表情和语气让婴儿很快适应了。

佐证记录：乐乐开始由疑惑到大笑。

2. 8个月的婴儿处于依恋关系的特殊情感联结阶段（6—24个月）。此阶段是婴儿对母亲或主要养育者的依恋的形成，婴儿对母亲的存在更加关注，别人不能替代母亲使婴儿快乐，而爸爸在这一阶段的角色则主要是游戏对象。

佐证记录：开始由疑惑到大笑，开心地在爸爸肩膀上颤动。

指导与对策：

心理学研究表明，父亲参与的教养方式能影响子女的智力发展，父亲与子女游戏中的情感品质和处理情绪的方式，会影响子女的情绪处理方式、与同伴交往的能力。父亲如果较多参与子女的生活，管教方式采取尊重子女自主性的方法，子女很少出现问题行为；反之，如果父爱缺失或以忽视冷漠的方式管教的方法，子女出现问题行为会增多。

父亲应积极参与子女的各种活动，如亲子游戏、亲子阅读等，这些都是增进父子关系很好的途径。

观察案例二

观察目的：了解婴幼儿亲子互动行为特点
观察对象：茜茜（8个月）
观察时间：2017年1月23日
观察地点：家中
观察方法：轶事记录法
观察内容：

爸爸拿出一本绘本《谁的嘴巴》，然后对茜茜说："爸爸读故事给茜茜听啦。"茜茜盯着爸爸手中的绘本看了一会儿，脸上露出笑容，手舞足蹈的。爸爸走到茜茜身边，盘腿坐下，将茜茜抱起放在腿上，然后和茜茜一起看绘本。茜茜逐渐安静下来，爸爸每一页都翻得很慢，茜茜有时会用手指一指书中的图画，如颜色鲜艳的画或者有趣的小动物等，爸爸会说："这个是红色的……小气球……"茜茜会拍一下画面或者笑一笑，如果爸爸用很搞怪的语气讲故事时，她会猛地抬头看爸爸的表情，会心地咯咯笑起来。爸爸说："茜茜找下小老鼠在哪里？"茜茜会像往常一样用手指小猫口中的老鼠。

图8-2 父亲参与亲子阅读

分析与解释：

1. 亲子关系：7—9个月的婴幼儿对母亲的依恋关系开始变得十分强烈，这时的父亲虽然主要是游戏对象，但也慢慢成为其依恋对象。婴幼儿与父母的交往方式逐渐增多，交流也变得更加容易、主动，能够通过语言和动作配合的方式与大人交往。

佐证记录：脸上露出笑容，手舞足蹈；有时会用手指一指书中的图画；她会猛地抬头看爸爸的表情，会心地咯咯笑起来。

2. 言语发展：8个月的婴幼儿能听懂一些简单的指令，并且在此基础上对指令有所反应。

佐证记录：爸爸说："茜茜找下小老鼠在哪里？"茜茜会像往常一样用手指小猫口中的老鼠。

指导与对策：

父亲对婴幼儿的影响与母亲不同，父亲的理性思维与规则性等对婴幼儿的影响可以弥补母亲教育方式的不足。父亲参与亲子共读，可以促进婴幼儿对绘本的喜爱，父亲的语言、语气对幼儿的语言发展是一种很好的刺激和启蒙。此外，父亲还应多参与对婴幼儿的日常生活的照料，有助于建立良好的亲子关系。

观察案例三

观察目的：了解婴幼儿与祖父母的互动行为特点
观察对象：昊昊（5个月）
观察时间：2016年4月23日
观察地点：早教中心
观察方法：时间取样观察法
观察内容：

表8-1　5个月婴儿隔代养育行为特点

表现	次数 时间	9:00—9:05	9:05—9:10	9:10—9:15	9:15—9:20
奶奶	笑	2	0	1	0
	喂水	2	2	1	3
	抱、扶	4	6	2	4
	语言交流	1	0	0	1
幼儿	开心	2	1	0	1
	找同伴玩	1	1	0	0
	换玩具	0	1	2	3

分析与解释：

1. 5个月婴儿的同伴意识开始出现。

佐证记录：找同伴2次。

2. 隔代养育的奶奶很注重婴儿的生理需要，但不太鼓励其与同伴玩耍。

佐证记录：喂水8次，抱、扶有16次，找同伴玩2次。

指导与对策：

1. 参与隔代养育的老人虽有自己的教养方式，但应尽量与父母观念保持一致，避免因观念不同引起婴幼儿的疑惑或者缺乏独立性思考。

2. 鼓励参与隔代养育的老人学习科学的育儿知识。如：婴幼儿 5 个月时开始有同伴意识，应鼓励其参与同伴交往，以促进他们的语言及社会性发展。

观察案例四

观察目的：了解幼儿的亲子互动行为特点
观察对象：糖糖（3 岁）
观察时间：2017 年 1 月 23 日
观察地点：家中
观察方法：轶事记录法、参与性观察
观察内容：

晚饭过后，糖糖和姥姥、姨妈还有姐姐在客厅。糖糖说："现在我来当老师，姐姐、姥姥和姨妈当小朋友，你们要听我的话。"姥姥、姨妈和姐姐说："好的，糖老师。"糖糖看了一眼，走上小楼梯的平台说："现在把手放在背后，脚像我这样放。"（姥姥和姨妈照样做了，姐姐故意没有把手放在后面。）糖糖指着姐姐说："姐姐，你的手不对，你要像我这样做。"（她转过身让姐姐看了一眼她的手。）姐姐把手放到背后问："好的，糖老师，你看这样对吗？""嗯，对的，你真棒！"糖糖说，"好，现在你们跟我一起做动作。像小兔子一样，跳啊，跳啊。"（双手做兔耳朵状放于头上，双脚一起向前跳。）姐姐立刻问："糖老师，你见过小兔子跳吗？"糖糖说："我见过呀，小兔子有四条腿，两个长耳朵，两只脚跳。"姐姐说："好的，谢谢糖老师。""不客气，跟着老师一起做。"大家一起这样做了，做完以后，糖糖说："你们做得真好，奖励你们一个大拇指。"说着，走下小楼梯到大家面前，用拇指在每个人的头上点了一下，表示赞。糖糖接着说："好的，现在你们跟我一起跑。"糖糖带着大家绕茶几跑。跑了大概两圈后，糖糖说："小朋友们做得真好，现在我们走一走。"大家一起来回走了走。糖糖总结说："好，今天小朋友表现得特别好，给你们一个大拇指。我们明天见吧！"姥姥、姨妈、姐姐一起回答："好，糖老师再见！"

分析与解释：

1. 语言领域：会简单地模仿，能述说生活经验。

佐证记录：糖糖说："现在我来当老师，姐姐、姥姥和姨妈当小朋友，你们要听我的话。"姐姐立刻问："糖老师，你见过小兔子跳吗？"糖糖说："我见过呀，小兔子有四条腿，两个长耳朵，两只脚跳。"

2. 角色扮演游戏：可以模仿老师的表情、动作和语言。

佐证记录："现在我来当老师，姐姐、姥姥和姨妈当小朋友，你们要听我的话。""现在把手放在背后，脚像我这样放。""你们做得真好，奖励你们一个大拇指。"说着，走下小楼梯到大家面前，用拇指在每个人的头上点了一下，表示赞。

3. 亲子关系：3岁左右的幼儿已经和家庭成员建立良好的关系，能模仿家长的行为，主动表达自己的需要，能遵守一定的规则。

佐证记录：姥姥和姨妈这样做了，姐姐故意没有把手放在后面。糖糖指着姐姐说："姐姐，你的手不对，你要像我这样做。"

指导与对策：

幼儿产生游戏兴趣时，成人可以积极鼓励并参与。在游戏过程中，适时提供指导与帮助。

观察案例五

观察目的：了解幼儿的亲子互动行为特点

观察对象：佳佳（24个月）

观察时间：2016年7月10日

观察地点：家中

观察方法：轶事记录法、频数记录法

观察内容：

早上7点左右，佳佳刚醒来，妈妈坐在床上与佳佳面对面，一起玩搭积木，佳佳积极地与妈妈配合着。妈妈边玩边说："佳佳，妈妈一会儿去上班了，你好好在家玩，妈妈11点就回来了！"佳佳一听，很快地转向妈妈，突然扑到妈妈怀里，抱着妈妈，眼睛中泛出泪花摇着头，开始"呜呜呜"地哭起来。妈妈也抱住佳佳，看着他的眼睛温柔地说："奶奶先陪着你，妈妈中午就回来陪你玩。"佳佳这时情绪稍有平复，不哭了，妈妈擦了擦他脸上的泪，亲了亲他。奶奶过来抱起佳佳，说："来，奶奶陪佳佳玩，和妈妈说再见。"妈妈起身要走，微笑着和佳佳挥手，佳佳表情还是有些沮丧，依然望着妈妈的背影。过了一会儿，猛地转过头来，开始和奶奶一起摆起积木，好像早已忘了刚才的悲伤。

表 8-2 婴幼儿亲子互动行为记录表

行为 \ 记录内容		次数	持续时间（秒）
非言语	微笑		
	注视母亲		
	面无表情		
	抱		
	哭闹		
	摔打		
	追		
言语	自言自语		
	叫嚷		
	提问		

分析与解释：

19—24 个月幼儿的亲子依恋关系发展特点为开始理解并采纳依恋对象的观点，可以对母亲的行为进行推断，并随着对因果关系的认识，使用更加微妙的方式控制母亲的行为。

佐证记录：情绪稍有平复，不哭了。佳佳表情还是有些沮丧。过了一会儿，猛地转过头来，开始和奶奶一起摆起积木，好像早已忘了刚才的悲伤。

指导与对策：

1. 积极回应婴幼儿的信号，与婴幼儿建立安全性依恋。2—3 岁幼儿通常用语言、眼神、动作表达自己的需要，所以应注意观察幼儿的眼神和动作，洞察他们的内心需要，及时满足其社会性需要。此外，还要及时回答幼儿的问题，满足其好奇心。比如，可走到幼儿身边，牵着他们的手，用轻声的语言、微笑的眼神和他们沟通，与他们建立安全性依恋。

2. 让婴幼儿学习辨别和理解别人的情绪，合理表达自己的情绪。可以和婴幼儿玩"扮鬼脸"等各种表情游戏，让婴幼儿在日常生活中察觉并辨别人的面部表情，理解不同的表情所代表的情绪。同时，允许婴幼儿通过哭来表达自己不高兴的情绪。成人不要急于安慰婴幼儿，应在婴幼儿充分发泄后再安慰，并倾听他们的心声，了解哭的原因，然后教给婴幼儿合理表达情绪的方法。需要注意的是，成人要树立榜样，正确表达自己的情绪，不要随便发泄自己的负面情绪。

3. 母亲不要过分保护和照顾孩子，否则会使孩子养成胆小、害羞、依赖感强的毛病，一旦与妈妈分离，就会产生分离焦虑。

第二节 师幼互动行为观察案例

在大多数情况中，师幼互动的行为存在于婴幼儿与教师接触的一日生活的各个环节中，其中包括师幼互动游戏、分享阅读、外出活动、日常生活、集体游戏、活动衔接等。由于个体差异的存在,每个婴幼儿对待教师的态度和情感也各不相同。有的婴幼儿会在每次见面时给教师一个热情的拥抱,有的喜欢用命令的态度对教师提出诉求,有的喜欢和老师撒娇,有的喜欢把自己的小秘密偷偷地告诉老师,也有的婴幼儿对老师有一种惧怕的情绪。

在师幼互动行为的观察中,教师不仅要认真地观察婴幼儿的行为,也要客观地进行自我观察,反思自己的文化背景以及社会经验是否对婴幼儿的教学活动中产生了影响、自己的做法是否有助于提升婴幼儿的能力发展等。根据观察得到的信息,进一步提高自己在教育教学工作中的水平,弥补其中的不足。

观察案例一

观察目的:了解分享阅读活动中师幼的互动情况
观察对象:菲菲(24个月)、刘老师
观察时间:2015年9月10日上午
观察地点:绘本教室
观察方法:轶事记录法
观察内容:

2岁的菲菲坐在教室里,因第一次来绘本教室而显得有些不知所措。这时,负责阅读区的刘老师走了过来,手里拿着一本《鲸鱼》的绘本故事书。刘老师故意将这本书倒过来递给菲菲,菲菲接过书随意地翻了翻,并没有发现书是倒过来的。于是刘老师问菲菲:"鲸鱼怎么啦?"菲菲并没有作出回应。刘老师又说道:"你看看其他小朋友的书里小动物都是正的,我们的鲸鱼是不是翻倒了呀?我们怎么把它拨正呢?"只见菲菲用手指着图画中的鲸鱼,用手指画了个圈圈。这时刘老师轻轻用手拿住绘本,动作非常缓慢地将书转了过来,菲菲仔细地观察着老师的动作。随后,刘老师再一次将倒过来的书递给菲菲,菲菲也学着刘老师的样子把书转了过来。

分析与解释:

1. 婴幼儿刚刚进入一个陌生环境时,往往会先打量一下周围的环境,而不会轻易投入到活动中。如:老师把倒过来的绘本递给菲菲,菲菲都没有反应过来,并且在老师语言的诱导下也并没有加以改正,说明菲菲的注意力并没有在手中的绘本上,所以没能仔细观察画面,发现其中的异常。

佐证记录:菲菲坐在教室里,有些不知所措;菲菲接过书随意地翻了翻,并没有发现书是倒过来的。

2. 菲菲一直不愿意讲话，甚至不愿和老师进行眼神上的交流，说明菲菲对新的环境缺乏安全感，情绪还没有稳定；也有可能她已经明白了其中的意思却不知如何用语言去表达，但是在和老师的互动过程中逐渐学着老师样子，可以成功将书本拨正，说明她逐渐克服了紧张情绪。

佐证记录：菲菲用手指着图画中的鲸鱼，用手指画 3 个圈圈；菲菲也学着刘老师的样子把书转了过来。

指导与对策：

1. 转移注意力。如：刘老师故意使用倒转过来的绘本，检查菲菲的注意力是否在绘本上。

2. 引诱式提问。如：在菲菲没有语言和行为回应的状况下，刘老师采用了引诱式提问的策略，在语言上为菲菲作出示范，并诱导她发现存在的问题，仔细观察手中的绘本。

3. 观察同伴的行为。如：刘老师引导菲菲观察周围同伴的行为，去帮她发现自己的错误，并参照他人情形及时修正，让她明白书需要正着看。

4. 作出示范。如：菲菲在意识到绘本倒过来以后并不知道如何去将绘本拨正过，刘老师在菲菲的注视下进行了缓慢的操作演示，并随后给了菲菲自己尝试的机会，使菲菲习得了旋转的动作。

观察案例二

观察目的：了解分享阅读活动中师幼的互动情况

观察对象：菲菲（24 个月岁）、刘老师

观察时间：2015 年 10 月 10 日上午

观察地点：绘本教室

观察方法：轶事记录法

观察内容：

菲菲现在已经是绘本教室的常客了，除了喜欢第一次刘老师递给她的《鲸鱼》以外，还有一两本喜欢的图书。现在每当菲菲从小书架上取下她喜欢的图书时，都可以保证封面是正着的状态。刘老师走到菲菲身边，取过菲菲手里的《猜猜我有多爱你》，说道："我来看看你在看什么？原来是《猜猜我有多爱你》啊。"说完，刘老师将书倒了过来还给了菲菲，菲菲自己顺势将书正了回来。随后，刘老师又从书架上拿了一本菲菲没看过、封面略有些复杂的绘本倒过来递给菲菲，菲菲双手接了过来，倒着翻看着，并没有将书正过来。

分析与解释：

1. 经过了一段时间的锻炼，菲菲获得了初步的阅读经验，可以用正确的姿势拿着自己熟悉的绘本进行阅读。

佐证记录：现在每当菲菲从小书架上取下她喜欢的图书时，都可以保证封面是正着的状态。

2. 面对陌生、复杂的绘本封面，菲菲依然无法分辨出封面的反正，因此不难发现，菲菲是通过对熟悉的绘本之前的印象来判断方向的，而不是通过对画面细节的观察。

佐证记录：刘老师又从书架上拿了一本菲菲没有看过、封面略有些复杂的绘本倒过来递给菲菲，菲菲双手接了过来，倒着翻看着，并没有将书正过来。

指导与对策：

可通过引导婴幼儿对封面进行细微观察的方式来让婴幼儿掌握如何区分绘本封面的正反。在每次阅读时可针对封面提出问题，如："这个画的是什么呀？封面上有什么？小兔子在哪里？"等与细节相关的问题，帮助婴幼儿养成仔细观察封面图画的好习惯，积累观察的经验，使感知能力、认知能力、观察能力都得到提升。

观察案例三

观察目标：了解教学活动中师幼互动的情况

观察对象：婴幼儿班幼儿 6 名（年龄在 24—38 个月之间）、左老师

观察时间：2017 年 4 月 5 日

观察地点：教室

观察方法：轶事记录法

观察内容：

今天，左老师带着婴幼儿班的 6 名幼儿进行小组活动，让他们制作"夹子花"。左老师为每一位幼儿提供了一个圆形纸板和若干塑料夹子，为了锻炼精细动作中的手指对捏，左老师要求大家用夹子围着圆形纸板的边缘夹，制作成一个花朵的形状，使幼儿在整个活动中不仅锻炼了手指对捏、双手协作、手眼协调等精细动作，也为幼儿提供了感知数量、颜色、顺序等概念的机会。然而在实际操作过程中，左老师发现 1 名幼儿直接把纸板塞到了夹子的缝隙中，根本没有把夹子打开。发现这个问题后，虽然左老师尽量使用语言去启发大家动手把夹子打开去夹纸板，但还是有 4 名幼儿模仿将纸板塞入夹子缝隙的行为。左老师意识到，只有通过调整操作材料才能达到活动的目的，于是她迅速找到了厚度是之前纸板 3 倍的硬纸板，将其剪成圆形发给大家，并收回了之前的薄纸板。在操作材料被更换以后，之前将纸板塞入夹子的 2 名幼儿又重复了原来的动作，随后他们发现这种办法不再可行，只好尝试着用手把夹子打开夹住纸板。在大家逐步开始尝试把夹子夹到纸板上后，左老师为大家讲解了夹子的使用技巧，以及如何更容易地把夹子打开，并提示大家在操作过程中不要把手指放到夹子打开的口中间，以免伤到自己。

分析与解释：

1. 活动的设计与材料的准备。教师在对一个没有尝试过的活动进行设计时，往往是根据自己已有的经验和专业背景进行设计的，然而在真正的实施过程中会有很多意想不到的突发情况发生。例如：婴幼儿没有按照教师预设的方法进行操作，活动材料无法满足使用要求，婴幼儿对于活动的兴趣不大等。因此，教师在教学互动过程中要适时调整活动形式和活动材料。

佐证记录：为了锻炼精细动作中的手指对捏，左老师要求大家用夹子围着圆形纸板的边缘夹，制作成一个花朵的形状，使幼儿在整个活动中不仅锻炼了手指对捏、双手协作、手眼协调等精细动作，也为幼儿提供了感知数量、颜色、顺序等概念的机会。然而在实际操作过程中，左老师发现1名幼儿直接把纸板塞到了夹子的缝隙中，根本没有把夹子打开。

2. 同伴间的模仿行为。婴幼儿对同伴行为的模仿是一种正常和普遍的现象。婴幼儿天生就喜欢模仿，尤其是这个年龄段的幼儿缺乏主见，易受外界环境的影响，另外初到幼儿园和保育院的孩子第一次接触到同伴，与同伴一起游戏一起学习是一件非常有意思的事情，所以处在同一个环境中年龄较小的孩子更喜欢以年龄较大的孩子为榜样，去模仿他们的行为。

佐证记录：发现这个问题后，虽然左老师尽量使用语言启发大家动手把夹子打开后再去夹纸板，但还是有4名幼儿模仿将纸板塞入夹子缝隙的行为。

3. 师幼互动中的安全提示。针对年龄较小的婴幼儿，教师在活动开始前和活动过程中进行安全提示是非常重要的，即使在有家长陪伴的情况下也应及时提示家长和婴幼儿，以免发生危险，对婴幼儿造成伤害。

佐证记录：提示大家在操作过程中不要把手指放到夹子打开的口中间。

指导与对策：

1. 及时对操作材料进行更换。婴幼儿的活动和游戏离不开材料，教师在设计一个活动时的教育意图和教育目的往往也是通过材料传达给婴幼儿，并在婴幼儿和材料的互动中进行指导，从而实现教育目标。然而，很多情况下，教师会发现预设的目的并没有通过材料达到，婴幼儿的游戏过程已经脱离了材料。在这种情况下，教师应该密切关注婴幼儿在游戏活动中的行为和操作方法，在发现问题后及时更换或调整材料，实现婴幼儿和材料互动的有效性。

2. 使用言语引导。在婴幼儿活动过程中，教师的语言引导以及示范都是非常重要的。婴幼儿通过亲自操作会发现许多问题，教师必须要做的并不是直接帮助婴幼儿解决问题，而是作为支持者和引导者，给婴幼儿提出恰当的建议和语言提示，起到支架的作用，这样才能锻炼婴幼儿的思维和解决问题的能力。

观察案例四

观察目标：了解建构游戏中师幼互动的情况

观察对象：小迪（32 个月）、周老师

观察时间：2017 年 3 月 5 日

观察地点：教室

观察方法：轶事记录法

观察内容：

周老师为了促进班内婴幼儿精细动作的发展，锻炼婴幼儿的手眼协调能力，感知积木的形状，在活动区投放了很多不同大小、形状的积木，希望婴幼儿可以通过垒高积木的过程来锻炼小肌肉的发展。叠高积木也是 3 岁左右的婴幼儿喜欢的游戏，但当小迪来到活动区发现这些积木之后，却没有像周老师预想的那样将积木进行叠高，而是仅仅满足于将这些积木放在手中摆弄。于是，周老师坐到小迪的旁边，用手将积木一块一块垒了起来，并对小迪说道："你看，这些积木还可以这样玩。"小迪并没有抬头，只是低着头把玩着自己手里的积木。周老师看小迪没有回应自己，于是从旁边拿出一只小鸟的毛绒玩具，说道："这只小鸟的翅膀坏了，不能飞了，我们给小鸟搭一个梯子把它送到天上去吧。"小迪回头盯着小鸟看，周老师拿起小迪身边的一块积木，将它放在小迪面前的那块积木上，然后又拿起另外一块积木递给了小迪，小迪双手接过积木，主动把积木叠了上去。

分析与解释：

1. 婴幼儿实际操作的行为与教师预设的行为不一致。在教师实际的日常工作中，经常会发生婴幼儿实际操作的行为与教师预设行为不一致的情况。发生这种情况，有可能是教师在活动内容的设计上不符合婴幼儿的年龄特点，或是活动的选择无法激发婴幼儿的兴趣；也有可能是婴幼儿自身的原因造成的，如：情绪变化、身体状况、个人爱好等。在这种情况出现后，教师应做好原因分析的工作，并及时调整教学策略和教学计划。

佐证记录：周老师为了促进班内婴幼儿精细动作的发展，锻炼婴幼儿的手眼协调能力，感知积木的形状，在活动区投放了很多不同大小、形状的积木，希望婴幼儿可以通过垒高积木的过程来锻炼小肌肉的发展。但当小迪来到活动区发现这些积木之后，却没有像周老师预想的那样将积木进行叠高，而是仅仅满足于将这些积木放在手中摆弄。

2. 不同婴幼儿的认知和动作发展水平存在差异。即便是同龄的婴幼儿，由于先天条件和后天教育环境的不同，每个婴幼儿的发展水平也不尽相同。一个游戏，有的婴幼儿可能会非常喜欢，乐此不疲地进行尝试，而有的婴幼儿可能就不能够按照老师的要求去做。对待同一个游戏材料，不同婴幼儿喜欢的玩法可能也不同。

佐证记录：很多婴幼儿在发现积木后便自主地进行叠高积木的游戏，而小迪则是喜欢把积木放在手里抚摸观察。

3. 缺乏主要目标。主要目标是教师在进行活动设计时的一个重要内容。幼儿不按照教师预设的操作方法对材料进行操作和使用，在大多数情况下并不是婴幼儿能力水平发展不足，而是婴幼儿在活动过程中缺乏主要目标，不知道具体要做些什么，才会使用自己的方式去操作材料。虽然材料的多元化使用是现在教学中提倡的，但是一个明确的目标会让婴幼儿的游戏更有意义，使教育更具针对性。

佐证记录：周老师看小迪没有回应自己，于是从旁边拿出一只小鸟的毛绒玩具，说道："这只小鸟的翅膀坏了，不能飞了，我们给小鸟搭一个梯子把它送到天上去吧。"小迪回头盯着小鸟看，周老师拿起小迪身边的一块积木，将它放到了小迪面前的那块积木上，然后又拿起另外一块积木递给了小迪，小迪双手接过积木，主动把积木叠了上去。

指导与对策：

1. 在活动设计时加入主要目标。教师在进行活动设计的过程中应根据预设的计划，为婴幼儿设计一个主要目标，让婴幼儿明确自己到底要做什么，激发婴幼儿的活动动机。

2. 及时调整活动过程中出现的问题。在活动过程中应仔细地观察婴幼儿操作的情况，在发现问题后及时进行弥补和纠正。教师可以创编故事情境激发幼儿的操作行为，例如本案例中送小鸟回到天上的方法。

3. 增进对婴幼儿的了解。教师应尽量丰富自己的理论知识，了解不同年龄段、不同能力的婴幼儿发育特点，然后有针对性地对自己照看的婴幼儿设计活动。同时，了解自己班级的每一位婴幼儿的性格特点及偏好也至关重要。

4. 尊重婴幼儿的个体差异。针对各方面发展水平不同的婴幼儿，教师应进行有区别的教育活动，使每一位婴幼儿都能得到有针对性的引导。对待发展水平较高的婴幼儿，教师应根据他的自身情况为他选择有挑战的项目；对待发展较为缓慢的婴幼儿，教师需要有足够的耐心，反复进行教育和指导。

5. 使用适当的语言进行引导。在婴幼儿进行活动的过程中，教师应给予婴幼儿足够的空间去做自己想做的事情，锻炼婴幼儿自我纠正错误的能力，但是对于操作过程出现严重偏差的婴幼儿，教师应及时引导。

第三节　婴幼儿同伴交往观察案例

同伴关系指的是在同一个年龄阶段的婴幼儿或者同一个发展水平的婴幼儿通过互动建立起来的一种人际关系。同伴交往能够增加婴幼儿的安全感，并且能促进婴幼儿社会性水平的发展。可以通过轶事记录法和时间取样法对婴幼儿同伴交往进行观察。

观察案例一

> 观察目的：了解婴幼儿同伴交往情况
> 观察对象：依依（36个月）
> 观察时间：2015年9月6日
> 观察地点：幼儿园
> 观察方法：轶事记录法
> 观察内容：
>
> 依依是一个刚入园的小朋友。每天早上，依依都会较早进入幼儿园，而且每天都会在教室门口哭，不肯放开奶奶。在老师的劝哄下，依依即使放开了奶奶，口中也会不停地说让奶奶早点来接她。
>
> 当奶奶离开后，依依便一个人走进教室。这时，班级中只有几个小朋友，都零零散散地围坐在小桌子旁，但是依依喜欢一个人坐在没有小朋友的桌边玩。等到时间较晚的时候，大多数小朋友都来了，这时便会有一些小朋友也坐在依依这个桌上一起玩玩具，但是依依还是一个人静静地玩着玩具。玩着玩着，依依就开始哭起来，老师问怎么了，依依也不说话。

分析与解释：

1. 婴幼儿交往能力发展特点。对于婴幼儿来说，从家庭来到集体，需要一个适应过程。直接面对大集体，会使婴幼儿产生极大压力，有可能刺激婴幼儿由最初的胆怯转为惧怕。此外，当前在婴幼儿同伴交往中还存在一个突出问题，即以自我为中心。为人处世总以自己的兴趣和需要为出发点，还不太会关心他人，所以在一两次主动搭话，依依没有回应的情况下，其他幼儿也不会去主动与依依攀谈。因此，依依的这种现象十分需要家长和教师的关注，并及时加强她与同伴交往的能力。

佐证记录：依依比较胆小内向，不与其他小朋友交流，并且入园焦虑明显。

2. 新入园婴幼儿同伴关系发展特点。由于刚入园，婴幼儿的生活环境发生了很大的变化，所以依依经历了不适应期。这种不适应不只是生活和情绪的不适应，还有对社会交往的不适应。

佐证记录：依依喜欢一个人坐在没有小朋友的桌边玩，即使有小朋友坐在依依旁边，依依还是一个人静静地玩玩具，玩着玩着就哭了，老师问也不说话。

指导与对策：

家庭和幼儿园是与婴幼儿主要的生活场所，所以家庭和幼儿园应注意为婴幼儿创设良好的氛围以及心理环境；此外，幼儿园还应创设不同的游戏活动区，为婴幼儿创造交往机会。

观察案例二

观察目的：了解婴幼儿同伴交往情况

观察对象：天天（14个月）

观察时间：2016年3月2日

观察地点：小区

观察方法：轶事记录法

观察内容：

爸爸妈妈带着天天下楼晒太阳，碰到了与天天一样大的晴晴。天天被妈妈抱着，晴晴也被自己的妈妈抱着，天天妈妈逗晴晴玩儿，晴晴开始笑起来。天天扭过头，看向晴晴，眼睛一直盯着晴晴。晴晴一笑，天天也跟着笑。晴晴想要挣脱妈妈，自己独自站在花园里，天天也开始想要挣脱妈妈的怀抱。

分析与解释：

1. 2岁之前的婴幼儿交往。婴幼儿在出生后不久就能够对同伴的出现产生反应，他们能够彼此触摸和观望对方。但是在这个时候，婴幼儿仅仅可能将同伴当作了物体玩具。此时的交往并不具备社会性。在1—2岁时，婴幼儿的交往开始变得复杂。这时，交往最主要的表现是彼此之间的模仿。这种相互模仿不仅意味着婴幼儿对同伴感兴趣，也意味着婴幼儿知道同伴对他是有兴趣的。2岁时，婴幼儿开始用语言来影响同伴的行为。

佐证记录：天天模仿晴晴的动作及表情，比如笑、挣脱怀抱的行为等。

2. 婴幼儿同伴交往具有高参照性。同伴关系不仅具有平等性、自由性，还具有高参照性。也就是说，在同伴交往的关系中，同伴的行为能够成为婴幼儿的活动指向及言行准则。

图8-3 幼儿同伴交往

佐证记录：晴晴一笑，天天也跟着笑。晴晴想要挣脱妈妈，自己独自站在花园里，天天也开始想要挣脱妈妈的怀抱。

指导与对策：

1. 为婴幼儿创造交往的机会，让婴幼儿与不同年龄阶段的其他婴幼儿进行交往。

2. 用宽松、自由、包容的态度鼓励婴幼儿交往，不要过分干涉或制止婴幼儿的交往行为。

3. 用恰当的方式教会婴幼儿交往的技巧，用适当的表情动作为婴幼儿交往做良好的示范，让婴幼儿体会交往的乐趣，促进其社会性发展。

观察案例三

观察目的：了解婴幼儿同伴交往情况
观察对象：石头（30个月）、楠楠（15个月）
观察时间：2016年3月5日
观察地点：机构活动室
观察方法：时间取样法
观察内容：

表8-3 同伴交往行为时间取样观察记录

日期：2016.9.4　　　　观察对象：石头　　　　观察者：教师

行为 时间	观望同伴	模仿同伴	主动用言语交流	主动用动作引起同伴注意
10:00—10:30	0	1	3	2
11:00—11:30	1	0	5	3
12:00—12:30	0	0	3	4
15:00—15:30	1	1	4	5

日期：2016.9.4　　　　观察对象：楠楠　　　　观察者：教师

行为 时间	观望同伴	模仿同伴	主动用言语交流	主动用动作引起同伴注意
10:00—10:30	2	4	1	0
11:00—11:30	5	2	0	0
12:00—12:30	3	5	1	1
15:00—15:30	6	2	0	0

观察者利用此表分别对石头和楠楠在不同时间段的同伴交往行为进行了观察记录，发现了显著的差异。石头的同伴交往主要以主动言语交流以及主动行为引起注意为主，楠楠的同伴交往行为则大多数都停留在对同伴的观望以及模仿上。

分析与解释：

在1—2岁时，婴幼儿交往最主要的表现是彼此之间的模仿。这种相互模仿不仅意味着婴幼儿对同伴感兴趣，也意味着婴幼儿知道同伴对他是有兴趣的。随着年龄的增长，婴幼儿逐渐通过自己的言语以及动作来主动进行交往，这时候，婴幼儿的同伴交往能力得到了巨大的发展。这个年龄段大约在2—3岁之间。

佐证记录：30个月的石头的交往方式更多为语言或者动作，而15个月的楠楠则主要通过模仿及观望进行同伴交往。

指导与对策:

在对婴幼儿的同伴交往能力进行观察时,一定要具有敏锐的眼光,及时分辨交往行为,这样才能够记录精准,不遗漏,不错失。对于2岁以前的婴幼儿来说,同伴交往的行为并不明显,但是发生的频率是比较高的,这是对观察者的考验,一定要认真观察,及时记录。

可以通过以下方法帮助婴幼儿提高同伴交往能力:

1. 营造自由、宽松、愉悦的精神环境以及创设开放、丰富的物质环境。
2. 为婴幼儿树立榜样,及时鼓励,让婴幼儿体会交往的乐趣。
3. 通过一些细节的培养来提高婴幼儿交往能力,如:教给幼儿交往的技巧;教会婴幼儿用表情和动作与人交流;鼓励婴幼儿自主活动。

观察案例四

观察目的:游戏过程中的同伴交往情况

观察对象:嘟嘟(26个月)

观察时间:2017年2月13日上午10:00—11:00

观察地点:家中客厅

观察方法:频数记录法

观察内容:

表8-4　26个月幼儿的同伴互动行为观察记录表

发生时间	行为表现					
	主动接近	碰触身体	碰触同伴手中的积木	独自玩耍	给同伴积木	注视同伴
10:05						✓
10:11	✓	✓				
10:12—10:22				✓		
10:23					✓	
10:35			✓			
10:36—10:48				✓		

分析与解释:

24—30个月的幼儿还没有发展出真正以交流、沟通为目的的人际关系,游戏水平更多处于旁观和独自游戏水平。他们喜欢观察同伴的游戏,但是并没有语言方面的接触,与同伴的游戏互动还是以物为中心。嘟嘟和同伴在一起玩时还是各玩各的,没有直接的交流,但是偶尔会围绕玩具有所互动。这就是这个年龄段幼儿进行互动交往的方式。他们更喜欢独自游戏，自己一个人玩玩具，兴趣全部集中在自己的活动上，不在意同伴的活动，但是他们开始关注周围的环境，会通过一些方式进行同伴交往。

佐证记录：嘟嘟会给同伴玩具，会通过主动接近和碰触身体的方式主动接近同伴，偶尔还会碰触其玩具以及给同伴积木。

指导与对策：

1. 给婴幼儿接触其他小朋友的机会。多为婴幼儿创造和其他小朋友互动的机会，多带婴幼儿接触小伙伴，如：陪他们和其他小朋友一起玩互动游戏，鼓励其问好、握手、一起玩玩具等。

2. 关注幼儿之间的互动行为。当婴幼儿和其他小朋友发生互动行为时，成人应及时引导其互动行为进一步发展，促进幼儿社会性发展。

本 章 小 结

本章主要介绍了婴幼儿的社会性发展观察案例，包括婴幼儿亲子互动行为观察案例、师幼互动行为观察案例以及婴幼儿同伴交往观察案例。

婴幼儿的社会性交往是建立于与周围环境的互动之中。对于婴幼儿来说，父母、老师以及同伴是社会性发展过程中的主要交往对象。对于不同行为，应该采取不同的观察方法：可以运用轶事记录法和行为检核法观察婴幼儿的亲子互动行为；运用轶事记录法和行为检核法进行师幼互动行为观察；运用轶事记录法和时间取样法来观察婴幼儿同伴交往。

延 伸 学 习

 **拓展阅读**

婴幼儿依恋行为

依恋是指婴儿与经常接触的抚养者（主要是母亲）之间所形成的一种强烈、持久、亲密的情感联系。

婴儿依恋的发展过程共分为四个阶段：

第一阶段：无差别的社会反应阶段（0—3个月）

1. 出生到8—12周。这一阶段以婴儿所发出的各种信号的发展为标志。

2. 婴儿从出生起开始使用哭泣这种有效的信号来发动与他人的联系，第二个月开始，他又用微笑来进行这种联系。

3. 由于这个时候的婴儿还缺乏辨别不同个体的能力，还没有表现出对任何人的偏爱，而只是在物体和人中表现得更喜欢人，并表现出特有的兴奋。

第二阶段：有差别（选择性）的社会反应阶段（3—6个月）

1. 婴儿形成分辨与他们接触的成人的能力。他们更频繁地对熟悉的面孔微笑、发声,而对陌生人的微笑则相对减少,甚至消失。

2. 婴儿开始能辨认并偏爱所熟悉的人,他们喜欢与熟悉的人进行接触。婴儿所熟悉的人也往往更容易安慰孩子,能更迅速、更广泛、更频繁地引起婴儿的微笑和发声。

3. 这时期的婴儿并不拒绝熟悉的人离开。

第三阶段:特殊的情感联结阶段(6个月—2岁)

1. 由于婴幼儿开始获得新的运动技能,他们开始到处爬动。这使他们有了更强的探索外部环境的能力,并开始主动接触父母,表现出有意识的社会行为。

2. 婴幼儿对不同对象的反应出现巨大的差别,对依恋对象的存在极为注意。当婴儿所依恋的对象离去时,开始通过哭泣表示抗议。这时,依恋对象成为婴儿探索的安全基地。

3. 他们对陌生人表现出更为明显的警惕、戒备和退缩。开始出现陌生人焦虑和分离焦虑。

第四阶段:目标调整的伙伴关系阶段(2岁以后)

1. 婴儿的有目的行动、语言交往和进行适宜反应等能力越来越成熟。随着婴儿年龄的增长和社交能力的不断提高,他们越来越主动地进行各种接触,开始理解依恋对象的目的、情感和特点,并以此调整自己的行为,表现出较多的灵活性。

2. 他们也能容忍与依恋对象之间的距离逐渐加大,并且逐渐善于与同伴和不熟悉的人进行交往。

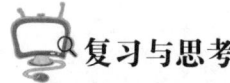学习活动

1. 选择一种观察方法对婴幼儿的同伴交往行为进行观察记录,并和同伴分享自己的分析结论。

2. 分别总结婴幼儿亲子互动行为、师幼互动行为、同伴交往行为的观察要点。

复习与思考

1. 婴幼儿亲子互动行为的观察方法有哪些?

2. 如何观察师幼互动行为?

3. 如何利用时间取样法观察婴幼儿同伴交往行为?

参 考 文 献

［1］蔡春美，洪福才，邱琼慧，卢以敏，张明杰．幼儿行为观察与记录［M］．上海：华东师范大学出版社，2013.

［2］陈帼眉．学前儿童发展与教育评价手册［M］．北京：北京师范大学出版社，1994.

［3］陈帼眉，姜勇．幼儿教育心理学［M］．北京：北京师范大学出版社，2007.

［4］陈鹤琴．儿童心理发展之研究［M］．南京：江苏教育出版社，1987.

［5］丁海东．学前游戏论［M］．济南：山东人民出版社，2001.

［6］高振敏，张家健，曾英．婴幼儿智能的家庭自测与培养［M］．北京：中国书籍出版社，1994.

［7］Greg Payne，耿培新，梁国立．人类动作发展概论［M］．北京：人民教育出版社，2008.

［8］黄人颂．学前教育学［M］．北京：人民教育出版社，1997.

［9］侯素雯，林建华．幼儿行为观察与指导这样做［M］．上海：华东师范大学出版社，2014.

［10］姜晓燕．学前儿童游戏教程［M］．北京：教育科学出版社，2014.

［11］［捷克］夸美纽斯．夸美纽斯教育论著选［M］．任钟印，选编．任宗祥，等译．北京：人民教育出版社，1990.

［12］［英］里德尔利奇．观察：走进儿童的世界［M］．潘月娟，王艳云，译．北京：北京师范大学出版社，2008.

［13］刘焱．儿童游戏通论［M］．北京：北京师范大学出版社，2004.

［14］刘焱．幼儿园游戏与指导［M］．北京：高等教育出版社，2012.

［15］邱学青．学前儿童游戏［M］．南京：江苏教育出版社，2003.

［16］人力资源和社会保障部，中国就业培训技术指导中心．育婴员［M］．北京：海洋出版社，2015.

［17］施艳，韩春红．学前儿童行为观察［M］．上海：华东师范大学出版社，2011.

［18］吴梅香．0—3岁婴幼儿早期教育家长指导手册［M］．福州：福建人民出版社，2016.

［19］张家琼，杨兴国．婴儿生理心理观察与评估［M］．北京：科学出版社，2015.

［20］刘新学，唐雪梅．学前心理学［M］．北京：北京师范大学出版社，2014.

［21］施燕，韩春红．学前儿童行为观察［M］．上海：华东师范大学出版社，2011.

［22］侯素雯，林建华．幼儿行为观察与指导这样行为［M］．上海：华东师范大学出版社，2014.

［23］姜晓燕．学前儿童游戏教程［M］．北京：教育科学出版社，2012.

［24］周念丽．0—3岁儿童观察与评估［M］．上海：华东师范大学出版社，2013.

［25］张明红．学前儿童语言教育［M］．上海：华东师范大学出版社，2006.

［26］［美］罗恰特．婴儿世界［M］．许冰灵，郭琴，郭力平，译．上海：华东师范大学出版社，2005.

［27］梁国全，尚玉芳．幼儿游戏与指导［M］．北京：北京师范大学出版社，2014.

［28］蔡正华，黄丽辉，等．听觉及言语发育观察表可用性初探［J］．听力学及言语疾病杂志，2010，18(2).

［29］曹中平．中班幼儿角色游戏中合作能力发展的初步观察研究［J］．学前教育研究，1994(2).

［30］陈宁．结构游戏与幼儿社会交往能力的形成［J］．教育评论，2008(1).

［31］陈琴，庞丽娟．论儿童合作的发展与影响因素［J］．教育理论与实践，2001(3).

［32］王春燕，卢乐珍．自由游戏活动中幼儿同伴交往的研究［J］．教育导刊，2002(21).

［33］王华芬．幼儿园建构游戏的组织与指导［J］．湖北：当代学前教育，2012(2).

附录

0—3 岁婴幼儿发展常模列表

（一）婴幼儿身体发展的常模列表

大致年龄	身体发展	相关观点和理论
新生儿	应该出现先天反射。 胳膊的运动多于腿的运动。 有力地吮吸。 睡 21—24 小时，醒着的时间很短。	0—3 岁幼儿教育框架——为支持 0—3 岁幼儿的时间工作而设立的框架 皮亚杰——发展的感觉运动阶段 玛丽·谢里丹——发展标准
6 周	能抬起头。 眼睛能追随运动的物体几分钟。 醒着时看上空。 肢体运动仍然不协调。 大部分时间仍然在睡觉或昏昏欲睡。	
3—5 个月	有控制地移动手臂。 在硬的表面上面能够蹬和踢脚。 能从仰卧变成俯卧。 头能挺得很稳。 注视手和手指，抓紧手。 仰卧时能抬头并借助胳膊的帮助往前运动。 睡眠时间为 16 小时左右。	
6—8 个月	能够在外界的支持下长时间坐着，在没有外界支持时坐较短时间。 能用整个手抓握物体（用手掌抓握）。 任何东西都往嘴里放。 有目的地移动手臂。 能从俯卧翻身成仰卧。 能在外界的帮助下成站立的姿势。 手眼能协调。 可能长出第一颗牙。 用行动制造出不同的声音。	莱斯利·雅培——游戏贯穿整个年龄阶段 蒂娜·布鲁斯——游戏贯穿整个年龄阶段 A.M. 克拉克等——早期经验 佛瑞德·福禄贝尔——通过游戏获得早期经验 埃莉诺·戈德斯科美德——探究性游戏和感知觉发展 苏珊·艾萨克斯——游戏 玛格丽特·麦克米伦——户内外游戏的重要性
9—11 个月	非常活跃，能打滚儿和扭动身体，开始爬行和移动身体。 能在没有外界的帮助的情况下变成坐的姿势。 能用拇指和食指捡起物体（钳形抓握）。 对任何能够到的物体进行操作，能把物体从一只手换到另一只手，并把物体放到嘴里。 可能长出上门牙。 睡眠时间大约是 14 小时。	
12—14 个月	能自己站起来。 能绕着家具走。 能在成人的支持下行走，或者独立行走。 能拿住一个茶杯。 瞄准并捡起小的物体放入容器。 更多地用手而不是用嘴来探究物体。	玛丽亚·蒙台梭利——结构游戏
15—17 个月	活跃而不知疲倦。 独立站立。 能独立行走。 能跪着。 能靠手和膝盖上楼。 能用两块积木建一座塔。 能用蜡笔做记号。 能用手给自己喂食，并试着使用勺子。	

(续表)

大致年龄	身体发展	相关观点和理论
18—20个月	走得相当好,能拖着和推着布娃娃,能倒着走。 能在成人的帮助下下楼。 能蹲下或弯腰捡起物体。 可能会长出犬牙。	
2岁	能跑,能从站着的位置踢球。 能爬上家具。 自己用勺子吃饭。 能拉上并拉开拉链。 能画圆和点。 能搭五到六块积木的塔。 开始利用手。 开始形成对肠和膀胱的控制能力。 到3岁初,通常长出满口的乳牙。	皮亚杰——发展的感觉运动阶段 彭妮·荷兰德——身体游戏,超人游戏和战争游戏。
3岁	很有自信地走和爬,能用脚尖走路,能扔和踢球。 从低的台阶跳下。 能登上并骑自行车。 在他人的帮助下洗手和擦手。 能独立穿脱一些衣服。 独立翻书。 能使用剪刀。	基础阶段课程

(二)婴幼儿认知和语言发展的常模列表

大致年龄	认知和语言发展	相关观点或理论
新生儿	知觉到温度的变化,声音和明亮的光线,和他人建立联系。 好像能模仿成人的面部表情。 自我中心。	皮亚杰——发展的感觉运动阶段 唐纳德森——思维和语言发展 乔姆斯基——语言获得装置 阿赛——图式 布鲁纳——认知发展理论 维果斯基——最近发展区理论 班杜拉——社会学习理论
6周	用哭的办法表达需要,如饿、悲伤、累等。 认出最初的看护者并对其作出反应。 通过感知觉来认识世界。	
3—5个月	用微笑的方式对他人的脸做出回应。 对周围的环境更加敏感和感兴趣。 因看护者的声音而感到安慰。 开始发出咕咕学语声。	杰瑞·福多——认知发展 布鲁纳——学习发展 巴甫洛夫——经典性条件反射 斯金纳——操作性条件反射 桑代克——强化 罗伯特·凯斯——认知发展 V·戴斯·古普塔——认知和语言发展
6—8个月	高兴时大声笑,尖叫和轻声笑。 发出 ma ma ma,da da da 等咿呀学语声。 主要通过试误的方式来学习。	邓恩——语言发展
9—11个月	咿呀学语是最主要的声音,这种声音由哭声组成,它变得越来越有"旋律",并且有了一定的"声调",包括语言学习所需要的所有声音。 将元音和辅音联系在一起。 使用手势,如用点头来交流自己的需要。 11个月时大致能懂17个单词。 能把藏起来的物体找出来。 喜欢韵律和手指游戏,并对其作出回应。	加德纳——认知发展 米歇尔·豪——认知发展 A·卡米洛夫-史密斯——语言发展
12—14个月	出现第一个单词。一个单词表达的意思可能远远超出运用语调和声音表现的一种事物——单词句。 开始涂写。	

(续表)

大致年龄	认知和语言发展	相关观点或理论
15—17 个月	一般能认出 10 个单词。 能指出命名的图片。 能指出身体的各个部位。	
18—23 个月	能把两个单词组合在一起。 出现电报句。 一个月能学会 10—30 个单词。 电报句形成。 "万物有灵论"出现。	
2 岁	开始使用问句和否定句。 词汇量迅速增长。 能完成 3 块的拼图。 能匹配 3 种颜色。 能按顺序存放物体。 前运算阶段。	
3 岁	模仿成人说话。 陌生人一般能听懂其说的话。 知道并理解儿歌。 喜欢问问题。 了解量都不同,如大和小。	基础阶段课程

(三)婴幼儿情绪情感和社会性发展的常模列表

大致年龄	情绪情感和社会性发展	相关观点或理论
新生儿	当和母亲或首要看护者亲密接触时看起来很满足。 需要和看护者建立很强的联系和依恋。	玛丽·爱斯沃斯——依恋 约翰·鲍尔比——依恋 马斯洛——需要
6 周	看起来能够感到母亲和首要看护者在场。 对人的声音作出反应。 能够很快从愉快转变为不愉快。	威廉·格赛尔——需要 埃里克森——发展的阶段 埃莉诺·戈德斯科梅德——关键人员/人的作用 塞立克——关键人员/人的作用 谢弗——社会性发展和依恋
3—5 个月	通过笑示出开心。 喜欢让人抱着和拥着。 仍然具有快速变化的情绪。	
6—8 个月	可能会出现对陌生人的焦虑。 对周围正在发生的所有事情感兴趣。 和母亲或熟悉的人(一般是朋友)在一起时会大笑、咯咯地笑并且发出语音。 当正在玩的玩具被拿走后会生气,但是很容易把这种情绪转移开。	
9—11 个月	能分清熟人和陌生人。 能通过身体运动(如踢腿等方式)表达生气和愤怒。 开始玩躲和藏的游戏。 开始耐心等待。	弗洛伊德——人格发展 柯尔伯格——性别认同和道德推理 皮亚杰——道德推理

（续表）

大致年龄	情绪情感和社会性发展	相关观点或理论
12—14个月	对家庭成员和首要看护者表现出热爱之情。 玩简单的游戏。 当受到阻碍时，不断发展的独立性可以导致儿童发怒。 情绪很少剧烈波动。 好奇心强，很少害怕。	
15—17个月	情感比第一年更加稳定。 可能会出现嫉妒心理。 从不依赖成人到依赖成人。 更加具有个体意识。	
18—20个月	可能表现得比较固执，不愿意听从成人的意见。 好奇心强，但注意时间短。 情绪变化。	罗杰斯——自我概念的发展
2岁	任性，爱发脾气。 做噩梦，无理智地害怕。 试图独立。 具有强烈的情感。 模仿成人的活动和行为。 平行游戏，并且开始加入假装的游戏。	基础阶段课程 斯金纳——行为主义
3岁	变得更容易合作，更容易接受成人的态度和情绪。 希望得到成人的赞许。 问许多问题。 对他人表现出关心。 开始分享游戏材料。	

0—3岁婴幼儿发育标志与保教目标

（一）1个月婴儿发育标志、保教目标、内容和要求

生理、心理发育的主要标志		新生儿的活动都是全身的，触觉比较发达，最敏感的部位是唇、手掌、脚掌、眼帘，对光、温度、声音有反应，味觉灵敏，开始有集中的视觉，看到成人面孔活动减少，可自发微笑，哭无眼泪。
教养目标（应达到的一般水平）		能短暂注意眼前人或玩具的移动。 半月左右抱起时有找奶头、吸吮动作反应。 2—3周后听力集中。
教养内容与要求	生活照料	室温适宜，空气新鲜，光线柔和，每天有20—22小时睡眠时间，可根据需要喂奶，最好每天洗一次澡。 培养婴儿自动入睡，不含奶头睡觉的习惯。
	动作技能	每天喂奶时，将婴儿的手拿开，然后用手指或笔杆触动婴儿手心，让他紧握。 更换尿布时，用手轻拍婴儿的小腿和屁股，触摸他的四肢。
	语言发展	成人要用温和的语调哄婴儿，经常呼唤新生儿的名字，给婴儿以适当的声音刺激。
	认知能力	用色彩鲜艳或会发声玩具、在婴儿视线内摇晃。20天后可将婴儿竖抱片刻，让婴儿看房间和周围的景物，发展婴儿视觉、听觉。
	情绪、情感与社会性行为	眼对眼跟父母对视，逗引会微笑。用手掌慢慢逼近婴儿眼前，会眨眼。

（二）2个月婴儿发育标志、保教目标、内容与要求

生理、心理发育的主要标志		稍能抬头、眼随物转动，头能转向有声音的方向，手能握住物体片刻，会发"咿""呀"喉音。
教养目标（应达到的一般水平）		能竖起抱。被逗时能注视移动的玩具或人脸，会微笑或发出喉音。听到声音有寻找反应。
教养内容与要求	生活照料	可开始培养按一定时间喂奶的习惯，吃奶时间不超过20分钟；要弄清楚婴儿哭的原因，不要一哭就抱，以免养成不良习惯，贻误某些事情的及时处理。
	动作技能	仰卧时头会左右转动，俯卧时能抬头45度，并持续片刻。可开始给婴儿做被动操至6个月。
	语言发展	成人经常和婴儿说话，给他唱歌或听音乐，逗引婴儿微笑，引起发出回答性声音。
	认知能力	眼随物移动，注视成人的脸及鲜艳的玩具和吸引他的动作。逗引时在婴儿胸上方40—60厘米处，引导婴儿的视线，满足婴儿基本要求，使其情绪愉快。
	情绪、情感与社会性行为	经常用表情、玩具和语言引逗，使婴儿表现出快乐的情绪，微笑、发声、挥手、蹬腿。用玩具和语言引逗，能笑出声音。

（三）3个月婴儿发育标志、保教目标、内容与要求

生理、心理发育的主要标志		俯卧或垂直位能抬头，有目的地抓物，能玩弄手及手指，视物协调，逗引时能笑出声音，看见母亲的脸会笑。
教养目标（应达到的一般水平）		能找到声源，开始注意新鲜事物。见人会笑，发出声音。快乐时微笑，手脚不断活动，视线能追活动的人和物。
教养内容与要求	生活照料	要保证婴儿每天有18—20小时的睡眠时间，要经常帮助婴儿变换睡眠姿势，尤其是还不会翻身的婴儿。
	动作技能	经常用玩具或各种动作逗引婴儿，练习摸、抓玩具。3—4个月可直抱，竖直较平稳，俯卧时能用肘支撑上身抬头90度。
	语言发展	经常用语言或玩具引婴儿发笑，使婴儿在安静状态中能自己发音。
	认知能力	给婴儿有色彩或能发响声的玩具，让他抓握，给婴儿听中音量的音乐或不同角度发出的声音，引导婴儿找到发声方向，逗引婴儿高兴。
	情绪、情感与社会性行为	与人"交谈"发出"哦""啊""咯"的声音。用音乐、舞蹈、玩具引逗，可念儿歌、看镜子、亲人与他"交谈"引逗。并可增加户外活动时间，让婴儿能与你自言自语交谈。

（四）4个月婴儿发育标志、保教目标、内容与要求

生理、心理发育的主要标志		咿呀学语，俯卧时能用肘支撑抬起前胸，可有仰卧转向侧卧位，哺喂时双手能扶奶瓶，并较长久地玩弄挂在胸前的玩具。
教养目标（应达到的一般水平）		头肩抬起，开始翻身抓取玩具，双脚能支撑一会，会大声发笑，喜欢鲜艳的颜色。 头会转向叫他名的方向。 会轻拍或抚摸大人的脸，开始认人。
教养内容与要求	生活照料	母乳不足，成人手持奶瓶喂时，可培养婴儿自己扶奶瓶，养成婴儿夜间不吃奶的习惯。
	动作技能	让婴儿练习在俯卧的基础上用手支撑向前，帮助婴儿练翻身的动作和用手握物动作。发展手的基本动作，能从仰卧位翻身到侧卧位。
	语言发展	培养婴儿对声音的反应。经常轻声反复地说周围东西的名称、动作的称谓、称呼人等话，引起婴儿发音回答。
	认知能力	成人常叫婴儿名或用彩色玩具引逗，使婴儿转向发声方向。成人每次接触婴儿时，态度要亲切和蔼，以吸引婴儿注视，达到会辨认自己母亲。培养婴儿与成人亲昵的感情。
	情绪、情感与社会性行为	见生人盯着看、哭等，见母亲或经常与他接触的亲人伸手要求抱，会对着镜子微笑。

(五）5个月婴儿发育标志、保教目标、内容与要求

生理、心理发育的主要标志	会翻身，坐时背能竖直，扶立时能做蹬跳动作，能抓住物体往嘴里放；可拉长喉音，能注意掉落的玩具，认识亲近的人，害怕陌生人。从仰卧位翻向俯卧位。
教养目标（应达到的一般水平）	两手支撑能抬起前身、自如地抓玩具、腿能直立。 在扶助下能稍坐一会儿，会拉长声调发音逗人注意。 能认熟人声音，对人有选择性。
教养内容与要求	生活照料	婴儿的玩具、用具要经常消毒、清洗。 开始用勺喂辅食。母乳不足时，应添加含铁的辅助食品。
	动作技能	继续让婴儿练习趴，用手臂抬起前身，训练婴儿在不同体位抓握玩具。成人扶婴儿腋下，练习腿伸直一会儿。
	语言发展	要用语言逗引婴儿，当婴儿发出声音时，要和他互相应答，促进婴儿发音，能拉长声发喉音，能将头转向叫他名字的人。在成人与婴儿说话时，有手脚不断活动的反应。
	认知能力	引起婴儿对声音发生兴趣，经常以新鲜事物引逗婴儿的注意，把视线从一种物体转向另一种物体，会"藏猫猫"游戏。知道找声源。
	情绪、情感与社会性行为	经常叫婴儿的名字，练习认爸爸、妈妈，做"藏猫猫"游戏。

（六）6个月婴儿发育标志、保教目标、内容与要求

生理、心理发育的主要标志	翻身自如，能坐一会儿，能用手指握悬挂的玩具，双手互相传递积木，对不同的声音表示不同的反应，能注视并知道陌生人，拒绝把玩具拿走。 从仰卧位翻向俯卧位。
教养目标（应达到的一般水平）	会换手拿玩具，敲打玩具，扶腋下上下活动。 能确认自己名字，能发"爸""妈"等单字音节，会寻找当面藏起来的东西。 明显认生，依恋母亲。
教养内容与要求	生活照料	给婴儿一些小饼干，让他自己拿着吃。家长要定时给婴儿清洗，可隔天洗一次澡。 要保证婴儿每天有16—18小时的睡眠时间。
	动作技能	能从俯卧位翻向仰卧位；能翻身自如，自由地俯卧、仰卧；坐起来，还可用翻身方法移动位置去取玩具。 扶坐较稳，拉双手能坐起来，仰卧时会向各方向转动；用手臂支撑向前移动，又向前爬的试图。扶腋下站立时两腿会上下跳动，能自己扶栏杆站起来。两手动作较前灵活，两手能换拿玩具，能用手去抓看到的东西，同时开始用双手同时抓一物体向一只手握物体发展。
	语言发展	能发出较复杂的声音，用不同声音表示不同反应，能分辨和蔼与严肃的表情和声音。经常以游戏方式问婴儿："××在吗？"并指给他看，要少用严厉制止的声音。培养婴儿学习语言的积极性和良好情绪。
	认知能力	对周围环境感兴趣，能注视周围更多的人和物。对不同的事物表现出不同的表情，不喜欢生人抱。创造发展观察力的条件，使婴儿醒时能看到成人和周围的物体。做简单的游戏，发展婴儿认知能力。让婴儿多接触熟悉的邻居、亲戚等人。
	情绪、情感与社会性行为	经常带婴儿到外面玩，上公园，拓宽婴儿与人的接触面。 注意培养婴儿良好的饮食习惯、卫生习惯。

（七）7个月婴儿发育标志、保教目标、内容与要求

生理、心理发育的主要标志	能自己吃饼干，有目的地拾取玩具，会摇有声响的玩具，哭叫时发出"m、m、m"音节，叫名字有反应，对陌生人不太关注，很容易由哭转笑。
教养目标（应达到的一般水平）	能模仿成人发音，开始懂词意，会找要求他找的东西。 能准确抚摸刺激皮肤处，玩时有愉快、不愉快的表情。
教养内容与要求	生活照料	培养婴儿正确的吃饭姿势。
	动作技能	会独坐。成人用手掌抵住婴儿的脚部，他能向前爬行。双手扶物可以站一会。 两手各拿一物，会用一物敲击另一物，会用手指捏细小的东西，会模仿成人做简单的拍手、招手动作。
	语言发展	经常给婴儿讲他熟悉的、引起他兴趣的事物，激发婴儿模仿发音、常把语言与人物联系起来。 培养婴儿理解语言的能力，引起婴儿用语声和动作回答，如指出某一物品或熟悉的人在哪里，训练婴儿用眼睛找或用手指出。
	认知能力	能用眼睛寻找成人提问的东西在哪里。使婴儿经常有玩具玩。
	情绪、情感与社会性行为	婴儿喜爱"藏猫猫"游戏，会发笑，并会模仿妈妈的动作，见熟人不认生，见到陌生人有的婴儿有害怕、哭泣、躲藏表现。

（八）8个月婴儿发育标志、保教目标、内容与要求

生理、心理发育的主要标志	从仰卧位坐起来，能坐稳、会爬，用拇指与其他指捏取物体。手眼逐步协调，会用玩具互相敲击，能用眼睛找定向的东西，模仿成人声音，喜爱家人，对陌生人有怕羞、垂头或哭叫等表现，喜欢玩"藏猫猫"游戏。
教养目标（应达到的一般水平）	开始学迈步，会拍手。 能将语言与动作联系起来，按成人要求做简单动作，能较长观察活动并伴有表情。 愿意与人玩。
教养内容与要求	生活照料	培养婴儿开始学习坐盆，坐盆时不能吃食物或玩耍。
	动作技能	能从卧位到坐位到卧位。 8—9个月能用两手两膝向前熟练地独立爬行。 扶腋下会做迈步状。 双手会做配合活动，如打开盒盖又盖上；能用拇指与食指捏取细小物体。
	语言发展	训练婴儿发出近似词的连续音，如"爸爸""妈妈""阿姨"等。 经常结合语言做"再见"和"谢谢"的动作，让婴儿模仿，当有人离开和送东西给婴儿时，成人用语言提示婴儿做"再见"和"谢谢"动作。
	认知能力	引导婴儿观察并注意一些物体，经常和婴儿说话，做游戏。
	情绪、情感与社会性行为	婴儿对父母能有依恋、怯生等表现，此时不要和婴儿分离时间太长；见客人要热情欢迎，如婴儿见客人害怕并暂时走开，可让他过一会再靠近，使婴儿逐渐熟悉客人。让他和外面的小朋友玩耍，以发展婴儿个性，并经常给予鼓励和表扬。要注意婴儿一日生活中各个环节之时的游戏，在逗玩时培养婴儿勇敢、自信、团结友爱、豁达，培养婴儿在玩耍中具有同情心，又有竞争能力。从小培养婴儿健全的良好素质，以适应未来社会的需要。

（九）9个月婴儿发育标志、保教目标、内容与要求

生理、心理发育的主要标志		能扶东西站起来，爬行动作自如，能用拇指、食指捏起小物体，能对简单语言做回答性动作，如"再见""谢谢"等。 能挑选自己喜欢的玩具，并能拒绝成人拿走。 喜欢照镜子。
教养目标（应达到的一般水平）		能蹲下站起、从坐到卧、会抬手，知道常见物名称，懂得稍复杂词意。能分辨和蔼、严肃的声调。
教养内容与要求	生活照料	同婴儿一起活动时，要态度亲切，创造亲切、欢乐气氛。 每次拿食品前，要给婴儿洗手，吃完后将嘴、手擦干净；要训练婴儿将掉在桌上的食物拿起来。 保证婴儿每天有14—15小时睡眠时间。
	动作技能	在亲子活动中，有意让婴儿练习蹲下、站起、坐下、俯卧等动作。 9—10个月会独站片刻，拉双手会走几步。
	语言发展	通过认识日常生活所接触到的物品和动作，使婴儿理解词的意义，并练习模仿各种声音，能初步掌握一些词并进行最初的交往。
	认知能力	成人给婴儿做用手推动球、滚动球等动作并不断改变方位，也让婴儿参加活动，以训练婴儿的空间知觉。
	情绪、情感与社会性行为	会拍手表示"欢迎""再见"；看到某人归来，表示高兴；会随音乐舞动；懂得命令。 理解"不"的意思，大人说"不许动"可以立即停止运动。

（十）10个月婴儿发育标志、保教目标、内容与要求

生理、心理发育的主要标志		能扶物站立，牵手能走几步，能从成人拿着的碗里喝水，模仿叫"爸爸，妈妈"，认识常见的人和物，对新的交往感兴趣。
教养目标（应达到的一般水平）		能执行简单命令，对观察到的事物会用手势、声音作出反应，喜欢自己玩一会玩具。
教养内容与要求	生活照料	练习用杯子喝水、穿衣伸手入袖、穿裤抬腿、大小便会说。
	动作技能	会用一只手扶栏杆走来走去。 9—10个月两手能在胸前相握，做出双手抛掷、倒出、放入等动作。
	语言发展	教婴儿模仿发音，如模仿动物叫声、汽车喇叭声等。提醒婴儿叫"爸爸""妈妈"等。 要求婴儿按成人要求做一些简单动作。
	认知能力	让婴儿拿几件他熟悉的物品，婴儿做到了要鼓励他；外出散步时，告诉婴儿看到东西的名称，并要他指出树、石头、花等。 婴儿开始对自己感兴趣的事物能做较长时间的观察，喜欢看鲜艳的玩具和图片，特别喜欢红颜色。
	情绪、情感与社会性行为	婴儿做某件事，做完后称赞他，会显出很高兴；大声呵斥他会悲伤或哭泣。婴儿在玩玩具时被夺走玩具并不肯给，会哭闹。 培养良好的生活习惯，吃、喝、玩、睡要有规律。 训练婴儿随音乐、儿歌做动作。 让婴儿听成人指令拿东西，如把球拿过来，把瓶子盖盖上等；训练表示"欢迎""再见"；训练穿衣裤时能主动伸手伸腿。

（十一）11个月婴儿发育标志、保教目标、内容与要求

生理、心理发育的主要标志		扶两手能行走、单独站立片刻。 会用勺拨弄食物，会把物体从容器中拿出、放进。 能理解简单的词意，能指出身体某些部位，对简单的图画感兴趣，不喜欢单独一个人留在床上。
教养目标（应达到的一般水平）		成人牵他一手能走，懂得表扬批评，会说简单事物名称，能模仿听到的声音，喜欢接近成人。
教养内容与要求	生活照料	与同龄婴儿在一起时，大人要有意识地将玩具或物品送给别的婴儿。分水果时，大人要握着婴儿的手，帮助他将水果先分给别人。
	动作技能	能独站，成人领一只手能走，会推学步车向前走，不用扶能迈一两步。
	语言发展	要鼓励婴儿多说话，加深他对已有词的印象；当婴儿能说出一个字，如"球"时，大人可再加字训练，如"大球""皮球"等。通过看实物、科教片培养婴儿反复模仿，加深对词的理解。
	认知能力	给婴儿提供积木、塑料块等建筑玩具，示范堆、垒高积木等给婴儿看，并说这是"小桥"，这是"桌子"等，引导幼儿模仿学习。
	情绪、情感与社会性行为	能配合穿衣，会走以后要进一步让他按指令将在附近的物品取来，按要求做各种动作；经常带婴儿到大自然的环境中，让婴儿看各种花、草、树、飞鸟、家禽，到动物园看各种动物，以陶冶婴儿的性格，从小培养他对大自然的热爱。 经常训练婴儿叫"爸爸""妈妈""阿姨""小弟弟""小妹妹"等，学习与人交往的本领。

（十二）12个月婴儿发育标志、保教目标、内容与要求

生理、心理发育的主要标志		能独走数步继而会独立行走。 会用碗喝水。
教养目标（应达到的一般水平）		能翻书、拿勺，推车走路。 能逐渐与周围成人用语言交流，指出身体某部位器官在哪，能模仿观察到的声音和动作，喜欢夸奖，不喜欢批评。
教养内容与要求	生活照料	培养婴儿练习用勺吃饭，会将小帽放在头上，自己找便盆坐下。 保证婴儿每天有13—14小时的睡眠时间。
	动作技能	成人要引逗婴儿，鼓励其独走。 会自由地将坐、爬、站、走等动作联系起来。 由于手眼协调的动作逐渐完善，能将圆环套在木棍上，能搭3块积木垒高，会玩套盒，会把小盒放在大盒里。
	语言发展	培养婴儿理解和模仿语言的能力，如使婴儿认识身体一些部位（眼、嘴、耳、手、脚等）和婴儿做"藏猫猫"的游戏，让婴儿说出和指出玩具藏在"这"（这里）或"那"（那里）。
	认知能力	大人要训练婴儿听音指物、指图，用手握笔随意画，教婴儿学会家里亲人的称谓。 家里来客人时要主动介绍婴儿认识。
	情绪、情感与社会性行为	喜欢探索新环境，理解语言，能分辨喜与怒，会观察大人不同态度的表情，能按大人的指令做事，要东西知道给，会用点头摇头表示同意或不同意，会告诉有大小便，喜欢到外面玩，自己会用勺将饭送进嘴里。

(十三)1岁至1岁3个月幼儿发育标志、保育目标、内容与要求

生理、心理发育的主要标志		会独走数步继而会独立行走,能蹲下,会用碗喝水,用蜡笔在纸上乱涂。会说含2—3个字的词,能找藏起来的东西,喜欢有节奏的音乐,会保护自己的玩具,能记住经常接触的图片和物品名称,可听从劝阻,知道常见人的名字,对不同年龄的人有相应称呼。
教养目标(应达到的一般水平)		会爬台阶,能独立玩一般玩具,会用单词表达要求,能记住几天前的事,对小伙伴感兴趣。
教养内容与要求	生活照料	经常讲有关分享的故事给婴幼儿听,让他知道好东西应大家分享,培养婴幼儿吃饭时注意力集中,有固定座位。
	动作技能	能独立蹲起、站稳、行走。会玩简单的玩具。 以教会婴幼儿独走为任务,要有宽阔平坦的场地。利用玩具练习手的动作,如套盒、套圈、积木垒高等。
	语言发展	会用单词表达要求,会主动叫"爸爸""妈妈"。 启发婴幼儿用单词表达自己的愿望,引导婴幼儿称呼亲近的人。
	认知能力	让婴幼儿接触同龄玩伴,帮助他们建立良好关系。训练婴幼儿用拇指和食指拣开带纸的硬糖和挑拣各种豆粒,不要用嘴啃咬或一把抓。将易于剥皮的水果,如香蕉、橘子给婴幼儿,成人稍加帮助,让他用手剥开吃。
	情绪、情感与社会性行为	培训婴幼儿喜欢与大人、小朋友一起玩耍,听讲故事,培养吃、喝、玩、睡良好的生活、卫生习惯。对婴幼儿要有耐心关照和护理,在婴幼儿哭、发脾气、乱抓乱打时,要猜婴幼儿到底想要什么,可以用不同的活动来满足婴幼儿,或给他一些新鲜有趣的东西,让他高兴地玩起来,保持婴幼儿有轻松愉快的情绪,使婴幼儿对环境和亲人有安全感、信任感。要放手让婴幼儿活动,有独立活动的机会,但要注意,也不要过分保护,一旦跌倒,鼓励自己爬起来,大人千万不要表现出惊慌,甚至大呼小叫。当客人和小朋友来访时,要引导婴幼儿去接近客人和小朋友,若婴幼儿怕生、哭闹,可暂时避开,过一会再慢慢诱导他接近客人。

(十四)1岁3个月至1岁半幼儿发育标志、保教目标、内容与要求

生理、心理发育的主要标志		独立行走自如,会爬台阶,继而一手扶着能上下台阶;会滑滑梯,能搭数块方木,会拖鞋、打开盒子,会说简单的词,如"再见""给我""不要""谢谢"等和自己的名字,会说出想要的东西,认识简单图片,能记住不在眼前的东西,注意力容易分散。
教养目标(应达到的一般水平)		能参加扔球、滚球等游戏,会说出自己名字及亲近人的称呼,执行简单要求。能看简单图并说出图上人物和动物名称,在大人协助下会洗手、洗脸。认识自己的用具、衣服,能与小伙伴玩一会。
教养内容与要求	生活照料	培养婴儿在固定时间坐便盆,吃饭前告诉婴儿先洗手再吃饭。
	动作技能	培养婴幼儿上下台阶,用各种球做游戏活动,练习滚扔的动作。
	语言发展	会说一些简单的词,如"再见""给我""不要"等;会说出自己的名字,对不会说的词句有时会用表情来代替,认识自己的床和衣服。通过日常生活所接触的事物,引导婴幼儿将语言与实物联系起来,利用玩具、图片及游戏等方式发展语言。
	认知能力	搜集动物图片若干张,一张张教给婴幼儿认识。要抓住各图中动物外观的主要特征,教给婴幼儿认识,如:大象的鼻子长、老虎的头大等,训练婴幼儿能说5种以上的小动物。
	情绪、情感与社会性行为	能脱下衣裤(能解开扣子),能学着洗擦手、脸;与小朋友玩,喜欢争抢玩具玩,当婴幼儿心爱的玩具被别的小朋友拿去时,婴幼儿会自己夺回来。此时家长不要责备,应当允许婴幼儿有机会保护自己的权利,但是也要抓住机会慢慢引导婴幼儿把玩具给小朋友玩,千万不要强迫。从小培养婴幼儿能团结友爱,又有竞争的意识。

（十五）1岁半至2岁幼儿发育标志、保教目标、内容与要求

生理、心理发育的主要标志		能倒退走，扶栏杆能上下楼梯，会掷球，自己擦鼻涕，逐渐会用勺吃饭，能握笔随意画，会捡豆豆，模仿成人做家务，会说4—5个词构成的句子，知道某些常见物品的用途，认识简单形状和红色，对玩具有偏爱，喜欢单独玩，有意注意时间很短。
教养目标（应达到的一般水平）		能上攀登架，迈过障碍物，（跨过线道）会踢球。喜欢学说话、唱歌、说歌谣，重复结尾词句，认识家里人的东西，知道小伙伴名字，有大小、多少概念，认识1—2种颜色，能按要求从许多同类物品中取出1—2个。
教养内容与要求	生活照料	培养左手扶腕、右手拿勺的吃饭技能，并要求婴幼儿安静地坐在桌边吃完自己的一份饭，不妨碍别人吃，咽下最后一口饭后再离开饭桌。培养婴幼儿按时入睡、按时醒、睡眠有正确姿势等良好的习惯。
	动作技能	基本动作： (1)走：自如，较稳，能按指定方向走。能扶栏杆上下滑梯、台阶。 (2)跑、跳：开始学跑、学跳，动作不协调。 (3)钻：能低头弯腰钻过拱形门，迈过8—10厘米的杆。 (4)平衡：走过25—30厘米宽的平行线。 (5)爬：练习手膝着地爬。 (6)投：练习扔球。 (7)基本体操：学做简单的模仿操。 (8)精细动作：会穿木球、捡豆豆、套盒。会垒8—10块积木，能搭出简单物体。
	语言发展	(1)理解成人语言，培养婴幼儿说话能力，说出较多的短句。 (2)会模仿正确发音，积极用语言和小伙伴及成人交往，能用语言调解自己的行为。 (3)会简单的儿歌3—5首（每首4句，每句3—5个字），能说4—5个字组成的句子，掌握词汇200个左右。 (4)观察事物时能集中注意力5—10分钟，听完故事后能说出故事中的主要人物。 (5)对语言发展较为迟缓的婴幼儿要有耐心，多启发、鼓励，多给练习机会。
	认知能力	(1)认识周围的人及人体的基本部分，如头、眼、耳、嘴、鼻、手、脚等。 (2)认识一些日常生活用品和衣服。 (3)认识周围环境，记住自己的物品和东西。 (4)认识常见的几种交通工具及蔬菜、水果的名称。 (5)认识常见的家禽及动物的名称。 (6)认识红颜色、认识圆形。 (7)认识自然现象如太阳、刮风、下雨等。
	情绪、情感与社会性行为	婴幼儿常常有抗拒性行为和态度，如将手和玩具放在嘴里，成人越是让拿出来，他越是要放，因此千万不要强迫将手和玩具拿开，而应运用注意力转移法，如："看看宝贝的手和妈妈的手谁的大？""把心爱的小娃娃拿过来。"父母千万不能从自己的行为习惯、自己的意愿出发去强迫婴幼儿按自己的想法去做，而应该根据婴幼儿的心理、生理的需要去满足婴幼儿的需要。 婴幼儿2岁时喜欢按照自己的想法摆弄玩具，不喜欢大人干涉；会反抗、吵闹、和小朋友吵架、和妈妈撒娇；有嫉妒心，知道害怕、任性、难管。自我意识发展，常常不合自己的意愿，就会以反抗的形式表现出来。喜欢帮助大人做家务，喜欢自己脱衣裤、袜子等，能自己洗手并擦手。

（续表）

美育活动	1.音乐启迪 (1)培养婴幼儿能安静地、精神集中地听音乐的习惯。 (2)引导婴幼儿练习唱歌，能随音乐做出简单的动作，如拍手、点头、搓手、洗脸等，并表现快乐的表情。 (3)学唱2—3首简单的歌曲，音域不超过5度。 (4)学做音乐游戏2—3种，逐渐有一些表演动作。 2.美工活动 (1)初步认识笔和纸，说出名称。 (2)在成人指导下，初步学会握笔，在纸上随意画。 (3)能把纸折成2折和5折。
认识周围的形体和数	(1)知道1个和多个。 (2)认识方的、圆的、大的、小的物品。

（十六）2岁至2岁半幼儿发育标志、保教目标、内容与要求

生理、心理发育的主要标志		会跑，会双脚离地跳，单独上下楼梯，下蹲自如；会自己洗脸，杯、勺用得很好，会串球、一页一页翻书，能说明一件简单的事，会唱简单儿歌，有时会自动要求坐便盆；会模仿成人教的简单动作，有意注意时间延长，记忆力增强；能学着把玩具收拾好，认识红、绿颜色，喜欢听故事、看画片、看电视。
教养目标（应达到的一般水平）		能和小伙伴一起玩，能以较完整句子说出自己的简单形象；能提问题，爱听故事，知道常见事物名称，开始同情别人、帮助别人。
教养内容与要求	生活照料	培养双手捧碗喝水的习惯，饭后自己用餐巾擦嘴，培养婴幼儿积极洗漱、逐渐学会洗手、使用肥皂，知道用自己的毛巾擦手和脸。
	动作技能	让婴儿能自己随意地跑跳、游戏和玩运动器械。每日坚持做操，利用玩具发展精细动作，如穿塑料管、拣豆豆等。 用积木搭火车、房子等简单形状。
	语言发展	(1)学习正确发音，能模仿成人说普通话，能使用简单的名词、动词、代词和形容词，掌握词汇680个左右。 (2)逐步教婴幼儿发出较困难的和容易发错的字，如舌尖音"兔"，翘舌音"手""师"等。 (3)培养注意力集中8—10分钟，能初步理解简单故事和儿歌内容，能在成人启发帮助下说出故事的主要人物和主要情节。 (4)学会儿歌四到五首(每首4—6句，每句5—7个字)。能说出6—7个字的短句(主要是陈述句)，使用疑问句、祈使句、感叹句的情况也有所增加，偶见复句，句子意思较前完整。 (5)启发婴幼儿提出和回答问题，避免以手势来代替语言，成人要认真回答婴幼儿提出的疑问，同时注意培养婴幼儿发音清楚，用语准确。 (6)通过一日生活各项活动，发展婴幼儿语言，要创造条件扩大婴幼儿眼界，使他们多听、多看、多说、多问、多想，使婴幼儿有练习说话的机会。
	认知能力	(1)认识周围较多的人，能正确称呼并懂得尊重。 (2)认识人体各个部位，如牙齿、手指、脚趾等。 (3)认识日常生活用品，知道名称及用途。 (4)认识海陆空交通工具。 (5)认识常见蔬菜数种，知道其名称及简单特征。 (6)认识常见水果数种，知道其名称及简单特征。 (7)认识常见的颜色：红黄绿，认识三角形、正方形。 (8)认识常见动物，知道其名称和简单的外形特征。 (9)初步知道白天和晚上。

情绪、情感与社会性行为	要训练婴幼儿见不同的人会打招呼，训练其搭12块积木，培养婴幼儿独立生活的自理能力：自己穿衣裤，独立洗手，洗脚，自己用勺或用筷子吃饭，并养成不偏食、不贪食的良好饮食习惯。每天早晨训练婴幼儿自己洗脸，学习将毛巾拧干。训练幼儿与朋友玩角色游戏和装扮游戏。能认出家庭画册中的人物、职业。见客人会说"你好""再见""谢谢"。	
美育活动	1. 音乐启迪 (1) 培养幼儿在欣赏歌曲的基础上能随成人唱完一首歌，培养幼儿独唱、齐唱能力，使其逐步发展为表演。 (2) 培养幼儿能随音乐模仿成人做简单的动作，如举臂、叉腰。 2. 美工活动 (1) 要求握笔正确，能模仿成人画竖线条、弧线和圆。 (2) 用纸折方形、三角形边角基本整齐。 (3) 让婴幼儿欣赏成人捏泥工，同时认识泥土工板，并说出名称。	
认识周围的形体和数	(1) 认识一和许多。 (2) 认识三角形、正方形。 (3) 知道上、下。 (4) 初步知道白天、晚上。	

（十七）2岁半至3岁幼儿发育标志、保教目标、内容与要求

生理、心理发育的主要标志	会用脚尖走路，独脚站立片刻，会走平衡木，会双脚向前跳，扔掷大皮球1米左右，能握笔画横竖线，会自己主动坐便盆，可以解上衣扣子、脱鞋、脱袜、穿裤子，能用语言表达自己的要求，会讲故事的简单情节，能手口一致对数物数1—5个，懂得饭前洗手，认识方形、圆形、三角形，区别颜色。	
教养目标（应达到的一般水平）	能自如走（走平衡、双脚交替上下楼）、跑、跳（双脚向前跳、从10到15厘米高的地方跳下、独脚跳）、前滚翻。能回答成人问话，讲述自己的印象，语句较完整，能叫出小伙伴名字，知道常见事物用途。会认识简单图形及5以内数的顺序，能收拾自己的玩具和物品，能穿简便的衣服和鞋。开始能约束自己。	
教养内容与要求	生活照料	培养婴幼儿吃各种食物的积极性，养成吃饭时干净、利索的习惯。培养婴幼儿与睡眠有关的独立生活能力。
	动作技能	进一步通过游戏及体育活动，促进走跑、跳跃、攀登、走平衡木、钻、爬、投掷等基本动作的发展，并通过每日简单的节操等使动作日益协调、灵敏。利用玩、教具发展精细动作，如画画、折纸、捏纸。
	语言发展	(1) 教婴幼儿正确运用词类说出复杂的句子，鼓励婴幼儿用语言表达自己的愿望，使语言成为成人及婴幼儿间交往的工具。 (2) 教婴幼儿说普通话。 (3) 进一步丰富婴幼儿词汇，扩大对副词、连词等虚词的理解，能用简单的句子表达自己的愿望和回答成人的问题。 (4) 培养婴幼儿注意力集中10到20分钟，当成人多次重复讲一个故事以后，婴幼儿在成人启发帮助下能复述故事的内容。 (5) 学会4—5首儿歌（每首6—8句，每句6—8个字）能说出10个字组成的句子，掌握词汇1150个左右。
	认知能力	(1) 认识家庭成员，知道父母的名字。 (2) 认识成人的劳动，尊重成人。 (3) 认识各种交通工具，知道其名称和用途。 (4) 介绍节日如六一儿童节、十一国庆节、三八妇女节。 (5) 认识时间、空间，能分上、下、前、后、里、外等。 (6) 认识红、绿、蓝、白、黑色及长方形。 (7) 认识数种动物，并能说出其名称及简单的外形特征。 (8) 初步认识春、夏、秋、冬四季。

（续表）

情绪、情感与社会性行为	随着思维的发展，逐渐掌握"我"这个代名词，是自我意识形成过程中的重要进程。此时孩子独立意识日益增加，常说"我自己做"，拒绝别人帮助。表现自尊心、同情心、怕羞，懂得讨妈妈喜欢，懂得爱护小妹妹，能互相帮助。此时能用语言表达自己的感受，自制能力也增强一些。能按身份正确地称呼爷爷、妈妈、叔叔、阿姨、弟弟、妹妹等。能独立上厕所，会穿衣、脱鞋，要让婴幼儿认识社会环境，知道我们的国家是中国，国旗是五星红旗。让婴幼儿主动帮助做家务活，如扫地、择菜。自己动手扣纽扣。懂文明礼貌，待人接物时会用您好、谢谢、再见等。小朋友跌倒后，帮助扶起来。有同情心，团结友爱。
美育活动	1. 音乐启迪 (1) 学听前奏。能完整地听一首歌，培养婴幼儿粗略理解歌曲内容和名称。 (2) 培养婴幼儿随音乐节奏做简单的模仿动作及一些舞蹈动作如踏步、翻腕等。 (3) 欣赏歌曲3首，学会歌曲4首、律动3个、音域5—6度。 2. 美工活动 (1) 在掌握画横、竖线和圆的基础上，模仿画气球、下雨等。 (2) 折简单的纸工，要求边角整齐，如正方形、长方形、扇形、纸风琴等。 (3) 用泥搓成圆形，搓成面条或压成圆饼。 (4) 初步会粘贴，即将由成人涂好浆糊的剪纸，贴在白纸上。
认识周围的形体和数	(1) 知道1个再添加1个是2个。 (2) 学会数1—5个数，能手口一致对物数1—5个，并知道所数数的总和。 (3) 认识长方形，区别长短。 (4) 知道白天、晚上。

后 记

随着国家生育政策的调整和贯彻实施，0—3岁婴幼儿保育教育问题得到了社会各界广泛的关注与讨论。一方面，家庭亟需专业支持与指导；另一方面，现有的公共托育服务机构远远无法满足实际需要。为了更好地服务家庭、提升0—3岁婴幼儿保育教育质量，国家积极制定、颁布纲领性文件，加强对我国0—3岁婴幼儿保育教育的规范和管理。为了响应国家政策，顺应社会发展的需要，促进我国0—3岁婴幼儿保育教育事业更好更快地发展，上海科技教育出版社积极发起并组织全国部分高校长期从事早期教育的专家学者，编写了一套关于0—3岁婴幼儿保育教育的丛书，并且邀请参与讨论、制定相关文件的专家对本套丛书进行审核，力求保证本套丛书具有鲜明的理念引领性、教育科学性和实践指导性。

婴幼儿保育教育质量关系到人一生的身心健康，但是要顺利实施科学有效的保育教育却是非常困难的。一方面，目前关于婴幼儿保育教育的理论阐释还比较少，没有形成完善的理论体系。为了弥补这一缺憾，本套丛书广泛收集国内外相关资料开展深入研究，深入浅出地阐释了婴幼儿动作、语言、认知、情感与社会性、心理等方面发展的相关理论。同时，结合托育服务机构多年的实践经验，撰写了大量的教育教学活动观察案例，辅助实施保育教育活动的教师更好地理解和运用。另一方面，由于0—3岁的婴幼儿还不能完全表达自己的需要与情感，对教师和家庭的主要抚养者而言，如何准确地觉察他们的需要和情感，提供适宜的支持性环境显得至关重要。因此，本套丛书从实践需要出发，就婴幼儿行为观察、婴幼儿家庭保育教育、特殊婴幼儿的保育教育等方面进行翔实的阐述，以期对家庭和早教机构起到积极的指导作用。与此同时，为了更好地推动我国0—3岁早期教育健康发展，提升0—3岁婴幼儿保育教育质量，本套丛书还对如何研究婴幼儿身心发展、如何推进家庭保育教育、如何管理早教机构等问题进行了思考与总结，相信这些努力会对0—3岁婴幼儿保育教育发展产生广泛而深远的影响。

本套丛书的组织编写与出版凝聚了许多人的心血与汗水，也得到了多方面的帮助与支持，正是基于此，本套丛书才能按时顺利出版。在此，首先感谢丛书的所有编者们，大家对丛书的编写倾注了大量的心血和努力。其次，感谢上海科技教育出版社领导的理解与支持，感谢有关编辑为本套丛书的出版付出了大量的精力与时间。同时，也要感谢幼教界同仁的关心和鼓励。此外，丛书中还引用了国内外同行的研究成果，在此一并表示衷心的感谢。由于时间紧张，本套丛书难免有不妥之处，敬请批评指正，以期不断修正、完善。

中国学前教育研究会教师发展专业委员会

张明红

2017年7月于华东师范大学